Préface

Ce qu'on ne peut pas vous enseigner à la Harvard Business School

Lorsque je suivais les cours de la Yale Law School, on nous disait qu'un diplôme de droit constituait une aussi bonne initiation aux affaires qu'un MBA*. Bien plus tard, après avoir donné des conférences à Harvard et dans plusieurs écoles de management, je devins convaincu de leur valeur... bien que l'un et l'autre aient des limites bien nettes en ce qui concerne l'application de ces connaissances au monde réel. En tant qu'introduction aux affaires, un MBA – ou un LLB* – représente un effort payant. Mais en tant qu'élément d'un processus de formation suivi, c'est, au mieux, une base, et au pire, une forme naïve d'arrogance.

La meilleure leçon que vous puissiez tirer de la fréquentation d'une école de management, c'est la prise de conscience de ce qu'elle ne peut pas vous enseigner... les tenants et les aboutissants d'une vie professionnelle quotidienne. C'est quelque chose que l'on apprend seul, « sur le tas », mais l'expérience de quelqu'un comme moi peut rendre cet apprentissage plus court et bien moins pénible.

Au début des années soixante, j'ai fondé une firme, avec un capital de moins de cinq cents dollars, et donné ainsi naissance à une industrie : le management et le marketing du sport. Cette société est devenue l'International Management Group (IMG)

* Master of Business Administration. NDT.
* Bachelor of Law. NDT.

qui possède, aujourd'hui, des agences dans le monde entier et dont les résultats annuels s'élèvent à plusieurs centaines de millions de dollars.

On me connaît probablement plus comme, « ce type qui a fait gagner tant de millions à Arnold Palmer », que par mon nom. C'est Arnold Palmer qui a fait gagner « tant de millions » à Arnold Palmer, bien que je sache qu'il serait d'accord pour dire que je l'ai aidé à le faire.

Le management des célébrités du sport, comme Jean-Claude Killy, Jackie Stewart, Bjorn Borg, Herschel Walker, Martina Navratilova, Chris Evert Lloyd, et des douzaines d'autres parmi notre liste de plus de cinq cents clients, sera toujours très important pour nous, mais ce n'est que l'un des aspects de ce que nous faisons, moi personnellement, et l'IGM en tant qu'organisation.

Notre département de télévision produit des centaines d'heures de programmes retransmis dans le monde entier, et en vend des millions d'autres à des clients comme Wimbledon, la National Football League, les associations américaines de tennis et de golf, la Fédération mondiale du Ski, la National Collegiate Athletic Association et le Royal and Ancient Golf Club. Notre département de conseil en marketing travaille, dans le monde entier, pour plus de cinquante sociétés de premier ordre. Nous assurons la planification et la gestion financières personnelles de plusieurs centaines de cadres d'entreprise d'un très haut niveau. Nous possédons trois agences de mannequins de mode, nous représentons, ou nous avons représenté, des organisations aussi différentes que la Fondation Nobel, le Vatican et l'Eglise catholique d'Angleterre, et nous sommes conseils en télévision pour les Comités d'Organisation des Jeux Olympiques d'Hiver de Calgary, en 1988, et de ceux des Jeux Olympiques d'Eté, de 1988, à Séoul, en Corée.

Sur plus de vingt années, je pense avoir rencontré toutes les personnalités et toutes les situations imaginables du monde des affaires. Il m'a fallu déchiffrer les egos complexes d'athlètes superstars... et ceux de leurs conjoints, de leurs parents, de leurs amants, de leurs voisins et de leurs supporters. J'ai traité avec des chefs d'Etat et des directeurs de sociétés anonymes, avec des banquiers internationaux et des conseillers juridiques de petites villes, avec des instances dirigeantes sportives bureaucratiques et des bâtisseurs d'empire autocratique. Je suis entré en contact avec toutes les phases et toutes les facettes des industries du spectacle, des communications et des loisirs. Et, à un moment donné ou à un autre, j'ai négocié avec des gens appartenant pratiquement à toutes les nationalités existant à la surface de la Terre.

Ce que je n'ai pas expérimenté moi-même, je l'ai observé. A cause de nos liens avec les grandes compagnies du monde entier, je me suis trouvé dans d'innombrables bureaux de directeur et salles de conseil d'administration, où j'ai vu fonctionner un bon nombre de sociétés... et compris pourquoi beaucoup d'entre elles étaient impuissantes. J'ai rencontré tous les styles et toutes les théories, toutes les cultures et toutes les philosophies, qu'a secrétés l'entreprise... et j'ai noté pourquoi beaucoup d'entre elles ne fonctionnaient jamais. J'ai tiré, de mes expériences et de mes observations, les conseils qui vous sont proposés dans ce livre, pour vendre, négocier, démarrer, fonder et gérer une entreprise, mener son personnel et tirer le meilleur parti des personnes, se détacher du peloton et travailler avec efficacité.

Mais, en un certain sens, cette analyse catégorique est trompeuse car ce livre traite surtout des moyens à la portée de tous : la capacité de tirer parti, d'une manière positive, de votre instinct, de votre intuition et de votre perspicacité. De les utiliser pour aller où vous voulez, de préférence par le plus court chemin, même s'il faut pour cela sauter par-dessus des barrières ou passer par quelques ruelles.

Pouvez-vous vraiment apprendre à appliquer vos réactions viscérales aux affaires ? Peut-être pas vraiment, mais ce que vous pouvez apprendre, ce sont les résultats d'une certaine sagesse populaire. La plus grande partie de ce que je dis et de ce que je fais, dans mon travail, depuis un commentaire plein de modestie jusqu'à un autre, volontairement provocateur, doit m'apporter un léger avantage psychologique sur les autres ou m'aider à en tirer le maximum. C'est cela la sagesse populaire : mettre en pratique mon intuition des autres.

Qu'il s'agisse de mettre fin à une transaction ou de demander une augmentation, de fournir des motivations à une équipe de cinq mille vendeurs ou de négocier en tête à tête, d'acheter une nouvelle société ou d'en reconvertir une ancienne, toute situation professionnelle n'est qu'une affaire de relations entre des personnes. Et ce sont les cadres dont l'intuition psychologique est subtilement affinée et qui savent quel parti en tirer, qui l'emporteront immanquablement.

Pour être juste envers la Harvard Business School, il faut reconnaître que ce qu'ils ne vous enseignent pas, c'est ce qu'ils ne *peuvent pas* vous apprendre : comment jauger les gens et utiliser cette connaissance afin de leur faire faire ce que vous désirez.

Et c'est exactement ce que ce livre *peut* vous enseigner : comment jauger les gens, comment influencer le jugement qu'ils vont porter sur vous, comment appliquer et adapter ces deux techniques à n'importe quelle situation professionnelle.

Les situations d'affaires sont, bien entendu, circonstancielles. Mais chaque fois que c'est possible – chaque fois qu'une action précise, consciente, génère une réponse logique, subconsciente – j'essaierai d'en faire une interprétation pour vous. En m'appuyant sur mes propres expériences et mes observations personnelles, je recommanderai de nombreuses techniques spécifiques qui peuvent être directement mises en pratique et produire immédiatement des résultats tangibles.

Beaucoup de mes conseils sont peu conformistes, non parce que je veux jouer à l'original, mais parce que je crois qu'en ce moment, les affaires américaines reposent sur une sagesse conventionnelle, d'antiques méthodes et de vieilles idées, et que c'est un grave problème. Pour diriger une société, il faut constamment échapper à des systèmes et des réflexes conditionnés, et se coltiner avec la réalité. Les gens veulent bien travailler, mais ils sont bâillonnés par des lignes de conduite et pour rédiger un livre qui apporte de véritables réponses, on est obligé de s'attaquer à ce problème et aux masques derrière lesquels il se dissimule.

En affaires, il faut innover. Constamment sonder les marges et tester les limites, mais les écoles de management sont, par la force des choses, condamnées à enseigner le passé. Elles ne se contentent pas de perpétuer des modes de pensée conventionnels ; elles étouffent toute innovation dans l'œuf. J'ai entendu quelqu'un dire que si Thomas Edison était passé par l'une d'elles, nous lirions tous à la lumière de bougies améliorées.

Mon but essentiel, en écrivant cet ouvrage, est de combler le plus de lacunes possibles... celles qu'il y a entre l'enseignement fourni par une école de management et ce que l'on apprend dans la vie, ce que l'on tire de son expérience quotidienne en gérant une entreprise et en dirigeant du personnel.

Pendant des années, nous avons engagé beaucoup de MBA d'Harvard ou d'ailleurs. Je dois avouer qu'autrefois, c'était un de mes réflexes conditionnés : si vous avez un problème, engagez un MBA. Lorsque nous nous sommes développés et que nous avons pénétré dans des domaines où nous avions moins d'expérience, et donc moins confiance en nous, je me suis dit qu'en vertu de leur formation, c'était les MBA qui pourraient le mieux faire fructifier, pour nous, ces zones nouvelles.

Et puis, j'ai découvert qu'un diplôme de management pouvait parfois inhiber l'aptitude à maîtriser l'expérience. Beaucoup des MBA que nous avions engagés au début étaient, soit naïfs de nature, soit victimes de l'enseignement qu'ils avaient reçu. D'où une sorte d'incapacité à assimiler les leçons de la vie réelle... à jauger correctement les gens ou une situation... et une propension fâcheuse aux opinions fausses.

Pour être juste envers certains de nos employés, il faut reconnaître qu'un grand nombre de MBA qui travaillent pour nous se sont très bien adaptés au monde réel. Mais il s'est avéré que croire, comme je l'avais fait, qu'un diplôme d'études supérieures ou un QI élevé égalait automatiquement « astucieux en affaires », était dans la plus grande partie des cas une coûteuse erreur de jugement.

Il y a pas mal d'années, la Harvard Business School a pris notre société comme sujet d'étude, pour un cours intitulé : « Gestion de la Nouvelle Entreprise ». Lorsque, à cette occasion, je fus appelé à y faire des conférences, et quand j'intervins, plus tard, à Stanford, à Duke et à d'autres écoles de management de notre pays, je compris mieux la nature du problème. Même en formulant leurs questions, les étudiants s'évertuaient à découvrir la case appropriée, décrite par leur école, où ranger toute situation professionnelle imaginable. Puis, ils s'attendaient à ce qu'en surgisse, comme par miracle, la solution adéquate. Il est évident que, ni les gens, ni les problèmes, ne peuvent rentrer dans des moules et que le fait d'essayer de les y mettre déforme la perception qu'on en peut avoir.

Vous connaissez l'histoire des deux amis qui se rencontrent, dans la rue, après s'être perdus de vue pendant vingt-cinq ans.

L'un, sorti premier de sa promotion, était maintenant sous-directeur d'une succursale de banque. L'autre, dont l'intelligence n'avait jamais émerveillé personne, possédait sa propre firme et était plusieurs fois millionnaire. Lorsque son ami lui demanda le secret de son succès, il dit que c'était tout simple. « J'achète un produit deux dollars et je le revends cinq. C'est étonnant tout l'argent qu'on peut faire sur une majoration de trois pour cent. »

Je n'ai aucun préjugé contre l'intelligence, ou même contre les diplômes d'études supérieures, mais tout cela ne peut remplacer le bon sens, l'intuition psychologique ou la sagesse populaire. Je suppose que les enseignants de Harvard Business School sont d'accord avec moi. Je serais très heureux s'ils mettaient mon livre au programme.

Première partie

Les gens

1 Jauger les gens

Permettez-moi de vous conter deux anecdotes. L'une concerne un futur président des Etats-Unis, l'autre, un professionnel du golf qui mène la grande vie ; et bien que dix années se soient écoulées entre les deux, elles sont liées dans mon esprit.

En 1963, je rencontrai deux fois Richard Nixon à Paris où je séjournais à l'occasion du tournoi de golf de la Coupe du Monde. Au club des joueurs de golf, il vint à ma table pour parler à Gary Player. Quelques jours plus tard, à la Tour d'Argent, il s'arrêta pour dire quelques mots à Arnold Palmer et Jack Nicklaus, avec lesquels j'étais en train de dîner.

Les remarques de Nixon étaient plutôt sympathiques. Ce qui me frappa, c'était qu'à chaque fois, il utilisa les mêmes mots ; exactement les mêmes cinq ou six phrases. Comme s'il s'adressait à des mannequins et non à des êtres vivants ; comme s'il disposait d'une provision de phrases, choisies en fonction du type d'individu qu'il avait le plus de chances de rencontrer... cinq ou six phrases pour un sportif, un paragraphe pour un chef d'entreprise, un autre pour une personnalité religieuse.

L'autre incident se rapporte à un joueur de golf haut en couleurs, Doug Sanders. Lorsque nous avons décidé de le représenter, des tas de gens m'ont dit que c'était une erreur. Doug avait un petit côté « Vegas »*. Il fréquentait une bande de viveurs,

* Allusion à un célèbre feuilleton télévisé américain dont l'un des héros est un joueur impénitent. NDT.

s'attirait pas mal d'ennuis et pariait plus que de raison. Certains, estimant qu'il était trop douteux pour nous, m'ont demandé pourquoi je lui faisais confiance. Pour vous parler franchement, je me fiais plus à Doug Sanders qu'à pas mal de ceux qui m'ont fait ces remarques. Ce qui me ramène à mon anecdote.

Doug avait eu un tournoi au Canada. Il avait réglé l'affaire lui-même. Je n'étais pas au courant et puisque, apparemment, on devait le payer en liquide, j'aurais pu n'en jamais rien savoir. Mais, environ une semaine après le tournoi, nous avons reçu une enveloppe de Doug. Il n'y avait pas le moindre mot à l'intérieur, rien que notre commission... en billets.

Si j'évoque maintenant ces incidents, c'est qu'ils illustrent quelque chose d'essentiel, concernant la compréhension des autres. Ce que les gens disent ou font dans les situations les plus anodines en révèle long sur leur véritable personnalité.

Mes rencontres fortuites avec Nixon, par exemple, dénotent une absence de sincérité et une certaine dose d'hypocrisie dont je me suis souvenu dix ans plus tard, lorsqu'il dut démissionner de la présidence. Cela tenait probablement bien plus à son manque d'authenticité qu'à l'affaire Watergate. On n'aime pas les gens faux. On ne leur fait pas confiance et les Américains n'ont certainement pas envie d'en voir un diriger leur pays.

Quant à Doug Sanders, le cachet était si insignifiant qu'il aurait fort bien pu ne pas se donner la peine de nous l'envoyer. Mais je le vois très bien rentrer dans sa chambre d'hôtel, tirer une liasse de billets de sa poche, compter notre commission, la fourrer dans une enveloppe et griffonner notre adresse dessus. C'est tellement conforme au caractère de Doug qu'il n'aurait pu agir autrement.

On aimerait bien que ce soit le futur président des Etats-Unis qui révèle une telle noblesse de caractère et que ce soit un joueur de golf qui se comporte en escroc. Mais les faits ont démenti ces espérances.

Qu'est-ce que ces anecdotes ont à voir avec le sujet de ce livre ? Tout.

Dans le monde des affaires, il est assez facile de jouer un personnage professionnel, ou plusieurs personnages professionnels, selon la situation. Certains auront un comportement donné avec leurs subordonnés, un autre avec leur patron et un troisième, totalement différent, avec des interlocuteurs qui n'appartiennent pas à leur firme.

Mais la véritable personnalité de quelqu'un, son vrai caractère, ne peut changer de couleur pour se marier à l'environnement. Dans toute situation professionnelle, elle se révèlera tôt ou tard, soit d'un façon subliminale, soit ouvertement, et c'est à elle que vous aurez à faire.

Vous désirez, pour le moins, apprendre ce que les gens laissent entendre réellement, par opposition à ce qu'ils vous disent ; vous souhaitez pouvoir intégrer les activités professionnelles de votre interlocuteur dans le contexte plus large de son caractère. Que je vende ou que j'achète, que j'embauche ou que je le sois (à titre de consultant), que je négocie un contrat ou que je réponde à la demande de quelqu'un, je veux savoir d'où vient l'autre, je veux connaître sa vraie personnalité.

En affaires, on en revient toujours à des relations de personnes. Plus vite je connais celui avec lequel je traite et plus j'en sais long sur lui, plus je suis efficace.

Attention aux idées préconçues

Beaucoup de gens jugent les autres à partir de ce qu'ils ont entendu dire ou de ce qu'ils savent sur la société qu'ils représentent, avant même de les avoir rencontrés. Ils iront jusqu'à se méfier, ou ne pas tenir compte, de leurs propres impressions afin d'aligner leur opinion sur leur prévision.

A l'IGM, nous sommes souvent obligés de braver les idées préconçues qui courent sur notre compte. Ce que nous faisons est bien visible ; la presse et la télévision ont souvent souligné notre position de force, dans le domaine des sports, et nous ont dépeints comme des négociateurs coriaces, et même impitoyables.

Neuf fois sur dix, cela joue en notre faveur. Les gens s'attendent à ce que nous énoncions un chiffre élevé et ce fait même nous permet de l'obtenir plus facilement. Lorsqu'ils s'aperçoivent que nous sommes relativement raisonnables, ils sont sidérés.

Mais un type sur dix est tellement paralysé par ses idées préconçues qu'il n'arrive à appréhender ni la situation commerciale, ni les gens de notre société auxquels il a affaire. Il s'est tellement préparé à rester inflexible ou à se défendre contre notre âpreté qu'il prend « Heureux de faire votre connaissance » pour une menace voilée. Il est évident que ses préjugés le rendent incapable de toute pénétration psychologique.

Pour jauger les gens, il faut s'ouvrir à ce qui se passe réellement et transformer ses intuitions en évidences tangibles que l'on peut mettre à profit.

Dave DeBusschere, l'ex-champion de basket-ball, fut, pendant plusieurs années, vice-président de notre compagnie de télévision, avant d'assumer ses responsabilités actuelles de président directeur général de la New York Knicks. Il eut, alors, plusieurs entrevues décevantes avec l'administrateur d'une compagnie d'assurance du Connecticut ; Dave essayait de le convaincre de commanditer l'une de nos émissions. L'idée semblait intéresser l'assureur mais il était tellement obnubilé par le fait qu'il était en train de traiter avec Dave DeBusschere qu'il ne réussit pas à surmonter sa méfiance. Si c'était une si bonne affaire, se disait-il, pourquoi un « chic type » n'avait-il pas tenté de la lui proposer avant ?

Utilisez votre intuition

L'ex-champion de golf, Dave Marr, et moi, échangions des plaisanteries sur quelques débrouillards que nous connaissons et qui sévissent sur les terrains de golf ; il émit alors le Premier Axiome du Parieur : « Ne jamais parier avec quelqu'un dont on fait connaissance au premier tee, qui est très bronzé, porte un fer numéro un dans son sac et a des yeux louches. »

On peut percer le caractère des gens simplement en utilisant ses dons d'observation. Dans la plupart des relations d'affaire, il y a souvent plus de choses à voir que ce qui s'offre aux yeux, toute une dynamique psychologique qui opère à un niveau plus profond.

Ce type de situation produit, la plupart du temps, toutes sortes de signes tangibles qui permettent de voir au-delà des apparences. Parfois, ce sont des choses que les gens disent ou font inconsciemment ; par exemple, la manière dont quelqu'un détourne les yeux en entendant une question bien particulière.

Mais ce peut être, aussi, des actes qui ne sont ni simples ni inconscients, comme la formulation d'une pensée précise. L'important c'est que les indices permettant de comprendre les gens abondent et sont là pour être utilisés par celui qui les décèle.

Ce qui est étonnant, c'est que beaucoup de cadres en sont incapables. Ils ne sont pas du tout conscients de ce qui se passe réellement autour d'eux. Soit ils sont trop occupés à s'écouter pour prêter vraiment l'oreille à ce que dit quelqu'un d'autre, soit ils pensent trop à mettre en valeur leur image de marque pour remarquer ce que font les autres.

Je pense que l'on ne peut pas être efficace en affaire sans un peu de pénétration psychologique. Négocier une transaction, cela consiste déjà à prendre, d'une manière subtile, un léger avantage ici, un autre imperceptible, là. Et tout ce processus n'est qu'action sur les autres : savoir s'y prendre avec les gens, leur vendre quelque chose, travailler avec eux, ou simplement les amener à faire ce que l'on désire. Sans intuition, pas de subtilité.

Elle vous permet de voir au-delà du présent. Supposons que vous puissiez savoir tout ce qui va arriver dans votre profession pendant les dix années à venir. Cette information ne vous rendrait pas seulement plus avisé ; elle vous permettrait de réussir et de vous enrichir. Et bien, c'est en jaugeant les gens que vous deviendrez capable de prédire l'avenir.

La véritable personnalité de quelqu'un ne peut changer selon les situations. C'est quelque chose d'immuable. Mieux vous connaissez quelqu'un, plus vous percez sa façade, et plus vous pouvez prédire avec précision comment il, ou elle, réagira dans la plupart des relations commerciales. Cette connaissance peut s'avérer inestimable.

C'est là le *modus operandi* des « professionnels », les médiums et les tireuses de cartes, qui utilisent, depuis des siècles, les mêmes trucs pour prédire l'avenir.

Ils jaugent leurs clients en observant comment ils se comportent, quelle est leur apparence, quels vêtements ils portent, tout en leur posant des questions anodines. A partir de ces données, ils « voient l'avenir », ou plutôt ils disent à leur client, ou à leur cliente, en se basant sur ce qu'ils ont appris, ce qu'il, ou elle, a envie d'entendre. Les bons médiums peuvent sortir des choses étonnamment pénétrantes à partir d'infimes parcelles d'information. Certains d'entre eux feraient probablement d'excellents hommes d'affaires.

Je connais aussi beaucoup de directeurs d'entreprise qui feraient d'abominables médiums.

Pour jauger les gens, il faut aiguiser ses sens, parler le moins possible et beaucoup écouter. Je crois que l'on peut apprendre presque tout ce que l'on a besoin de savoir – et plus que les autres n'aimeraient que vous sachiez – simplement en observant et en écoutant. Et en gardant la bouche close.

L'écoute active

La faculté d'écouter, d'entendre réellement ce que disent les autres, apporte bien plus, en affaires, que quelques aperçus psychologiques. Pour vendre, par exemple, il n'y a pas de meilleur atout. L'important, c'est que presque toute transaction sera menée différemment par quelqu'un qui écoute ou par quelqu'un qui ne le fait pas, et elle aboutira à d'autres résultats.

Tandis que je m'apprêtais à écrire ce livre, j'ai demandé à plusieurs de mes amis, dont certains sont présidents directeurs généraux – quels conseils ils prodigueraient à ma place. Presque sans exception, et souvent en premier sur leur liste, ils ont dit, « Apprendre à bien écouter ».

Un ami, qui est à la tête d'une firme commerciale s'est exprimé en ces termes : « Surveillez votre ratio parole/écoute ». Un autre, cadre supérieur chez Pepsi Cola, m'a raconté l'histoire d'un des coups sans précédents de sa marque, et comment il aurait gagné un temps considérable pour lui et sa société s'il avait su mieux écouter.

Pepsi a, depuis toujours, essayé de s'infiltrer chez Burger King ; mais comme leurs négociateurs croyaient que cette chaîne n'envisagerait jamais de laisser tomber Coca Cola, ils essayaient de les convaincre de donner, au moins, le choix à leurs clients. La philosophie de Burger King mettait en effet le choix en valeur, mais, comme Pepsi se l'entendait dire et redire, ceci entrait dans le cadre d'une philosophie plus générale de contrôle de la qualité, avec un menu limité, *comprenant une boisson au cola.*

Un jour, Pepsi comprit enfin l'allusion et changea de ton, soulignant que leurs deux entreprises étaient des « âmes-sœurs »

– les numéros deux courant à la poursuite des numéros un. Puisque leurs firmes avaient déjà partagé des stratégies communes prônant « la supériorité du produit », ne pourraient-ils flanquer Coca-Cola à la porte et adopter Pepsi ?

« C'est ce que nous essayions de vous dire, depuis plusieurs mois, fit remarquer quelqu'un de Burger King. Je suis content que l'on ait fini par nous écouter. »

L'observation active

J'ai souvent effectué de grands trajets en avion pour rencontrer quelqu'un face à face, alors que j'aurais pu mener la plus grande partie de la transaction par téléphone. S'il s'agit d'une affaire importante ou d'une négociation à long terme, je préfère fonder mon opinion sur ce que je vois, plutôt que sur ce que j'entends. Après tout, lorsqu'on rencontre quelqu'un en chair et en os, on a une impression différente de celle que l'on aurait eu en l'entendant au téléphone.

Observer n'est pas un acte passif. Les gens se révèlent constamment par des signes qui passeraient inaperçus si l'on n'essayait pas activement de les remarquer.

Les témoignages qu'ils apportent sur eux-mêmes, les signaux qu'ils émettent, sont à la fois conscients et inconscients. Le « langage du corps », ainsi qu'on appelle communément la somme de ces signaux inconscients, est important, mais ce n'est pas tout. La plupart des énoncés visuels sont tout à fait conscients et intentionnels... la manière dont quelqu'un s'habille, dont il se tient, et tout ce que font les gens pour essayer de faire bonne impression. Mais ces signaux ne sont utiles que si vous êtes capable de les relever.

Observer activement, c'est essayer d'appréhender tous ces signaux conscients et inconscients, de les peser et de les transformer en données utilisables. Lorsque je rencontre quelqu'un face à face, j'essaie d'abord d'établir une zone de confort... le « cadre » pour ainsi dire... ou les limites de ce que j'ai besoin d'observer, basé sur ce que je vois et j'entends, et qui me permettra de négocier au mieux avec cette personne.

Observation active, cela ne veut pas dire observation hâtive : sauter trop rapidement aux conclusions, se laisser aller à des interprétations conventionnelles, ou découvrir des significations là où il n'y en a pas. Par exemple, lorsque l'entrevue a lieu dans le bureau de quelqu'un d'autre, j'ai souvent remarqué que mon interlocuteur, quand il en vient aux choses sérieuses, fait mine de « prendre la situation à bras-le-corps », et va même jusqu'à repousser, inconsciemment, tout ce qu'il y a sur son bureau. Pourtant, presque aussi souvent, j'ai vu des gens, amenés au même point, se laisser aller en arrière dans leur fauteuil et feindre une détente totale.

Généraliser à propos de l'une ou de l'autre de ces attitudes, sauter à une conclusion prématurée, quelle qu'elle soit, serait aussi stupide que trompeur. Chaque observation utile doit être replacée dans le contexte plus large de la situation et à la lumière de ce que vous avez entendu ou vu d'autre.

La sagesse populaire veut que, si quelqu'un s'affaisse sur son siège, c'est qu'il manque d'autorité ; et l'on suppose que l'attitude inverse est aussi parlante. Mais combien d'entre nous ont eu affaire, à un moment donné ou à un autre, à quelqu'un qui se tenait très droit sur le bord de sa chaise, ou légèrement penché en avant, attentif à nos moindres paroles... et qui ne prenait jamais de décision. Il y a aussi ceux de la vieille école qui disent, « Je suis très heureux que vous m'en parliez », ou les « jeunes cadres dynamiques et agressifs » qui ont déjà décidé que ce n'est pas ce qu'ils font ou ce qu'ils disent qui va les conduire au sommet de l'échelle, mais l'apparence qu'ils vont avoir. Ceux qui se tiennent un petit peu trop droits, qui sont un peu trop attentifs, m'agacent.

Le maintien de quelqu'un offre beaucoup d'intérêt pour une autre raison. Il est fort utile d'estimer l'importance relative que les gens accordent à la forme, par rapport au fond. Il y a tout un monde entre posture et *pose.*

Cela m'ennuie lorsque les gens prennent une pose, lorsque leur désinvolture est un petit peu trop étudiée et que leurs efforts pour « gonfler » leur physique ou rentrer l'estomac deviennent excessifs. Leur bureau, la décoration qu'ils ont choisie, sont souvent une extension de cette pose. Rien de plus révélateur qu'une pièce encombrée de diplômes ou qui a été manifestement aménagée pour donner une certaine impression. Soyez très prudent lorsque vous avez affaire à des gens de cette catégorie.

Ils s'intéressent probablement plus aux apparences qu'à la performance.

Bien sûr, vous capterez les signes les plus cohérents et les plus féconds en observant les yeux des gens. Ils vous diront, plus que n'importe quoi d'autre, ce que quelqu'un pense réellement, même lorsque tout le reste indique autre chose.

Souvenez-vous que l'on communique par le regard lorsqu'on ne peut se servir des mots. La prochaine fois que vous aurez une entrevue avec plusieurs représentants d'une autre firme, tenez compte des contacts visuels qu'ils établissent entre eux. Cela vous aidera à déterminer ce qu'ils pensent réellement, lequel d'entre eux a le plus d'influence sur les autres... et si vous les ennuyez à pleurer.

D'où... l'ego

L'ego fait toute la différence, entre la théorie et la pratique, entre les désirs et la réalité, entre la manière dont les choses fonctionnent et le tour que vous aimeriez leur voir prendre, entre ce que l'on peut vous enseigner dans une grande école et ce que l'on ne peut pas vous y apprendre. Dans une entreprise de deux mille cinq cents personnes, il y a deux mille cinq cents egos actifs, chacun avec son point de vue unique sur la situation. C'est à cause de l'ego de certaines personnes que des choses qui auraient dû se produire ne sont pas advenues, que d'autres qui n'auraient pas dû arriver se sont produites, et que tout cela a pris plus de temps qu'il n'était nécessaire.

Un ego, même autoritaire, peut devenir votre meilleur allié. Un grand nombre de transactions ont été menées à bien simplement parce que l'ego de quelqu'un était tellement psychologiquement impliqué dans ce projet qu'il n'a pas pu s'offrir d'échouer. Si vous arrivez à jauger l'ego de quelqu'un, à comprendre son impact sur l'affaire en cours, puis à le manœuvrer, soit en l'amadouant, soit en le poussant, ou en minimisant les dégâts, vous serez le bénéficiaire de la négociation.

Ce qu'on arrive à comprendre le mieux, ce sont les proportions de l'ego de quelqu'un. Les hommes qui ont réussi dans les affaires ont presque toujours un ego géant, avec deux bras et deux jambes qui dépassent. (Il est intéressant de noter qu'en ce domaine, la plupart des femmes sont plus difficiles à déchiffrer que les hommes. Même de nos jours, le sentiment du moi, chez la femme d'affaires, est moins impliqué dans son travail que ne l'est celui de son homologue masculin.)

Mais un ego géant n'est pas forcément puissant. En réalité, c'est même souvent l'inverse, c'est-à-dire que l'on se montre plein d'assurance justement parce que l'on possède une médiocre image de soi. Et un petit ego n'est pas forcément signe de faiblesse. Parmi les hommes d'affaires les plus efficaces que je connaisse, beaucoup ont des egos très modestes.

Je préfère négocier avec des egos forts, tels qu'en ont la plupart des gens, dans le monde des affaires. Ce sont, habituellement, des hommes, ou des femmes, prêts à prendre des risques, qui ne reviennent pas sur leurs décisions et règlent rapidement les transactions.

Les egos plus faibles sont très difficiles à déchiffrer, ce qui ne vous aide guère à décider de votre mode d'action. Ils n'ont guère confiance en eux... les choses risquent de traîner en longueur et vous serez moins efficace.

Une fois que vous aurez déterminé la force de l'ego de quelqu'un, vous pourrez venir à bout de toute une gamme de questions pragmatiques : dans quelle mesure ses réponses sont-elles franches et directes ? Prendra-t-il rapidement une décision ? S'y tiendra-t-il ou reviendra-t-il dessus ? Opérera-t-il ouvertement ou dressera-t-il un écran entre vous et lui ? Voit-il les faits tels qu'ils sont ou tels qu'il aimerait qu'ils soient ?

Et, question plus importante encore : est-ce une personne sur qui on peut compter ?

Le comportement de quelqu'un dépend de son « quotient de fiabilité ». Sera-t-il entêté ou raisonnable ? La forme sera-t-elle, pour lui, plus importante que le fond ? Quelles outrances et quelles futilités entreront probablement en jeu ? Est-il du genre à dire une chose et à en faire une autre ? Préfère-t-il avoir affaire à votre visage... ou à votre dos ?

Au lieu de toujours défier et affronter l'ego de celui qui est en face de vous, essayez de reconnaître et comprendre son impact sur votre négociation et d'utiliser cette information à votre avantage.

Avant d'en finir avec l'ego, il reste une dernière question à considérer, celle de votre ego, à vous. Rien ne peut faire plus obstacle à votre compréhension des autres que votre propre ego.

Prenez conscience de vos atouts et de vos faiblesses et sachez en quoi ces éléments vont probablement influencer vos réactions face aux autres. Vous pourrez difficilement être efficace si vos conclusions sur les motivations de quelqu'un d'autre sont basées sur votre ego et non sur le sien.

Les impressions utiles

Il m'est souvent arrivé de me trouver mêlé à des situations qui ne tournaient pas comme je l'aurais souhaité, et pourtant l'impression qu'avait faite sur moi mon interlocuteur – la manière dont il, ou elle, avait mené les négociations – me donnait envie de traiter encore avec lui, ou avec elle. Ce qui m'a amené à saisir des occasions qui, elles, se sont révélées fécondes et ont largement compensé les désappointements précédents.

Lorsque nous essayâmes pour la première fois, en 1975, de représenter Chris Evert, elle préféra rester indépendante. Mais, lors de toutes nos rencontres, je fus si frappé par sa détermination, sa franchise et la manière dont elle se conduisait, que je me dis que ce n'était pas un échec et qu'un jour, nous serions sûrement ses représentants. Cinq ans plus tard, elle devint notre cliente.

Je suis aussi sorti d'autres transactions en me disant, « Ouf ! Je suis bien content que ce soit terminé ». Et bien que je n'aie jamais décidé, seul, de ne plus jamais négocier avec quelqu'un à aucun prix, il fallait qu'avec certaines personnes, le prix soit très exceptionnel. Lorsque j'étais jeune, j'étais plus sensible aux facteurs extérieurs : l'argent, le pouvoir et le prestige. Mais en vieillissant, en devenant théoriquement plus sage, j'en suis venu à apprécier l'importance d'un caractère professionnel et d'autres qualités intérieures, et à attacher peu de prix au clinquant extérieur, qu'il s'agisse de la célébrité, de la position sociale ou de l'apparence.

En voyant certaines personnes si impressionnées par des éléments superficiels, on se dit qu'il serait facile, lors d'une transaction, de leur jeter de la poudre aux yeux.

Soyez sur le qui-vive lorsque quelqu'un avec qui vous êtes en relations d'affaires fait allusion à son « grand ami » (habituellement quelqu'un dont le nom doit forcément vous impressionner) ou laisse entendre qu'il est intime avec un certain collègue. Si vous connaissez la personne dont il prétend être l'ami, il serait intéressant que vous ayez sa propre version des faits. S'il s'avère qu'ils se sont seulement rencontrés une ou deux fois, vous pouvez vous poser des questions sur l'exactitude des autres déclarations du premier. (J'ai une fois, coincé un employé là-dessus... sachant qu'il n'avait *jamais* rencontré celui qu'il appelait son « meilleur ami ». Il me sortit une des meilleures répliques que j'aie jamais entendues. « Je voulais dire que c'est l'un de mes meilleurs amis, *par téléphone.* »)

Les gens qui travaillent avec quelqu'un peuvent fournir sur lui des renseignements fort intéressants. Une secrétaire qui vous a fait bonne impression, par exemple, peut vous aider à jauger son patron.

Il en va de même avec d'autres subordonnés. J'ai eu une série d'entretiens avec un cadre, très haut placé, d'une firme d'articles de sport bien connue. Il avait la réputation d'être compétent, mais semblait pusillanime et peu disposé à se charger des détails les plus anodins. Je ne fus guère surpris lorsque je rencontrai le président de la société... de par son ego, cet homme était incapable de déléguer ses pouvoirs à quelqu'un d'autre.

Dans l'entreprise, les gens ont tendance à copier certains traits de caractère de leurs supérieurs. Si vous connaissez leur patron, vous en apprendrez long en estimant quelle part ils ont adopté de ses qualités et de ses atouts par rapport à ses faiblesses et ses pratiques les plus douteuses.

Il y a quelques années, j'ai déjeuné, en Australie, avec le directeur d'une grande chaîne de télévision du pays. Il était, lui-même, bien connu, mais son patron, propriétaire d'un conglomérat de communications internationales, était l'un des hommes les plus puissants et les plus célèbres de tout le continent.

J'avais déjà déjeuné plusieurs fois avec ce dernier et je savais qu'au restaurant, il ne signait jamais de chèque. A la fin du repas, il se levait et s'en allait. Ou il avait un compte ouvert dans tous les restaurants d'Australie, ou cette habitude était si bien connue que tout restaurant qu'il honorait de sa présence envoyait directement la note à son bureau.

En tout cas, le jour de notre déjeuner, le directeur de la chaîne adopta le même comportement que son supérieur. Comme j'allais demander la note, il me dit qu'il s'en chargeait.

Puis, d'un air grand seigneur, il se leva de table et sortit. L'ennui, c'est qu'il n'était pas aussi célèbre que son patron. A son grand embarras, le maître d'hôtel inquiet, qui pensait que nous essayions de filer à l'anglaise, nous rattrapa dans la rue.

Il n'y a pas de règles absolues pour jauger les gens ou pénétrer les personnalités dissimulées sous les masques professionnels. Mais s'il existe un point de référence, une base permettant une comparaison, soit avec une autre situation, soit avec une autre personne, examinez-les attentivement. Voyez l'information que vous pouvez en tirer.

Tirez profit des lieux

Une fois, j'ai joué en double mixte avec le président d'une société et son épouse. Pendant toute la partie, il ne cessa de lui faire des remarques et lui mit sur le dos tous les points qu'ils perdirent. Elle n'était certes pas Martina Navratilova, mais lui n'était pas Bjorn Borg et il perdait au moins autant qu'elle. Il était tout simplement incapable de reconnaître qu'il avait fait une erreur et elle lui servait de bouc émissaire. S'il ratait un service et perdait un point, il lui reprochait de l'avoir distrait ou lui demandait pourquoi elle n'avait pas réussi le coup précédent. J'appris ainsi à quoi je devrais m'attendre lorsque je traiterai avec cet homme.

Les gens révèlent souvent leur moi le plus secret dans les situations les plus anodines. La manière dont ils traitent un serveur ou une hôtesse de l'air peut vous fournir un fascinant aperçu de ce qu'ils dissimulent sous leurs apparences. Découvrir combien ils sont impatients dans telle situation ou bouleversés par une petite erreur, peut vous être, plus tard, d'une aide inestimable.

J'ai récemment négocié avec le président de l'instance dirigeante de l'un des plus prestigieux sports internationaux. J'avais eu, plusieurs fois, l'occasion d'observer son tempérament impatient et son comportement lorsqu'il était en colère... qui consistait à rejeter la situation en bloc, sans y réfléchir plus longtemps. Je savais que si nous restions patiemment et poliment sur nos positions, il s'irriterait assez pour ne voir le point crucial de la négociation que comme un élément mineur, et c'est exactement ce qu'il fit.

En affaires, il faut constamment tenir sa garde haute tout en poussant autrui à baisser la sienne. En général, moins la situation ou les lieux sont protocolaires, plus il y aura de chances pour qu'ils la baissent. C'est étonnant ce que l'on peut tirer d'enseignements d'une situation mondaine ou qui n'est qu'à demi professionnelle.

C'est pour cette raison que je suis un chaud partisan des déjeuners ou des dîners d'affaires. S'il s'agit de quelqu'un avec qui je n'ai jamais traité, cela m'intéresse autant de l'observer que de discuter de l'affaire qui nous réunit.

Une fois, j'ai déjeuné, à New York, avec quelqu'un que je ne connaissais pas mais avec qui j'avais eu plusieurs conversations téléphoniques. Lorsqu'on nous apporta le menu, il dit qu'il suivait un régime très strict et ne prendrait qu'une tasse de café. C'était un restaurant huppé et je trouvais fort intéressant qu'il ne se laisse pas intimider par le cadre au point de commander quelque chose qu'il ne consommerait pas.

Mais lorsque le serveur arriva et que je demandai, par politesse, à mon invité, s'il était sûr de ne pas vouloir au moins, une salade, il dit, « je devrais peut-être... » et il ajouta, « je vais prendre la même chose que vous ».

Je trouvai cette réaction encore plus intéressante. S'il pouvait changer d'avis si facilement, je me demandai si, dans notre transaction, il saurait s'en tenir fermement à la décision qu'il aurait prise, s'il était suffisamment influençable pour se laisser mener par moi... et même s'il pouvait faire des concessions autrement que par conviction.

Il ne fallait pas prendre tout cela au pied de la lettre, mais je me dis que j'avais pénétré certains traits de son caractère, dont je pourrais tirer parti dans les affaires que j'aurais à traiter avec lui.

Des lieux où l'on est hors de son élément... ou de petites assemblées où les gens sont obligés de réagir les uns sur les autres, hors des domaines où ils se sentent à l'aise... peuvent aussi vous en apprendre long. C'est pour cette raison que je mêle constamment des groupes divers d'amis, de clients ou de collègues. Je trouve fort instructif de voir, par exemple, comment certains de nos clients réagissent à des gens venus du monde des affaires.

Cela m'aide à déterminer jusqu'à quel point je peux exposer mes sportifs à des clients, avant de signer un contrat. On peut emmener certains d'entre eux « partout »... Arnold Palmer, Gary Player, Jackie Stewart, John Newcombe et Jean-Claude Killy me viennent immédiatement à l'esprit... et leur personnalité est un élément essentiel de nos tentatives de vente. Mais d'autres, s'ils ne parlent pas d'eux-mêmes ou de leur sport, n'ont rien à dire.

Utilisez les temps morts

C'est pendant les transactions, les réunions très structurées, les séances de négociation et les autres formes d'interaction professionnelle, que les gens vous en révèleront le moins sur eux-mêmes, car ils s'efforceront de garder « le masque ».

Aussi, mettez-vous à l'écoute durant les temps morts, au commencement et à la fin des réunions, pendant les périodes de transition, car c'est alors que les gens auront le plus de chance d'abaisser leur garde. Lors d'une réunion de deux heures, les toutes premières minutes – avant que vous vous attaquiez réellement au travail – et les dernières – lorsque tout le monde se dit au revoir – peuvent vous en dire plus sur les gens avec lesquels vous traitez que presque tout ce qui s'est passé entre. C'est malheureusement à ce moment-là que vous serez, probablement, le moins observateur. Essayez d'être plus attentif.

Soyez vigilant aussi durant les interruptions, les échanges inhabituels, et tout ce qui peut s'immiscer dans le déroulement normal d'une situation professionnelle. Durant la plupart des rencontres d'affaires, les gens jouent plus ou moins un rôle, et lorsque quelqu'un « sort des rangs », les masques commencent un peu à glisser. Vous apprendrez beaucoup en remarquant simplement qui opère la rupture et comment les autres réagissent, en expression et en paroles.

Il y a une scène, dans *Le Parrain,* qui illustre parfaitement cela.

Le Parrain vient de rejeter catégoriquement l'offre que lui fait le patron de la Mafia de participer à un trafic de drogue, lorsque Sonny, son fils aîné, impétueux, laisse échapper que les conditions proposées sont une insulte à la famille.

C'est à cause de cela que l'on va essayer d'éliminer le Parrain. Les adversaires ont correctement interprété cette simple objection comme une faille. Sonny a révélé un plus grand empressement que son père à discuter de leur proposition.

Bien que *Le Parrain* soit une fiction, sa psychologie est très valable.

Observer les gens/Se les gagner Mon plan en sept points

Bien sûr, il n'y a pas 7 mesures ou 70 mesures ou 700 mesures à prendre pour jauger les gens, en ouvrant les yeux et les oreilles. Si c'était si catégorique, c'est quelque chose que l'on pourrait enseigner en classe. Néanmoins, ce que je peux dire, catégoriquement, c'est que pour apprendre à jauger les gens, il existe quelques principes de base :

1. Ecoutez activement

Ecoutez non seulement ce que l'autre dit, mais comment il le dit. Les gens ont tendance à vous en dire plus qu'ils n'en avaient l'intention. Taisez-vous : un silence un peu inconfortable les poussera à parler encore plus.

2. Observez activement

Ne vous êtes-vous jamais dit, en regardant une causerie télévisée ou les interviews des informations, « Oh, qu'il est nerveux », ou bien, « Ah, ah ! Cette question le met mal à l'aise » ?

Vous n'avez pas besoin de lire un ouvrage sur le langage du corps pour interpréter certaines attitudes ou certains gestes, ou pour « entendre » ce que quelqu'un déclare, simplement par sa manière de s'habiller.

3. Parlez le moins possible

Vous entendrez mieux, vous observerez mieux, vous en apprendrez plus... et vous commettrez moins de bévues. Nous pouvons tous parler moins ; presque tout le monde *devrait* parler le moins possible.

Posez des questions et puis, surtout, ne commencez pas à y répondre vous-même.

4. Revenez sur votre première impression

Je m'inspire, généralement, de mes premières impressions, mais seulement après les avoir soigneusement examinées. Il faut réfléchir sérieusement, et même vous « recueillir », avant de poser votre impression première comme principe de base d'une relation.

Muhammed Ali m'a dit, un jour, « Je suis plus célèbre que Jésus Christ » (une citation qu'il a peut-être empruntée aux Beatles). Cette déclaration me consterna ; je la pris pour une fanfaronnade et m'empressai de l'oublier. Mais quelques mois plus tard, la phrase me revint en mémoire, j'y réfléchis et me mis à compter tous les pays non chrétiens, musulmans, indous et autres, dans lesquels Ali était très connu. Sa déclaration était toujours une forfanterie mais je compris qu'elle pouvait aussi être exacte.

5. Prenez le temps de mettre en pratique ce que vous avez appris

Au moment de faire une présentation ou un appel téléphonique, arrêtez-vous un instant pour réfléchir à ce que vous savez et à la réaction que vous désirez produire. A partir de ce que vous savez de cette personne, que pouvez-vous dire ou faire, afin d'avoir le plus de chances de réussir ?

6. Soyez discret

La discrétion, c'est l'élément le plus important de tout le processus. Il ne faut pas dire aux gens combien vous les trouvez anxieux, ou leur faire remarquer toutes les choses qu'ils font de travers et que vous avez perçues intuitivement. Si vous leur faites savoir ce que vous avez appris sur eux, vous perdez toutes vos chances d'utiliser réellement votre perspicacité.

Ce n'est pas parce que vous avez percé quelqu'un à jour que vous devez le laisser vous pénétrer. Souvenez-vous que vous ne pourrez vous servir de ce que vous avez appris qu'à condition que l'autre en ait appris moins sur vous.

La plus sûre manière de laisser les gens deviner votre quotient de fiabilité, c'est de leur parler de vos succès. Laissez-les apprendre vos qualités et votre réussite de la bouche de quelqu'un d'autre.

7. Soyez détaché

Si vous arrivez à prendre du recul par rapport à n'importe quelle situation professionnelle, surtout lorsqu'elle s'échauffe, vos capacités d'observation augmenteront automatiquement. Quand votre interlocuteur commence à se mettre dans tous ses états, c'est alors qu'il va vous en révéler long sur lui-même. Si vous réagissez de même, non seulement vous serez moins vigilant, mais en plus vous vous démasquerez.

Je ne cesse de répéter qu'il faut agir et non réagir.

Ce comportement vous permettra d'utiliser vraiment ce que vous aurez appris. Vous pourrez transformer vos renseignements en moyens de pression. Si vous réagissez, si vous êtes incapable de prendre du recul, vous perdrez probablement tout l'avantage que vous avez gagné.

Si vous ne réagissez pas, vous ne risquez pas d'aller *trop loin.* C'est vous qui mènerez le jeu au lieu d'être mené.

2 Créer la bonne image

En 1964 je marchais dans une rue de Seattle, en compagnie d'Arnold Palmer et de Bob Hope lorsqu'une femme s'approcha de ce dernier et lui dit, « Vous vous souvenez de moi ? Nous nous sommes rencontrés à Cincinnati. » Hope fut très poli avec elle mais il ne savait visiblement pas à qui il avait affaire. Lorsqu'elle nous eut quittés, Bob se tourna vers Arnold et moi. « C'est incroyable, n'est-ce pas ? Vous rencontrez dix mille personnes par an et quelqu'un vous aborde dans la rue, deux ans après vous avoir vu et s'attend à ce que vous vous rappeliez de son nom. »

Moi, j'ai une très mauvaise mémoire des noms et je m'imagine toujours que tout le monde est comme moi. Quel que soit le nombre de fois où j'ai rencontré quelqu'un, si je ne suis pas certain à cent pour cent que cette personne sait mon nom – une fois pour toutes – je vais commencer par dire, « Je suis Mark McCormack ».

Cela paraît mineur. Mais c'est exactement le genre de chose qui peut créer une bonne impression, en affaires. Le déroulement, au jour le jour, de l'exercice de notre profession offre rarement l'occasion de faire un Acte Mémorable ou un Geste Grandiose. C'est en observant les petites choses que font et disent les gens que vous obtiendrez le plus de renseignements sur eux, mais n'oubliez pas que c'est aussi les petites choses que vous dites et que vous faites qui vont créer l'image de vous la plus durable.

Les relations que les gens établissent avec vous, en affaires, sont appuyées sur les déclarations, conscientes et inconscientes, que vous faites sur vous-même. La manière dont vous vous habillez, dont vous parlez au téléphone, le style de vos lettres, la manière dont vous accueillez les gens, tout cela affecte l'impression que vous produisez sur autrui – comment ils vous « jaugeront » – et doit obliger les gens à vous percevoir tel que vous souhaitez l'être.

C'est une manipulation, sous une forme astucieuse. L'une des plus grosses frustrations de notre vie, c'est de constater que les gens ne font pas ce que nous voudrions leur voir faire. Mais si vous arrivez à contrôler l'image qu'ils ont de vous, vous leur ferez *désirer* ce que vous voulez leur faire faire.

Toute relation d'affaires se passe entre des joueurs qui se jaugent mutuellement. Chacun d'eux essaie d'exercer subtilement son influence sur l'autre. Celui qui saura le mieux contrôler l'impression qu'il produit sur l'autre repartira avec un résultat positif ; à court terme, certainement, et très probablement aussi, à long terme.

L'un de mes amis appelle ce point d'ignition des relations humaines, « la pyrotechnie des affaires ». Je pense que cette terminologie peut traduire l'importance et l'impact de ce processus de création de l'image de soi, mais elle ne rend pas compte de sa subtilité.

Bien sûr, les gens qui croient qu'ils ont été manipulés et contrôlés, se trompent. Les cadres les plus efficaces font bonne impression d'une manière discrète. Il s'agit parfois d'un simple geste qui, s'il n'avait pas été fait, n'aurait manqué à personne ; c'est pourquoi il sera remarqué.

Souvent, surtout pendant des négociations, la manière dont quelque chose est formulé modifie complètement la dynamique des relations. Elle peut s'effondrer pour un mot ajouté ou supprimé ; l'utilisation de l'expression « Je suis d'accord », par exemple, même lorsque vous ne l'êtes pas, et avant que vous l'annuliez avec un « mais... »

Un jour que je déjeunais avec Ray Cave, le rédacteur en chef du *Time* magazine, il dit au maître d'hôtel, en entrant, « Ça fait plaisir de vous *revoir*».

Ce dernier eut l'air ravi et nous conduisit immédiatement à notre table. Lorsqu'il fut reparti, je dis à Ray, « Je croyais vous avoir entendu dire que vous n'étiez jamais venu dans ce restaurant ».

« Jamais, » répondit-il.

Une collègue de Ray Cave, Patricia Ryan, rédactrice en chef de *People,* m'a dit un jour que si elle craignait d'être intimidée au cours d'un déjeuner d'affaires, ou de ne pas être prise assez au sérieux, elle commandait du whisky. Elle boit rarement, mais prendre un whisky au lieu d'un Perrier, cela produit une impression subtilement, presque imperceptiblement, différente – en affaire, veux-je dire.

Créer une certaine image, c'est une manœuvre subtile qui exige que vous soyez conscient de l'impression que vous donnez et de celle que vous désirez donner. Souvent les gens qui croient avoir fait bonne impression, à grand renfort d'esbroufe, ont effectivement créé un choc, mais négatif.

Ce qui est encore pire, c'est d'être inconscient de l'effet que l'on produit. Avez-vous déjà vu un homme d'affaires découvrant que la réservation d'un billet d'avion pose un problème, se mettre à crier et injurier l'employé ? Voilà un type qui a la possibilité de lui obtenir une place dans cet avion, et il fait tout pour se l'aliéner.

C'est le syndrome « Je suis mon pire ennemi ». Même si vous avez quelque chose d'intéressant à dire, l'exprimer de telle manière qu'à coup sûr, personne ne l'entendra.

Soyez attentif à toutes les occasions subtiles que vous avez, chaque jour, d'impressionner les autres d'une manière positive ; et à toutes celles, beaucoup moins subtiles, de faire mauvaise impression. Pour créer une bonne image il suffit parfois de traiter, simplement, les autres comme ils souhaitent l'être. Ou, ce qui est plus difficile, de les traiter ainsi, même lorsqu'ils vous prient de faire le contraire.

La bonne impression que vous ferez vous permettra d'être imparfait. Si vous savez profiter des moindres occasions pour donner une impression globale et durable de compétence, d'efficacité, de maturité et de dureté impartiale – le type de personne avec laquelle on souhaite négocier – les gens fermeront les yeux sur une transgression occasionnelle. Ils vous passeront toutes sortes de comportements psychologiquement contradictoires si l'impression globale et durable que vous avez faite sur eux vous est favorable.

Tirez parti des idées préconçues

Envisagez de faire l'opposé de ce que l'on attend de vous. C'est souvent remarquablement efficace.

Si quelqu'un s'attend à de l'âpreté de votre part, une simple remarque pleine de réserve fera un effet stupéfiant. S'il a prévu que vous serez inflexible, il est bon de commencer par une petite concession. Plus quelqu'un pense que je veux obtenir quelque chose de lui, plus je ferai tout pour avoir l'air de ne pas le désirer.

Nous souhaitions ardemment signer un contrat avec une cliente réticente, une personnalité bien connue de la télévision, qui savait combien notre désir était grand et qui s'attendait à nous voir remuer ciel et terre pour la faire céder. Lors des deux réunions préliminaires, je lui parlai un peu de moi et de notre firme, et abondamment de sa carrière, de ses perspectives d'avenir, et comment, si j'étais à sa place, j'en tirerais parti.

Je ne mentionnai même pas le mot de représentation. Bien sûr, elle commença à se demander pourquoi nous ne la poussions pas plus agressivement... et elle se mit à nous courir après.

Si l'on croit que je connais bien une situation, je dirai souvent, lors des toutes premières minutes de la réunion, quelque chose qui pourrait indiquer le contraire. C'est, au moins, très désarmant, et en général, moins on a l'air d'être au courant, plus les autres seront ouverts et disposés à parler.

A l'inverse, si l'on pense que je manque de renseignements, je laisserai tomber une ou deux remarques innocentes qui feront croire à l'autre personne que j'en sais plus qu'il ne le supposait.

Au cours de transactions internationales, j'ai vu utiliser efficacement la barrière de la langue – ou ce qui était perçu comme tel – avec un résultat équivalent.

Les Américains qui sont, probablement plus qu'aucun autre peuple, incapables de parler une autre langue que la leur (ce qui les rend agressifs et inquiets) sont particulièrement vulnérables à la barrière de la langue et les cadres étrangers en tirent ordinairement profit. L'homme d'affaires américain qui laisse habilement tomber une ou deux phrases, parfaitement construites, dans la langue de son interlocuteur, peut en tirer une certaine supériorité.

Il faut aussi tenir compte de la culture et des coutumes des diverses régions des Etats-Unis. Quelqu'un de New York qui négocie dans le Sud, sera surpris de se découvrir dur et cassant, et j'ai vu beaucoup d'hommes d'affaires du Sud embrocher des « Yankees » sur leur propre vulnérabilité à cette différence. Là où un contraste culturel est perçu – grande cité contre petite ville, monde du spectacle ou du sport contre Wall Street – il y a probablement un avantage à prendre.

J'ai vu des gens tirer parti de leur propre culture et de leurs coutumes. Nous avons négocié avec un promoteur du sport au Japon, très prospère, qui s'appelle Atsushi Fujita, et dont les méthodes peuvent paraître peu conventionnelles. Il y a plusieurs années, M. Fujita représentait les droits de la télévision japonaise au Rose Bowl, lorsque l'une des chaînes japonaises fit une offre directe au Comité du Rose Bowl. Lorsque M. Fujita l'apprit, il emmena sa fille et conduisit toute la nuit pour se rendre chez le président de la chaîne. Sur le seuil de la porte de sa demeure, tenant son enfant par la main, M. Fujita dit à cet homme de retirer son offre sinon lui, Fujita, perdrait la face auprès des Américains. Deux jours plus tard, il retrouvait l'intégralité de sa représentation.

Sachez utiliser le courrier

La correspondance – intérieure à l'entreprise et extérieure à elle – est l'une des occasions les plus fréquentes que vous ayez de faire bonne impression sur ceux avec lesquels vous êtes en relations d'affaires.

Je suis très pointilleux sur toute communication écrite qui circule en mon nom. J'insiste pour que la lettre soit bien dactylographiée (« agréable à voir ») et ne contienne aucune faute d'orthographe ou de frappe. Il y a, en affaires, peu d'éléments sur lesquels vous ayez un effet direct, mais en voici un.

Cela me frustre d'entendre ma secrétaire dire « Il n'y a *presque* rien ». La correspondance crée une forte impression sur la manière dont vous menez votre tâche et je ne veux pas que quelqu'un puisse penser que je le fais « presque bien », alors que j'ai une occasion si simple et évidente de donner, de moi, l'image contraire.

J'essaie de prendre le temps de personnaliser toute ma correspondance professionnelle – cela va d'une ou deux phrases à deux paragraphes – en parlant de quelque chose qui intéresse personnellement le destinataire et qui n'a rien, ou presque rien, à faire avec le sujet de la lettre.

Je peux, par exemple, faire allusion à une récente transaction qui a tourné en sa faveur, montrer que je sais l'intérêt qu'il porte à une équipe locale (« Où en sont les Brows ? » ou « Vous êtes allé au match, dimanche ? ») ou poser une question sur sa famille. Je peux aussi lui exprimer ma sympathie... j'espère qu'il a un peu moins de travail ou qu'il va pouvoir prendre les vacances auxquelles il aspire.

C'est particulièrement efficace de personnaliser une première lettre de prospection. Cela ne passera pas inaperçu car on se demandera aussitôt, « Comment sait-il cela ? » ; ce qui montre que vous avez pris le temps de faire des recherches.

Je tiens aussi de longues listes de cartes et de cadeaux de Noël, que j'envoie tous les ans. L'automne et la saison des fêtes sont des périodes d'activité intense, aussi, chaque année, je suis tenté de laisser tomber en me disant que tout le monde s'en moque, que personne n'y fait attention. C'est ce que des tas de gens se disent, et c'est pourquoi, moi, je ne cède pas à la tentation.

Les lettres types sont assommantes, justement parce qu'elles sont terriblement impersonnelles. Je n'ai jamais entendu personne dire, « J'ai reçu une merveilleuse lettre type ce matin ». S'il y a quelque chose de pire qu'une lettre commençant par « Monsieur », c'est celle dans laquelle votre nom a été soigneusement tapé (la plupart du temps mal orthographié) dans l'espace prévu à cet effet, et dont la signature prétend être manuscrite ! Avez-vous déjà vu une signature imprimée qui avait l'air manuscrite ?

Depuis l'arrivée des machines à mémoire, je ne comprends pas pourquoi les lettres types existent encore. C'est un monument qui célèbre le triomphe de la mauvaise forme sur un fond qui peut être bon.

Marquer sans raison, sur une enveloppe, « personnel et confidentiel », vous garantira infailliblement un résultat négatif. Une déception ne fait jamais très bonne impression. Si vous êtes obligé d'utiliser cette formule pour que quelqu'un lise votre correspondance, c'est que vous avez déjà commis quelques bonnes erreurs.

Dans certaines circonstances, la rapidité fait mouche. On accorde plus d'attention aux télégrammes, aux télex et aux câblogrammes qu'aux lettres ordinaires. Ils ont une aura d'importance qui leur vaut d'être, en général, remis au destinataire au lieu d'être déposés sur le bureau d'une secrétaire.

Telle secrétaire, tel patron

Comme nous venons de le voir, c'est votre secrétaire qui vous relie, officiellement, au monde extérieur ; son comportement est un miroir dans lequel ce monde vous voit. Si elle est bourrue, on vous trouve bourru. Si elle laisse échapper des informations confidentielles, si elle lâche des noms dans votre intérêt, on pense que vous faites de même. Si elle est arrogante et trop zélée, on vous juge arrogant et trop zélé.

La secrétaire de l'un des directeurs de la télévision britannique s'obstine à faire obstacle à mes rencontres avec son patron. Un nombre incalculable de fois, j'ai essayé de fixer une réunion amicale à « n'importe quel jour des deux semaines qui viennent », pour entendre sa secrétaire dire à la mienne qu'il n'a « pas un moment de libre ». Cependant, chaque fois que je peux toucher cet homme directement, tout s'arrange très bien.

Il est évident que les secrétaires doivent faire office d'écran protecteur. En se plaçant entre les autres et vous, elles vous permettent, dans n'importe quelle situation d'agir au lieu de réagir. Cependant, cette « mise à l'abri » peut s'effectuer de multiples manières, tant négatives que positives. C'est aussi simple que la différence qui existe entre « Qui dois-je annoncer ? » et « Qui est à l'appareil ? ».

Les secrétaires se comportent souvent en sergent instructeur et j'ai vu des cadres s'amuser de leurs manières bourrues et les y encourager. Je les soupçonne de croire que cette rudesse augmente leur importance aux yeux d'autrui.

Bien entendu, cela s'applique à tous les subordonnés. S'ils travaillent directement avec vous, il est probable que vous serez jaugé, au moins en partie, sur la manière dont ils se présentent. Si vous vous apercevez qu'ils sont trop tranchants, il est dans votre intérêt de le leur faire remarquer.

Habillez-vous en « homme d'affaires »

La MCA/Universal était célèbre pour la sévérité de son code vestimentaire : costumes foncés et chemises blanches (on disait parfois, en voyant arriver ses cadres, « Tiens, voilà les pingouins »). Pourtant Lew Wasserman, le président directeur général, n'était pas formaliste, loin de là. Mais il dirigeait une société en pleine expansion, dans une industrie versatile. Il savait que l'on considérait « les types d'Hollywood », comme de mercantiles fumeurs de cigare qui avaient tendance à déformer les faits et à vous dorer la pilule lors d'une transaction. Aussi le code vestimentaire de la M.C.A. est-il sur deux niveaux : il crée une image positive de stabilité tout en dissipant une idée préconçue négative.

Les gens se font aussitôt une opinion de vous, selon la manière dont vous êtes habillé. En général, il vaut mieux adopter un style conservateur. Si vous reconnaissez que vous jugez les autres sur ce qu'ils portent, il vaut mieux supposer qu'il en est de même pour vous. Il est évident que plus vous serez vêtu d'une manière traditionnelle, plus il sera difficile de vous jauger. Lorsque des gens arrivent à une réunion d'affaires, les pieds nus dans des mocassins, la chemise à moitié déboutonnée, une chaîne d'or au cou ou au poignet, cela peut évoquer, dans l'esprit des autres, des considérations plutôt inquiétantes sur leur personnalité.

Il y a plusieurs années, nous avons engagé un cadre qui arriva, le premier jour, avec un élégant pantalon gris, une chemise en soie au col ouvert et un blazer bleu tout à fait classique. J'ai demandé à son chef de département de lui expliquer que ses vêtements ne convenaient pas au travail.

La plupart de nos clients ont moins de trente ans et beaucoup d'entre eux, surtout les joueurs de tennis, viennent aux rendez-vous habillés d'une manière très décontractée. Mais ils sont aussi millionnaires et c'est nous qui gérons leur fortune : nous percevons leurs honoraires et nous investissons leur argent. Ils ont envie que nos cadres ressemblent plus à des banquiers qu'à des joueurs de tennis, même élégamment vêtus.

Coco Chanel a dit, un jour, que si une femme est mal habillée, on remarque sa robe, mais que si elle est impeccablement vêtue, c'est elle que l'on remarque.

Je pense qu'elle aurait donné le même conseil à un cadre de l'entreprise – homme ou femme. En règle générale, il est souhaitable qu'au travail, votre manière de vous habiller ne révèle rien à votre sujet... sauf peut-être que vos vêtements « cadrent » tout à fait.

Une ponctualité militaire

Lorsque j'entame de nouvelles relations professionnelles, je suscite des situations qui montreront que je suis ponctuel à une seconde près. Je donnerais un rendez-vous téléphonique à dix heures et j'appellerais à dix heures sonnantes. Je promettrais à quelqu'un qu'une lettre serait déposée sur son bureau lundi prochain, et la lettre y serait au jour dit. Je me pointerais à un rendez-vous exactement à l'heure prévue.

Faites cela les premières fois que vous entrerez en contact avec de nouveaux associés, et ils penseront que vous menez ainsi toute votre vie professionnelle. D'ailleurs, ils s'efforceront de faire de même. Vous verrez que vous obtiendrez d'eux la ponctualité qu'ils auront pris l'habitude d'attendre de vous.

Soyez économe du temps des autres

La complainte qui revient le plus fréquemment sur les lèvres des cadres, c'est qu'ils manquent de temps... qu'il n'y a pas assez d'heures dans une journée pour tout faire. Cependant, ces mêmes cadres deviennent beaucoup moins conscients du temps qui passe lorsqu'il s'agit de celui des autres.

Si vous voulez faire rapidement, sur quelqu'un, un mauvais effet durable, faites-lui perdre son temps : usez-en cavalièrement ou prenez-en plus que vous n'en avez besoin.

Si vous n'avez rien d'important à dire, n'organisez pas une entrevue pour le seul plaisir de voir quelqu'un. Si cette personne vaut vraiment la peine d'être contactée, elle réagira à votre « Je voulais seulement vous rencontrer » en prenant la résolution de ne plus jamais vous accorder de rendez-vous.

Ne faites pas perdre leur temps aux gens qui sont dans votre bureau. C'est exaspérant d'être obligé de rester là, à attendre, dans le bureau de quelqu'un, pendant qu'il mène une longue conversation téléphonique. Ce qui est plus exaspérant encore, c'est d'endurer un bavardage qui aurait pu être évité grâce à une phrase du genre, « Je suis avec quelqu'un. Puis-je vous rappeler dans quelques minutes ? ». Si vous êtes *obligé* de répondre au téléphone lorsque vous avez quelqu'un dans votre bureau, excusez-vous et soyez bref.

Il y a trois exceptions à cette règle : lorsque vous formez un subordonné et que vous souhaitez qu'il entende votre technique au téléphone ou qu'il apprenne, de première main, certains faits sur un cas particulier ; lorsque vous pensez que l'appel peut se rapporter à l'entrevue en cours ; et lorsque la personne qui est avec vous peut être favorablement impressionnée par votre interlocuteur.

Au début des années soixante-dix, le Vice-Président Spiro Agnew, que j'avais rencontré une ou deux fois, essayait de me contacter pour que je m'occupe des droits littéraires d'un petit ouvrage qu'il venait d'écrire sur le golf.

Je l'avais appelé de mon hôtel, à Chicago, mais il n'était pas libre et l'on m'avait demandé où il était possible de me joindre. J'avais dit que je serai, soit à l'hôtel, soit dans le bureau de A.C. Spectorski, qui était à l'époque rédacteur en chef de *Playboy*.

Pendant mon entrevue avec ce dernier, sa secrétaire l'appela en disant, « Le Vice-Président des Etats-Unis est en ligne pour M. Mark McCormack ». Bien que cet appel n'ait rien eu à voir avec l'affaire en cours, il apporta à notre rencontre une toute autre importance.

Votre propre territoire

Il y a des cas où l'une des meilleures techniques de vente consiste à « se pointer » – sauter dans un avion et partir afin de rencontrer quelqu'un, à son gré, dans son propre bureau. Parfois, c'est ce qu'exige le protocole, d'autres fois, c'est dicté par votre estimation de la situation.

Mais, en règle générale, il est de beaucoup préférable que l'entrevue se passe dans votre bureau plutôt que dans celui de quelqu'un d'autre. C'est une question de dominance territoriale. Même si vous avez un bureau minuscule, il vaut mieux que la réunion se passe sur votre propre terrain.

Tout d'abord, c'est *votre* théâtre d'opération. Vous pouvez y exercer un certain contrôle, impossible ailleurs.

Ensuite, à cause de la dominance territoriale, une rencontre sur votre terrain provoque aussitôt, chez votre hôte, une impression « d'invasion ». Il en résulte une tension. En étant simplement poli et en mettant l'autre personne à l'aise, vous pourrez dissiper cette tension et obtenir sa confiance, avant même que l'entrevue commence.

La seule affectation de mise en scène que je me permette, ce sont des lumières tamisées. Autrement, quant à moi, un bureau qui incarne le pouvoir, c'est, soit une grande pièce, soit un endroit net, ordonné, fonctionnel, où l'on sent que se traitent des affaires.

Tenez vos promesses

Dow Finsterwald, ancien champion de la PGA*, maintenant de la Broadmoor, à Colorado Springs, me pria un jour de lui rendre un service. Il avait vu une gravure de Leroy Neiman le représentant en train de jouer avec Arnold Palmer, et il me demandait si nous pouvions lui obtenir un tirage signé pour son club. J'appelai l'un de nos cadres qui avait régulièrement affaire à Neiman. Il me dit que cela ne poserait aucun problème et je transmis la nouvelle à Dow.

Un mois plus tard, j'appelai mon cadre – j'étais au Japon à cette époque – et je lui racontai, carrément, comment au début de ma carrière, j'avais promis de faire quelque chose pour quelqu'un et n'avais pas tenu parole, et comment c'était revenu me hanter. Il était évident qu'il ne voyait pas de quoi je voulais parler. Mais, comme j'arrivais à la fin de mon histoire, il s'écria, « Bon sang, la gravure de Neiman ! » Elle fut expédiée la semaine suivante.

En affaires, on fait tout le temps des promesses, et bien souvent, on ne les tient pas... créant ainsi, inutilement, un effet désastreux. Si vous *dites* que vous allez faire quelque chose, *faites-le*. Si vous ne pouvez pas, ou si vous pensez que cela n'en vaut pas la peine, *ne dites pas que vous le ferez*. Trouvez n'importe quel prétexte, mais ne dites pas, « je vais essayer ». Car

* PGA Professional Golfers' Association. NDT.

cela va laisser à l'autre l'impression que vous avez essayé et échoué.

Si vous avez promis de répondre, le lendemain, à un appel téléphonique et que vous ne le faites pas, cela suffira à modifier vos relations avec cette personne. Il n'y a pas de loi qui dise que vous devez toujours répondre à tout appel téléphonique, seulement, ne dites pas que vous allez le faire.

Il est aussi très imprudent de vous engager au nom de votre société, si vous savez qu'il existe une possibilité, si minime soit-elle, que celle-ci ne vous soutienne pas.

Il y a plusieurs années, des gens de la Wilson Sporting Goods certifièrent à Arnold Palmer que si jamais il désirait mettre fin à son contrat avec eux, il n'avait qu'à en exprimer le désir. Quelque temps après, lorsque l'association d'Arnold avec la Wilson commença à se détériorer, je décidai de tester cette promesse. Arnold et moi, nous déjeunâmes avec Bill Holmes, le président de la Wilson, et je lui demandai, « Si Arnold veut mettre fin à son contrat avec vous, le peut-il ? », Holmes répondit, avec nervosité, « La réponse est non. »

L'incident nous en apprit long, à Arnold et à moi. Nous avions supposé qu'un individu parlait au nom de sa société parce qu'il travaillait pour elle. La désillusion d'Arnold l'amena, pour finir, à rompre son contrat.

Savoir faire un beau geste

En affaires, un beau geste, c'est un acte que l'on fait en faveur de quelqu'un ou à sa demande, *pour que cette personne devienne votre obligé.* Les deux partis peuvent même ne pas être conscients de ce but. Vous pouvez éprouver de la sympathie pour un associé et souhaiter, sincèrement, lui faire une faveur, mais c'est l'aspect contraignant du geste qui le différencie d'un service personnel.

C'est de nouveau la subtilité qui compte. Plus quelqu'un est conscient que le service que vous lui avez rendu fait de lui votre obligé, moins le geste sera efficace.

J'ai eu affaire à des cadres qui semblaient tenir une comptabilité des services dus et donnés. En fait, cela ne me dérange pas de négocier avec eux. Ce qu'il faut, c'est leur faire des faveurs et ne jamais leur en demander. Le « score » est si important pour eux, qu'à la longue, ils feront tout pour créer des occasions afin d'en avoir « encore plus ».

En affaires, les services rendus entrent dans trois catégories distinctes : ceux qui sont aisément ignorés, négligés ou mal interprétés ; ceux qui sont temporairement appréciés ; et ceux qui le sont à long terme.

La première catégorie comprend tous ceux qui, soit passent inaperçus, soit se retournent contre vous. Il y a certains gestes, comme faire un appel téléphonique en faveur de quelqu'un ou venir en aide à un associé, que l'autre parti n'apprend peut-être même pas. On ne peut pas demander aux gens d'apprécier quelque chose dont ils ignorent l'existence, et il serait bon pour vous, lorsque vous avez fait un beau geste en leur faveur, de le leur apprendre, en passant. (« Nous avons accordé un peu de notre temps à votre adjoint, la semaine dernière », ou « J'ai fait savoir à un tel combien nous avions apprécié votre aide »).

Le service trop flagrant est un autre cas intéressant qui entre dans cette catégorie. Il peut être facilement mal interprété (ou correctement analysé) et provoquera une impression consciente d'obligation. Les faveurs voyantes peuvent échouer. On nous a demandé, un nombre incalculable de fois, des chemises ou des clubs de golf, ou des billets, pour quelqu'un, et puis la couleur ou la taille n'allait pas, l'équilibre du club ne convenait pas, ou les places n'étaient pas bonnes, si bien que le résultat était plus mauvais que si nous n'avions rien fait. C'est un peu comme si, en essayant de sauver un homme qui se noie, on lui cassait le bras et on se retrouvait avec un procès sur le dos.

Les services rendus « par gentillesse » (par exemple, celui que l'on fait pour quelqu'un sans qu'il le sache) rentrent aussi dans cette catégorie. Vos bonnes intentions ne correspondent pas toujours aux intérêts de l'autre personne, et soit cela va l'agacer, soit votre service ne sera pas apprécié, ce qui vous agacera, vous.

La seconde catégorie est souvent en relation avec le temps... se réserver le temps de voir quelqu'un, inviter quelqu'un à déjeuner alors que la transaction aurait pu se faire au cours d'une conversation téléphonique de cinq minutes, prendre le temps, soit au téléphone, soit par lettre, d'exprimer un intérêt ou un souci personnels.

Le meilleur service « à long terme » que vous puissiez rendre à quelqu'un, c'est d'agir en intermédiaire entre lui et une tierce personne – mettre deux partis en contact pour une affaire qui ne vous rapportera rien sur le moment. Les *deux* s'en souviendront.

Mais qu'il s'agisse d'un petit service ou d'un grand, qu'il soit à court terme ou à long terme, l'essentiel c'est, lorsque vous avez promis de faire quelque chose, de vous y tenir ou de faire savoir à l'autre parti pourquoi vous avez été incapable d'exécuter votre promesse.

C'est dans des domaines semi-professionnels que les gens ont la mémoire la plus longue et le souvenir que vous avez oublié ou négligé l'une de vos promesses va comme se renforcer. Les années vont passer jusqu'au jour où, brusquement, la personne que vous avez désappointé vous le ressortira comme si c'était arrivé la veille.

Voici quelques gestes qui seront appréciés, reconnus, et dont le bénéfice vous reviendra, à long terme :

Faites quelque chose pour leurs enfants

Parfois, les services les plus efficaces sont indirects. Lorsque mon fils Todd était encore à l'école primaire, il adorait le football. L'un de mes associés s'arrangea pour qu'il rencontre Fran Tarkenton, le trois-quarts des Vikings du Minnesota. Todd en délira de joie... et je ne l'ai jamais oublié.

Si vous voulez impressionner favorablement un client, faites quelque chose pour ses enfants. Cela comptera plus à ses yeux que presque n'importe quel service que vous pourriez lui rendre, à lui.

Que savez-vous des familles de vos plus importants associés ? Avez-vous jamais exprimé de l'intérêt pour elles ou pris le temps de poser des questions à leur sujet ? Ce sont des renseignements qui valent largement la peine d'être connus.

Il y a cinq ou six ans, M. Fujita, dont nous avons déjà parlé, apprit que l'un de ses correspondants, cadre de la Japan Air Line, avait une fille qui adorait le tennis et idolâtrait Martina Navratilova.

Récemment, M. Fujita fut chargé d'organiser un tournoi de tennis, catégorie féminine, à Tokyo, et se souvenant de ce petit fait, il appela le cadre qui, depuis, était passé à la tête de la

Japan Air Line en Europe. Il lui dit que Martina Navratilova participait à ce tournoi. Est-ce que sa fille aimerait venir au Japon pour servir de guide personnel à la championne ? La jeune fille accepta aussitôt... et son père ne fut pas moins ravi.

Cette manœuvre n'était en rien irrégulière et je ne vois pas de meilleure manière de se mettre bien avec la Japan Air Line.

Laissez les gens se libérer vis-à-vis de vous

Les gens sont souvent d'accord pour faire des choses et puis, pour toutes sortes de raisons qui leur échappent, ils ne peuvent plus le faire ou n'en ont même plus envie. Les circonstances ont peut-être changé ; une information nouvelle a pu modifier leur désir d'effectuer cette transaction ; ou bien ils ont été coiffés par quelqu'un qui leur est supérieur dans la hiérarchie de l'entreprise.

En tant que juriste, il me serait facile de traiter un engagement comme un engagement et un marché comme un marché. Mais j'ai souvent découvert qu'en reconnaissant des circonstances atténuantes et en laissant quelqu'un se libérer de ses obligations, j'ai, à la longue, fait bien plus pour moi et pour ma firme.

Pendant pas mal d'années, notre société de conseil a été liée, par contrat, à la Wilkinson Sword. Au milieu des années soixante-dix, cette entreprise a traversé une période difficile et Chris Lewinton, son directeur général, est venu me dire : « Mark, nous traversons une mauvaise passe et je suis obligé de vous demander de bien vouloir accepter une grosse diminution des honoraires que nous vous versons. »

Sans hésiter, j'ai répondu que c'était possible. Dans les années qui suivirent, la Wilkinson se rétablit et, non seulement ils augmentèrent nos honoraires pour combler la différence, mais lorsqu'ils furent rachetés par l'Allegheny International, nos relations s'étendirent à d'autres domaines.

Le corollaire à « Laissez les gens se libérer vis-à-vis de vous », c'est « Laissez-les changer d'avis ». On a toujours la tentation de répliquer, « Mais vous avez dit que... » ou « Mais, vous aviez promis que... ». Si vous savez prendre le temps d'écouter *pourquoi* quelqu'un a changé d'avis, et replacer cela dans la perspective d'une relation à long terme, vous trouverez qu'il est dans votre intérêt de le laisser faire.

Sachez lâcher du lest

Développer des relations d'affaires existant déjà, c'est presque plus facile que d'en commencer de nouvelles. Si vous faites une bonne impression, les gens voudront traiter avec vous à maintes et maintes reprises. Pour réussir cela, il est essentiel de savoir à quel moment il faut lâcher du lest.

J'ai un grand ami avec lequel je suis en affaires, qui se nomme Kerry Packer et qui, parmi d'autres choses, possède Canal 9, la plus grande chaîne de télévision commerciale d'Australie. Il y a plusieurs années, David Frost, qui est aussi l'un de ses amis, l'appela pour essayer de lui vendre les droits sur ses bandes d'enregistrement des entrevues qu'il allait avoir avec Nixon, et cela pour l'Australie bien sûr. Frost avait dépensé beaucoup d'argent dans ce projet d'où un besoin urgent de récupérer cet investissement.

Il dit à Kerry qu'il lui cédait les bandes pour 175 000 dollars, mais Packer répondit que pour les droits en Australie, il ne pouvait pas dépasser 160 000. Tous deux discutèrent longtemps, sans aboutir à rien. Une impasse comme cela, surtout entre amis, peut se terminer par une catastrophe.

Pour finir, David dit, dans un élan de franchise, « Kerry, j'ai vraiment *besoin* de ces 175 000 dollars. Et je suis sûr que les enregistrements les valent ».

Packer resta silencieux un bon moment. Puis, il répondit, « J'ai une idée, David. Il y a là une pièce de monnaie. Laissons-la nous départager. Tu choisis ».

Frost, à l'autre bout du fil, toussa nerveusement et hésita. « D'accord, finit-il par rétorquer. Face. »

« Tu as gagné », dit Packer.

Que préférez-vous ? Un gain à court terme ou une relation à long terme Parfois, on peut faire un meilleur marché en lâchant du lest.

Sachez flatter à bon escient

Si votre flatterie est fallacieuse, on n'y croira pas et cela se retournera contre vous.

Mais une flatterie fondée... apprécier et reconnaître l'habileté en affaires dont vous avez été bénéficiaire... cela peut être irrésistible. Si vous pensez que quelqu'un a agi astucieusement et que cela vous a profité, dites-lui combien vous le trouvez fort. (Mais ne dites pas cela à quelqu'un, juste parce qu'il vient de signer un contrat avec vous. C'est une flatterie fallacieuse et elle éveillera plutôt la suspicion que la confiance).

L'une des formes les plus efficaces de bonne flatterie, c'est de présenter sous de beaux auspices la personne que vous voulez flatter aux autres membres de votre firme.

Il y a plusieurs années, lorsque Noël Morris était le président directeur général de Slazenger en Australie, j'ai essayé de lier la longévité des contrats de Gary Player et de Jack Nicklaus à la durée de son mandat. Il se sentit flatté que les intérêts et la fortune de Player et de Nicklaus dépendent directement de lui, et cela ne nous faisait aucun tort que quelqu'un du statut social de Morris surveille personnellement les affaires de nos clients. Le comité d'administration de Slazenger n'approuva pas le projet, mais notre objectif était, malgré tout, atteint.

Faites-vous des amis

Toutes choses égales, les gens feront confiance à un ami. Toutes choses n'étant pas égales, ils feront *tout de même* confiance à un ami.

Faites-vous des amis.

Vous n'êtes pas obligé d'être l'ami intime de tous les gens avec lesquels vous négociez. Mais appelez-les de temps en temps, demandez-leur ce qu'ils font, taillez une bavette... montrez que vous vous intéressez à eux.

C'est essentiel, dans notre métier, d'appeler un client et de lui demander comment il a joué ce week-end, et s'il a réglé le problème qu'il avait avec son second service. C'est si simple à faire ; et pourtant, les gens qui travaillent à l'IMG ont tendance à oublier que ces appels téléphoniques, apparemment insignifiants, établissent des relations personnelles. Et j'ai fait la même chose jusqu'à ce que je l'apprenne à mes dépens.

Notre entreprise fonctionnait depuis quelques années, nous étions les agents d'Arnold, de Gary et de Jack et j'étais convaincu de notre compétence et qu'aucun joueur de golf professionnel ne pouvait trouver mieux ailleurs. Il était évident, à mes yeux, que s'il voulait la meilleure représentation possible, c'est à nous qu'il devait s'adresser.

Ce que je ne voyais pas, c'était que beaucoup des nouveaux joueurs qui perçaient n'étaient pas au courant de l'étendue de nos services ou de l'envergure de nos talents. Et même s'ils l'avaient été, notre manière d'attendre qu'ils viennent à nous et notre incapacité à flatter leur égo passaient pour de la froideur et de l'arrogance.

Nous ne prenions pas le temps d'aller sur le terrain et de nous faire des amis. Quelques autres l'ont fait et pendant les années soixante-dix, beaucoup de jeunes talents signèrent un contrat avec d'autres agents.

Si vous ne vous faites pas d'amis, résignez-vous à négocier avec des indifférents ou des ennemis.

Si vous ne savez pas entretenir l'amitié, vous feriez mieux de vous tenir à l'écart de la compétition.

Ayez des mentors et des confidents

Les mentors et les confidents peuvent mener à des relations d'affaires très fécondes. Les uns et les autres vous feront confiance, voudront vous venir en aide et vous rendront service, s'ils le peuvent.

Cherchez conseils et directives auprès de quelqu'un que vous respectez et auquel vous vous fiez. Très vite la frontière entre conseil et service s'effacera totalement.

Avoir un confident ne signifie pas trahir la confiance des autres ou révéler les secrets de votre entreprise. Il s'agit de partager, de temps en temps, avec quelqu'un, vos impressions personnelles, passer des renseignements qui peuvent lui rendre service sans que cela ne vous affecte, ou l'encourager à se confier à vous.

J'appris que David Foster, l'ex PDG de Colgate, prenait plaisir à battre d'une longueur son agence de publicité, surtout en ce qui concernait le patronage du golf par Colgate. Je pouvais lui fournir des renseignements recueillis pendant les tournois, et il était, ainsi, souvent au courant des créneaux avant son agence. C'était sans danger pour nous et cela permettait à Foster de garder son avantage.

Nous avons fait de très bonnes affaires avec Colgate.

Soyez discret

Je ne soulignerai jamais assez le danger que représentent les confidences, dans les affaires. Les gens sont peut-être contents de ce que vous leur dites, mais à un niveau plus profond – celui de la confiance – ils n'aiment pas ce que vous faites.

Si l'un de nos cadres révèle à Chris Evert Lloyd tout ce que fait Martina Navratilova, Chris ne pourra s'empêcher de se demander, « Que dit-il sur moi à Martina ? ».

C'est bien simple : si vous livrez une confidence, cet acte reviendra, en fin de compte, vous hanter. C'est l'une de ces leçons que tout le monde, semble-t-il, finit par apprendre à ses dépens. Mais vous ne vous laisserez attraper, sûrement, qu'une seule fois. Le résultat est, d'ordinaire, si embarrassant et si humiliant, que la leçon porte.

L'un de nos cadres financiers parlait, un jour, à Virginia Wade, de certaines activités d'un autre client. Elle, qui est un peu malicieuse, essaya de lui soutirer plus de renseignements, et elle réussit joliment bien. Cependant, un peu plus tard, prise d'inquiétudes, elle me raconta l'incident et me conseilla vivement d'envoyer quelqu'un parler au cadre en question. Nous le fîmes et maintenant, il est plus circonspect.

Dans nos bureaux, nous appliquons la règle suivante : lorsque vous mentionnez le nom d'un client dans une lettre, vous devez présumer que le client la verra. Si dans une lettre, vous dites, « S'il vous est impossible d'avoir John Madden, que pensez-vous de John Havlicek ? », je vous garantis que, d'une façon ou d'une autre, Havlicek et Madden l'apprendront.

Même si vous êtes sûr que quelqu'un est loyal envers vous et sait que c'est dans son intérêt de l'être, n'accédez pas à ses demandes de confidences, et surtout, ne lui confiez rien par écrit. Un point c'est tout.

Même si vous n'avez rien à cacher, la discrétion doit demeurer votre plus grande valeur professionnelle. Nous avons eu un client important qui avait une relation très compliquée avec un mentor extérieur à nous. Lorsqu'il n'était pas en forme, il nous disait toujours qu'il allait se débarrasser de son conseiller et il nous demandait ce que nous en pensions. Une fois, nous commîmes l'erreur de le lui dire.

Nous avions sous-estimé l'influence de cette autre personne et, ce faisant, nous éveillâmes son hostilité au point de compromettre sérieusement nos relations avec notre client. Nous aurions mieux fait de ne rien dire et de rester neutres.

L'indiscrétion et l'incapacité de garder une confidence provoquent toujours des problèmes, qu'après coup, vous vous étonnez d'avoir pu vous coller sur le dos.

L'atout personnel le plus important

Bien sûr, la vraie réponse, c'est le bon sens. Mais si vous en êtes déjà dépourvu, vous n'en aurez sans doute jamais, et je ne peux rien dire qui puisse changer cela.

A part le bon sens, l'atout le plus important, en affaires, c'est le sens de l'humour, la capacité de vous moquer de vous ou de la situation.

Seul le rire peut dissiper la tension qui monte lors d'une transaction, et vous souhaitez être celui qui contrôle cette force constructrice. Si vous pouvez attirer l'attention sur ce qu'il y a d'amusant ou d'absurde dans une situation ou une confrontation, si vous pouvez dissiper la tension en amenant l'autre partie à partager votre sentiment, vous serez sûr de prendre le dessus. Il y a très peu de choses irréfutables, en affaires. C'en est une et *je ne l'ai jamais vue échouer.*

John Kennedy l'avait probablement très bien compris. Il mettait le Congrès, et une presse toujours hostile, en déroute, grâce à un sens de l'humour qui restait, parfois, son seul atout. Aucun président, depuis lors, n'a jamais réussi à comprendre cela.

L'humour crée l'une des meilleures impressions favorables à long terme. Un simple commentaire humoristique, plein de modestie, fait immédiatement comprendre que vous ne vous prenez pas trop au sérieux, et c'est quelque chose que les gens n'oublient jamais.

C'est aussi la meilleure manière de commencer une réunion. Il n'est pas nécessaire que les gens se tordent de rire, mais une remarque amusante, lancée au début, créera une bonne atmosphère pour tout ce qui va suivre.

L'humour, qui remet tout dans une vraie perspective, est, avec les bénéfices, la chose la plus facile à perdre, en affaires.

Il y a plusieurs années, la Ford Motor Company traversa une crise durant laquelle les cadres du service comptabilité prirent, littéralement, le pouvoir et commencèrent à fermer des usines ici et là afin de diminuer les frais. Ils avaient déjà réussi à fermer définitivement des usines dans le Massachusetts et le Texas et semblaient savourer cette puissance nouvellement acquise.

Robert McNamara, qui était président de la Ford à cette époque, réunit tous ses chefs de département pour discuter d'une note qu'il venait de recevoir recommandant la fermeture d'une autre usine. Tout le monde était contre mais les prédictions des comptables étaient tellement sinistres que personne n'osait dire franchement son avis.

Pour finir, un vétéran de la compagnie, du nom de Charlie Beacham, dit, « Pourquoi est-ce que nous ne fermons pas toutes nos usines pour faire de vraies économies ? »

Tout le monde éclata de rire. On prit la décision de remettre à plus tard toute autre fermeture d'usine et les « compteurs de haricots » repartirent travailler pour la firme, au lieu de la diriger.

Soyez vous-même

Tout le monde a, ou devrait avoir, certains principes de vie et de conduite professionnelle. Mais, c'est au nom des « principes » qu'on commet le plus de mal.

Le « principe » est trop souvent un mot commode derrière lequel s'abrite un ego meurtri. Il y a beaucoup de gens insensibles et insolents, dans le monde de l'entreprise, et je pense qu'en certaines occasions, il est tout à fait normal d'agir au nom de son ego meurtri. Mais ne parlez pas de principes s'ils ne sont pas en cause. C'est une dangereuse illusion.

En parlant d'illusion, il y a une énorme différence entre jouer un personnage et interpréter un rôle qui ne vous convient pas. La différence devrait être évidente, mais si vous ne savez plus à quel moment il faut jouer un rôle et à quel autre il est nécessaire d'être vous-même, tenez-vous en à cette dernière alternative.

Bien sûr, en affaires, on joue très souvent un rôle. Si vous vous présentez constamment « le visage nu et à découvert », vous ne serez pas très efficace. L'idéal, c'est de jouer un rôle qui met en lumière vos plus belles qualités professionnelles et qui dissimule vos pires défauts.

Il y a des gens qui sont, eux-mêmes, leur pire ennemi. Le cas classique, c'est celui de la personne qui ne sait pas faire la différence entre franchise et tact. Tout le monde sait que « toute vérité n'est pas toujours bonne à dire ». Je pense que c'est un adage trompeur qui laisse entendre que, parfois, en affaires, il est bon de mentir. Il serait plus juste de dire, « toute vérité peut être atténuée ». On peut l'exprimer de telle manière qu'elle ne soit ni blessante, ni suicidaire.

L'autre extrême, c'est être trop anxieux de plaire. J'ai vu des gens qui disaient toujours, « mais bien sûr ». Très vite, ils proposent des choses sur lesquelles ils ne peuvent pas revenir et en promettent d'autres qu'ils ne peuvent exécuter. Si vous ne pouvez tenir ce que vous avez promis, on pensera que vous manquez d'autorité et vous finirez par donner une impression de faiblesse.

Contrôlez vos émotions

Faire une seule chose à la fois est un luxe qu'aucun de nous ne connaît, et très vite, les émotions provoquées par une activité en imprègnent une autre. Si une grosse transaction vient d'échouer, il est difficile de ne pas laisser percer votre désappointement devant la personne que vous rencontrez ensuite. Ou si vous vous sentez particulièrement harcelé, votre impatience ou votre irritation peut imprégner une conversation téléphonique ou une réunion.

Il est plus facile de conseiller aux autres de tout compartimenter, de ne pas laisser ses émotions déborder de la situation qui les a suscitées, que de le faire soi-même. J'ai trouvé une solution partielle qui consiste à compartimenter mes fonctions dans le temps... répondre aux lettres le matin et aux appels téléphoniques l'après-midi, n'accepter d'entrevues qu'aux jours consacrés aux réunions, et ainsi de suite.

C'est aussi très important de vous forcer à agir au lieu de réagir. Par exemple, je prends rarement les appels téléphoniques, mais je rappelle toujours. Vous aurez beaucoup moins tendance à rembarrer quelqu'un au téléphone si c'est vous qui appelez, que si vous êtes dérangé par son appel.

Compartimenter, c'est avant tout mettre volontairement une distance émotionnelle entre la situation et vous.

On ne vous demande pas d'être parfait

Ce n'est pas très bien vu, ni de très bonne politique, de prétendre, en ce moment, que vous connaissez John DeLorean, et encore moins de dire que vous avez négocié avec lui. Je le fais, et je l'ai fait. Ce qu'on peut reprocher à DeLorean, c'est un orgueil démesuré et non l'incompétence, et il est impossible de nier que quelqu'un qui s'est élevé d'une manière aussi fulgurante dans la bureaucratie en béton de la General Motors s'y connaît en affaires.

Lorsque j'ai fait connaissance de John DeLorean, il était déjà à la tête de Pontiac. En deux entrevues seulement (il savait prendre *rapidement* une décision), je réussis plus ou moins à le convaincre que Pontiac devait signer un contrat avec l'US Ski Team, en s'engageant sur un nombre de sept chiffres. Nous décidâmes de nous rencontrer quelques semaines plus tard, à l'agence de publicité de Pontiac, MacManus, John et Adams, à Detroit, afin de discuter des stipulations et de mettre au point les derniers détails de notre transaction.

C'est exactement le genre de campagne promotionnelle que les cadres d'une agence de publicité détestent. Ils savaient que DeLorean et moi, nous nous étions mis d'accord sur *quelque chose,* mais ils n'avaient pas la moindre idée de ce que c'était. Ils n'étaient même pas sûrs que leur agence aurait un rôle à jouer dans ce projet.

Le jour de la réunion arriva et j'étais en pleine forme. A un bout de la table, se tenait le franc-tireur de Detroit, l'un des hommes les plus puissants de l'industrie automobile, et à l'autre extrémité, il y avait moi, un jeune entrepreneur du management du sport, de Cleveland. Entre nous, les cadres de MacManus avaient l'air bien nerveux et en ce qui me concernait, *l'affaire était déjà dans le sac.* Je me sentais invincible.

Le ton de la réunion fut donné dès neuf heures une. Elle avait été fixée à neuf heures et nous attendions que Ernie Jones, le directeur de MacManus, arrive. DeLorean regarda sa montre et dit, « Allons-y ».

Le temps que la conversation passe à la nature spécifique des relations entre l'US Ski Team et Pontiac, et je nageais comme un poisson dans l'eau. Après avoir fait quelques autres suggestions, je me lançai dans un soliloque joliment long, exposant mes idées sur la manière d'intégrer l'équipe de ski au logotype de Pontiac, la tête d'Indien qui avait été le symbole de cette compagnie pendant tant d'années.

Tout en parlant, je remarquai que les yeux des cadres allaient et venaient de moi à DeLorean. Celui-ci restait totalement impassible mais je sentis, aux réactions des autres, que je n'étais pas aussi convaincant que je croyais l'être et que, peut-être, il valait mieux la fermer.

Après un moment de silence – qui me parut fort long – DeLorean sourit. « Mark, vous nous cherchez des poux dans la tête. Pontiac vient juste de dépenser un peu plus de trois millions de dollars pour se débarrasser de la tête d'Indien et imposer un nouveau logo. »

La transaction fut, malgré tout, conclue, mais je ne crois pas avoir jamais été plus mal préparé à une réunion que cette fois-là.

Un jour, quelqu'un m'a dit, « Nous commettons tous des erreurs. C'est lorsque vous faites toujours les mêmes que c'est grave. On ne vous demande pas d'être parfait, mais de tirer des leçons de vos imperfections ».

3 Marquer des points

C'est l'art de gagner sans enfreindre les règles des affaires. C'est rassembler tout ce que vous savez sur les autres et tout ce que vous leur avez permis de savoir sur vous-même, et utiliser ces renseignements pour marquer des points... faire tourner légèrement la situation en votre faveur. C'est gagner grâce à votre intuition.

Au début, c'est une question de travail ; étudiez les joueurs et tous les aspects connaissables du jeu. Après cela, vous saurez comment jouer... comprendre ce que les gens désirent ou les convaincre de ce qu'ils désirent, et trouver une manière de les satisfaire. L'idée, bien sûr, c'est de donner un petit peu moins que ce que vous recevez en retour.

Je suis tout à fait certain que, dans toute transaction il y a des points à marquer. Ne soyez ni avide, ni arrogant, ni impatient, mais guettez l'avantage possible. Il finira par se montrer et alors, soyez prêt à faire ce qu'il faut pour l'obtenir.

Connaître les détails

Vous ne pouvez marquer des points qu'après avoir bien examiné les faits. A eux seuls, ils ne suffisent pas à vous garantir un atout, mais ils vous empêchent de le livrer à quelqu'un d'autre. A moins d'être au courant de toutes, ou presque toutes, les données pertinentes d'une situation, vous n'en avez qu'une vue partielle. Présumez que le seul fait que vous ne connaissez pas

– peut-être parce qu'il est un petit peu plus dur à découvrir – c'est celui qui établira la différence entre vous et les autres.

Il y a beaucoup de choses dont on peut faire l'économie, en affaires, mais pas celle-là. Effectuez les travaux préliminaires nécessaires. Prenez le temps, et faites l'effort, d'apprendre tout ce que vous pouvez sur les sociétés et les personnes avec lesquelles vous traitez. Les faits opératoires, ceux qui déterminent la situation, commenceront à ressortir d'eux-mêmes.

Il y a une seconde série de faits dont il faut souvent guetter l'apparition. Ce sont ceux qui vont poindre de la situation elle-même... des choses que les gens disent et font, qui peuvent vous fournir des nouveaux aperçus fort utiles. J'ai été mêlé à d'innombrables situations dans lesquelles l'émergence d'un seul fait a totalement altéré la dynamique ou la tactique de tout ce qui s'est déroulé ensuite.

La première fois que j'ai essayé de vendre des droits de passage à la télévision américaine au British Golf Open Championship, c'est exactement ce qui s'est passé. J'avais négocié avec leur représentant, au nom de l'une des chaînes. Lorsque nous nous rencontrâmes pour conclure l'affaire, j'amenai l'un de nos cadres du département télévision ; et lui s'était adjoint quelqu'un de son département « affaires » (réseaux pour juristes et comptables).

En quelques minutes, je compris que la réunion n'aboutirait à rien. Le représentant des golfeurs, qui parlait tout le temps, n'allait pas céder la moindre chose devant son spécialiste des affaires, ou s'écarter en rien de ce qu'ils avaient décidé avant la réunion. La présence de mon cadre du département télévision, avec lequel ils traitaient plus fréquemment, ne faisait qu'exacerber la situation. Ils ne voulaient céder, devant lui, à aucune de mes requêtes.

Ce furent les faits opératoires qui, de beaucoup, l'emportèrent sur les autres. Ce que je vendais ou ce qu'ils achetaient ne comptait plus et nous aurions pu continuer à parler comme cela pendant une semaine. Cette entrevue n'aboutirait à aucun résultat, et continuer plus longtemps ne faisait qu'empirer les choses.

Aussi, dès que je le pus, je proposai de mettre fin à la réunion et de prendre encore un peu de temps pour réfléchir, chacun de notre côté. Le lendemain, j'appelai le cadre du réseau et, loin de l'influence des autres, nous conclûmes les négociations sur un contrat qui n'a pas cessé de prendre effet.

Connaître les joueurs

Lorsque vous jaugez les gens, que vous mesurez leur ego et que vous cherchez leurs points faibles, c'est, bien entendu, en vue de mettre à profit ces renseignements... en exposant ce que vous savez sur eux à des stimuli adéquats.

Pendant plusieurs années, j'ai essayé de convaincre André Heiniger, le président directeur général de Rolex, de sponsoriser la mise en place de tableaux d'affichage et d'horloges électroniques à Wimbledon. Il pensait que c'était du gaspillage et que la sponsorisation des horloges utilisées lors des manifestations sportives, était du domaine des grands fabricants de montres, les Seiko et les Timex du monde entier.

Je savais que ma seule chance de le faire changer d'avis était de l'emmener sur le terrain, ce que je réussis enfin à faire, en 1979, pour la quinzaine de Wimbledon.

Tandis que nous sirotions notre thé, dans la Loge Royale, tout en regardant le déroulement du match, je le vis s'imprégner de l'élégance séculaire du stade de Centre Court, de la fièvre du sport, de la beauté et du charme de cet endroit si exceptionnel.

Lorsque le match eut pris fin, Heiniger se tourna vers moi, et avec un grand geste de la main qui englobait tout, « C'est Rolex », dit-il.

Jauger la situation

Une fois que vous connaissez les détails et les joueurs et que vous avez analysé toutes les ramifications de la situation, vous pouvez la jauger. Prenez du recul et voyez quelles sont les chances qui se présentent, dès le début.

Je suis convaincu qu'il est essentiel de prendre du recul pour replacer tout événement important – bon ou mauvais – dans une perspective plus large. Je m'oblige à établir une distance entre les événements et moi et je considère cela comme une nécessité du même ordre que les coups de téléphone ou les réunions. Ce n'est peut-être pas quelque chose que l'on peut « enseigner » mais cela peut s'apprendre, car c'est ce que j'ai fait.

Il y a quelques années, j'ai rencontré un homme d'affaires vénézuélien du nom de Raphael Tudela, qui travaille dans le pétrole. Lorsque j'eus appris à le connaître, à le respecter et à l'admirer, je vis en lui la quintessence du cadre doué de « savoir populaire ». Il a édifié une affaire d'un milliard de dollars en partant de zéro, et cela en moins de vingt ans. Il conclut peu de contrats écrits car il se considère lié par sa parole. C'est lui qui a toujours suscité ses propres coups de veine. Sa principale activité, la spéculation sur le pétrole, repose sur le fait qu'il voit toujours des opportunités là où personne n'en voit et sait en profiter.

En d'autres mots, Raphael Tudela a le génie de marquer des points. Ce talent qu'il a pour discerner les faits, deviner ce que les gens veulent et imaginer une manière de leur procurer, est clairement illustré par l'histoire de ses débuts.

Au milieu des années soixante, Tudela possédait une verrerie à Caracas, mais ingénieur en pétrochimie, il rêvait d'entrer dans la spéculation pétrolière. C'est alors qu'il apprit, d'un associé, que l'Argentine cherchait à acheter du gaz butane pour une somme de plus de vingt millions de dollars ; il se rendit sur les lieux pour voir s'il ne pourrait pas conclure l'affaire. « Il fallait d'abord que je décroche le contrat », me dit-il, « et ensuite je n'avais plus qu'à me mettre en quête du butane. »

Lorsqu'il arriva en Argentine – simple fabricant de verre sans aucune expérience du marché du pétrole ni aucune relation dans ce secteur – il découvrit que la compétition était de taille : British Petroleum et Shell Oil.

Mais en fouinant un peu, il découvrit aussi quelque chose d'autre : l'Argentine avait un surplus de viande de bœuf qu'elle essayait désespérément de vendre. Grâce à cet unique fait – son premier atout, pour ainsi dire – il se retrouvait l'égal, au moins, de la Shell ou de BP.

« Si vous m'achetez pour vingt millions de dollars de butane », dit-il au gouvernement argentin, « je vous prends pour vingt millions de dollars de viande de bœuf. » L'Argentine lui accorda le marché, en échange du bœuf.

Tudela s'envola pour l'Espagne où un grand chantier naval allait fermer, faute de commandes. C'était un problème politique extrêmement délicat pour le gouvernement espagnol. « Si vous m'achetez pour vingt millions de dollars de viande de bœuf », lui dit-il, « je vous passe commande d'un pétrolier géant d'une valeur de vingt millions de dollars. » L'Espagne fut ravie et envoya en Argentine, par son ambassadeur là-bas, l'ordre que les vingt millions de dollars de bœuf de Tudela leur soient directement livrés. Une fois de plus, il avait découvert un atout et s'en était emparé.

Pour finir, Tudela se rendit à Philadelphie, à la Sun Oil Company. « Si vous affrétez le pétrolier géant de vingt millions de dollars que je fais construire en Espagne, je vous achète pour vingt millions de dollars de gaz butane ».

La Sun Oil accepta le marché et c'est ainsi que Raphael Tudela assouvit son désir de travailler dans le pétrole et le gaz naturel.

Etre opportuniste

Ma règle générale, en affaires, c'est d'agir au lieu de réagir – et ne jamais réagir trop vivement – et cela dans n'importe quel type de situation. La seule exception que j'admette, c'est lorsque se présente une occasion dont il faut immédiatement profiter, avant qu'elle disparaisse à jamais.

La nécessité d'être opportuniste souligne, encore une fois, l'importance de l'attention aux autres... combien il faut entendre non seulement ce que les gens disent, mais encore la signification sous-jacente à leurs paroles. Cela seul peut vous révéler à quel moment il faut saisir une occasion qui exige une réaction immédiate.

Récemment, nous avons rencontré McDonald's à Chicago, afin de renouveler leur engagement avec le Championnat Mondial du Triathlon que nous présentons et télévisons pour eux.

Au fur et à mesure que la réunion se déroulait, bien que personne n'ait rien dit, nous sentions qu'ils étaient beaucoup moins disposés à renouveler le contrat que nous ne l'avions supposé. D'abord, ils n'étaient pas très contents de la couverture internationale. De plus, nous avions mal choisi notre moment. McDonald's venait de s'engager à construire la piscine des Jeux Olympiques de 1984 à Los Angeles et ce projet mobilisait toutes leurs réflexions promotionnelles.

Cependant, nous sentions qu'il régnait, dans la pièce, une atmosphère de transaction – on les sentait prêts à s'engager sur *quelque chose* – et qui savait pendant combien de temps cela allait durer ? Probablement pas une seconde de plus que la réunion elle-même.

Brusquement, notre chef du département télévision suggéra que, peut-être, l'idée du triathlon avait fait son temps et que nous devrions plutôt parler d'un événement sportif nouveau, mais quelque peu similaire : un championnat international de plongée qui aurait lieu, chaque année, dans la nouvelle piscine de McDonald's.

Au lieu de rester sur un échec, nous sommes repartis avec un engagement, parce que ce cadre a su tirer profit d'un moment favorable.

Comment avoir de la chance

« La chance, c'est le résidu de l'assiduité », dit un cliché. Comme Gary Player me le fit remarquer un jour, « Plus je m'exerce, plus j'ai de chance ».

Pendant toutes ces dernières années, nous avons eu plus que notre part de chance. Mais nous avons su, aussi, en tirer parti... et nous n'avons pas attendu qu'elle se présente à nous.

C'est la différence essentielle qui existe entre ceux qui sont « vernis » en affaires et ceux qui ne le sont pas. L'équipe qui est « naturellement favorisée par le sort » est celle qui sait voir la lézarde la plus minuscule et en fait une crevasse. L'équipe qui « n'a jamais de veine » ne voit pas l'occasion qui se présente, sauf si elle sautille devant eux puis les agresse.

« Avoir de la chance » c'est surtout s'apercevoir qu'on en a. Savoir ensuite en tirer parti, c'est encore ce qu'il y a de plus facile.

Transformez les crises en opportunités

Les gens ont tendance à ne voir, dans les crises, que leurs potentialités de catastrophes. Et pourtant, lors d'une crise, les gens sont plus agités et plus énervés qu'à l'ordinaire et vous pouvez tourner cette vulnérabilité à votre avantage.

Récemment, un très, très gros client nous a appelés, il était totalement affolé. L'un de ses plus gros concessionnaires avait décidé de ne pas renouveler son option, ce qui signifiait pour lui la perte potentielle d'un revenu de sept chiffres et un certain scandale. Le cadre chargé de ce client paniqua également et, avant que je sois mis au courant de la situation, il avait déjà remplacé cette transaction par une bien meilleure.

Voilà, semble-t-il, une bonne nouvelle. Mais il se trouve que ce client-là nous paie en-dessous de notre valeur. C'est, pour notre société, un nom prestigieux et il en tire avantage en chiffrant notre contrat de représentation.

Si notre cadre n'avait pas résolu si rapidement cette crise, j'en aurais profité pour expliquer quelques faits à ce client... Oui, c'était fort ennuyeux que ce concessionnaire-là se dégage ; oui, nous pensions pouvoir le remplacer, mais seulement après beaucoup de temps et d'efforts, et peut-être en réclamant une faveur ou deux (c'est ce qui se produisit). J'aurais alors parlé de nos honoraires, pour voir si le client pouvait envisager de nous payer à notre juste valeur.

L'une des meilleures règles à appliquer, lorsqu'une crise éclate ou menace d'éclater, c'est de *ne pas réagir*. Dites seulement qu'il faut réfléchir. Trouvez n'importe quel prétexte, mais ne réagissez pas tout de suite. Une fois que vous aurez analysé la crise pour déceler son potentiel d'opportunités tout autant que potentiel de désastre, alors, vous pourrez réagir. Cela permet, au moins, d'aborder le problème avec lucidité ; et si vous avez pigé ce qui se passe et ne vous êtes pas laissé emporter par la crise, elle peut vous offrir un atout très intéressant.

Sachez attendre

Les gens qui négocient avec moi s'émerveillent souvent de ma capacité à encaisser les mauvaises nouvelles. Il n'en a pas toujours été ainsi et bien que je n'aie pas appris à *aimer* les mauvaises nouvelles, j'ai appris à en venir à bout. Elles ne sont presque jamais aussi mauvaises qu'elles en ont l'air et, en affaires, la plupart des catastrophes sont rarement aussi catastrophiques qu'elles ne le paraissent. Au cours des années, j'ai appris – et j'apprends toujours – la valeur de la patience et combien l'impatience peut être destructrice.

Je m'étonne toujours de voir comment, avec le temps, une situation peut changer du tout au tout, comment des problèmes peuvent se résoudre d'eux-mêmes et d'autres perdre de leur importance, comment les affrontements s'apaisent et de nouvelles perspectives s'offrent à nous. « Patience passe science » ; on devrait tatouer ces mots sur la poitrine de tous les jeunes cadres « trop » dynamiques.

Qu'est-ce que cela vient faire avec marquer des points ? Beaucoup de choses. Etre opportuniste, c'est aussi attendre, comme un chat dans une forêt, qu'une opportunité vienne à passer. Apprendre à attendre, à être patient, présente tant d'applications et tant de ramifications, qu'il m'est difficile d'apporter un ou deux exemples sans en banaliser l'importance. Je dirais, cependant, qu'en vingt années d'affaires, quatre-vingt dix pour cent de nos succès ont dépendu, d'une manière ou d'une autre, de notre patience, et que quatre-vingt dix pour cent de nos échecs sont dus à notre manque de patience.

Récemment, nous avons conclu un contrat entre Herschel Walker et la New Jersey Generals qui, en valeur dollar réelle, est le plus gros de l'histoire des sports d'équipe. Le simple fait que ce soit nous qui ayions remporté cette transaction, constitue un monument élevé à la patience.

Il y a deux ans, nous étions sur le point de faire signer Herschel, et à la suite de plusieurs entrevues avec Vince Dooley, son entraîneur à l'Université de Georgie, nous étions convaincus de réussir.

Au début de 1983, je reçus une lettre de Vince nous remerciant d'avoir été patient (!) et nous suggérant qu'il était temps de rencontrer Herschel. Cette lettre m'arriva le jour même où nous apprîmes, par les journaux, qu'Herschel avait signé un contrat professionnel, en tant qu'étudiant.

Notre département des sports d'équipe était accablé mais je leur rappelai que nous ne connaissions pas tous les faits, que notre stratégie du management des sports avait impressionné, tant Herschel que Vince, et que le contrat n'était signé que pour deux ans. Je laissai entendre qu'avec un peu de patience, nous aurions de nouveau des nouvelles d'Herschel Walker, et qu'en tout cas, il ne fallait surtout pas que ce soit la dernière fois qu'il ait des nôtres.

Herschel est devenu notre client douze mois plus tard.

Disciplinez-vous

Il y a un gouffre énorme entre le nombre de cadres qui sont réellement astucieux et le nombre de ceux qui croient qu'ils le sont. Ce qui explique pourquoi ces derniers languissent au milieu de l'échelle et blâment, d'ordinaire, tout et n'importe qui, sauf eux-mêmes, pour leur manque d'avancement. Ce qui est drôle, c'est que beaucoup de ces cadres sont très perspicaces, et même intuitifs.

Mais leurs réactions sont mauvaises. Ce qu'ils perçoivent, ils ne l'utilisent pas à bon escient. Au fond d'eux-mêmes, ils savent ce qu'ils devraient dire, ou ne pas dire, et quand parler, ou ne pas parler, mais ils ne peuvent se retenir. Ils lâchent étourdiment une indiscrétion, ou ne peuvent contrôler le besoin de « dire les choses comme elles sont », même lorsqu'ils savent qu'ils vont se faire du tort. C'est un manque de maturité professionnelle et cela handicape autant de cadres de quarante, cinquante ou soixante ans, que de jeunes.

Quand une situation exige de la discrétion, en avez-vous suffisamment ? Lorsqu'une remarque humoristique ou conciliatrice aurait pu détendre un échange où le ton montait, votre influence a-t-elle été apaisante ? La prochaine fois que vous allez être tenté d'agir impulsivement, pourrez-vous résister à la tentation ?

Avez-vous su utiliser ce que vous avez appris sur les gens ? Avez-vous contrôlé, avec succès, ce qu'ils savent de vous ?

4 Se détacher du peloton

Il y a quelques années, l'un des meilleurs spectacles de Broadway était une comédie musicale intitulée *Comment réussir dans les affaires sans vraiment essayer*. Le héros était un jeune employé qui essayait constamment d'en mettre plein la vue à son patron. Dans l'une des scènes, il arrivait au travail un peu avant neuf heures et desserrait sa cravate, s'ébouriffait les cheveux, remplissait les cendriers de mégots et éparpillait des papiers et des documents sur son bureau. Lorsque le patron arrivait, quelques minutes plus tard, il trouvait son employé effondré sur sa table, manifestement plongé dans un sommeil comateux à la suite d'une nuit de travail.

Cette scène était amusante parce que, bien qu'exagérée, elle exploitait les excès ridicules auxquels certains se livrent pour se détacher du peloton.

Moi, je n'ai jamais eu le « plaisir » de m'élever sur l'échelle de l'entreprise, étant passé directement de la pratique du droit à ma propre firme. Mais j'ai observé des amis, dans d'autres sociétés, qui étaient arrivés au sommet, des vedettes du sport qui avaient transformé leur réussite en affaires rentables et bien sûr, nos propres cadres dont beaucoup sont arrivés chez nous après un autre emploi ou des études de droit. La structure de l'entreprise est un lieu d'études psychologiques privilégié.

En supposant qu'ils aient une formation et des capacités similaires, pourquoi certains s'élèvent-ils d'un bond jusqu'au sommet alors que d'autres semblent croupir pour toujours dans le marais des cadres moyens ?

Pour répondre à cette question, je crois qu'il faut comprendre la différence qui existe entre *capacité* et *efficacité*, étant entendu que ce dernier terme signifie : se servir de ses capacités pour accomplir certains résultats et certains buts.

Les gens qui se contentent de développer leurs capacités ne deviennent jamais des cracks.

Ces derniers combinent leurs capacités à d'autres choses – la jugeote, le sens des autres, la compréhension des règles du jeu. On voit les résultats de leur réussite, mais c'est parce qu'ils savent vendre leurs idées et se vendre eux-mêmes, dans leur entreprise aussi bien qu'à l'extérieur.

Connaître les règles

S'élever dans l'entreprise, est-ce un jeu ? Certainement. En réalité, c'est plusieurs jeux qui se déroulent en même temps. Si vous vous intéressez à votre carrière, il vous faut prendre ces jeux au sérieux et bien y jouer.

Si vous êtes un employeur, essayez constamment de déceler le vrai talent et ne vous laissez pas tromper par les apparences. Si vous êtes un employé, trouvez le moyen de faire savoir, à ceux qui prennent réellement les décisions, combien vous êtes efficace, sans vous faire d'ennemis parmi ceux qui sont entre vos supérieurs et vous.

Cela peut être fort complexe. Il vous faudra sauter plusieurs échelons afin d'éveiller, sur votre talent, l'attention de ceux qui sont très haut placés. En même temps, il faudra faire croire aux types qui sont au niveau intermédiaire, qu'en vous soutenant et en vous aidant à monter jusqu'au patron, ils se feront bien voir, en tant que chefs. Vous devrez aussi empêcher ces derniers (qui veillent sur leurs propres intérêts) de vous étouffer et de s'approprier vos contributions, comme s'il s'agissait des leurs. Pendant tout ce temps, vous devrez garder l'amitié de vos pairs et le soutien de vos subordonnés. Ce n'est pas seulement complexe, ce peut être joliment déplaisant ; et c'est l'une des principales raisons qui font que beaucoup de gens sont rebutés par l'entreprise.

Se détacher du peloton, c'est l'une des principales composantes de la vie quotidienne de l'entreprise et aucun manuel ne peut vous y préparer. Un MBA – ou n'importe quel autre diplôme – peut vous ouvrir la porte. Mais une fois à l'intérieur, il vous faudra trouver le moyen de faire reconnaître votre vraie valeur. Est-il possible de se faire bien voir sans nécessairement rabaisser quelqu'un d'autre ? Pouvez-vous jouer sans « comploter » ?

Je crois que la réponse est oui, mais pour commencer, il faut savoir les règles du jeu, reconnaître les impitoyables réalités qui influencent les relations dans la structure de l'entreprise. Ces réalités varient considérablement d'une société à l'autre, mais trois règles générales me viennent à l'esprit :

Règle n° 1 : *la survivance du plus apte*

Darwin influence presque toutes les structures pyramidales ; et non seulement l'entreprise en fait partie, mais encore, elle en est, probablement, le meilleur exemple. C'est simple, il n'y a pas autant de présidents que de vice-présidents, ni autant de vice-présidents que de directeurs, etc. Ce qui signifie qu'un antagonisme normal, si subtil soit-il, existe entre les différents niveaux du management, entre les différentes couches de la pyramide. Un ami appelle cela, dans sa propre société où l'antagonisme est élevé, « une chaîne alimentaire ».

Règle n° 2 : *vos pairs sont vos alliés naturels*

Je ne comprends pas comment des gens apparemment intelligents deviennent presque stupides lorsqu'il s'agit de reconnaître ce fait. Si vous vous aliénez vos pairs, vous n'aurez pas besoin d'autres ennemis dans l'entreprise.

Règle n° 3 : *il y a toujours un système*

Le « système » peut ne pas être très désirable, ou même ne pas fonctionner, mais toutes les sociétés en ont un. Pour se détacher du peloton, il faut connaître le système de son entreprise et comprendre comment on peut l'utiliser. C'est la seule manière de s'y glisser, de le traverser ou d'en faire le tour.

Faire bonne impression à long terme

Presque tout ce qui est mentionné, sur ce sujet, au chapitre 2, plus cette remarque essentielle : dans votre entreprise, vous êtes jugé à longue échéance.

Cela souligne l'importance de se constituer un réseau d'amis et d'alliés qui peuvent vous assurer un soutien constant. Vous pouvez vous trouver un mentor à l'extérieur, grâce à quelques coups de téléphone opportuns et d'occasionnelles réunions amicales. Dans votre société, c'est quelque chose qu'il faut entretenir de semaine en semaine, de mois en mois.

Etre jugé à longue échéance, cela vous encourage encore plus à la patience, vous incite à attendre le bon moment pour dire ou faire quelque chose, à savoir quand il faut être visible et quand il faut rester dans son coin.

Dans votre entreprise, vous serez aussi plus facilement « démasqué ». Votre vrai moi aura plus de chance d'émerger, et l'on découvrira tout autant vos faiblesses que vos qualités. Par conséquent, vous n'avancerez qu'en restant en bons termes avec tout le monde.

Je veux être aimé pour moi-même

Certaines personnes font très bien leur travail mais font orgueilleusement étalage de leurs faiblesses, tout autant que de leurs qualités.

Nous avons un employé, un cadre assez âgé, qui est un très bon directeur. Il sait motiver ses gens qui lui sont dévoués et il est capable de mener un grand nombre d'affaires à la fois.

Mais il a deux grandes faiblesses : il a tendance à se mêler de ce qui ne le regarde pas et il parle beaucoup trop. Ce qui m'agace, c'est qu'il est conscient de ses défauts et semble faire tout son possible pour les étaler au grand jour. Comme s'il s'agissait de deux petits bénéfices qu'il s'accordait. Il est efficace et gardera son job, mais cette attitude l'empêche de s'engager dans d'autres voies.

Ceux qui pratiquent l'adage, « Aimez-moi tel que je suis » semblent considérer cela comme quelque chose de sécurisant, alors qu'en réalité, c'est tout le contraire.

Apprenez de nouveaux trucs

Nous avons un employé qui se plaît à saisir la victoire lorsqu'elle est déjà dans les mâchoires de la défaite. Quelles que soient les circonstances, il se conduit comme si c'était la fin du monde, comme si seul un miracle pouvait l'aider à l'obtenir. Et lorsqu'il a « miraculeusement » réussi, il croit que cela fait bon effet aux yeux de ses supérieurs, comme si la transaction n'avait réussi que grâce à ses efforts héroïques de dernière minute.

Nous en avons eu un autre, qui n'est plus avec nous et qui arrachait toujours la défaite des mâchoires de la victoire – ou du moins, c'était l'effet qu'il produisait. Tous les ans, les bénéfices qu'il prévoyait semblaient incroyablement prometteurs ; une année, presque cent pour cent au-dessus de ce qui se passa réellement. Bien sûr, cela le faisait paraître plutôt inefficace ; on avait l'impression que, la moitié du temps, il bousillait tout. Mais l'effet cumulatif fut, à long terme, encore pire. Nous commençâmes à diviser tout ce qu'il disait ou faisait par deux.

J'ai aussi affronté, dans notre entreprise, des cadres qui « amassaient » littéralement les clients. La manière dont ils surprotégeaient leurs contacts m'indiquait, à moi leur employeur, qu'ils n'avaient rien compris à la délégation de pouvoir, ni à la structure de notre entreprise – ni à celle de la plupart des autres – ni aux interconnections qui lui permettent de fonctionner. Bien que je ne mette pas en question les capacités de vente de certains de ces cadres, je mets en doute leur aptitude au management.

Je pourrais évoquer une centaine d'autres exemples du même type – depuis le cadre qui trouve toujours une excuse si extravagante qu'il s'imagine qu'on ne peut la contester, jusqu'à celui qui me dit que, si je veux qu'il soit efficace à l'extérieur, il vaut mieux que je ne lui demande pas de faire ce dont il est chargé, dans la firme même. En fait, c'est que les gens qui travaillent dans une entreprise ont tendance à élaborer certains « trucs », ou modèles de fonctionnement, qui, croient-ils, devraient les faire remarquer de leurs supérieurs ou les rendre indispensables à la compagnie. Pourtant, beaucoup de ces trucs sont si transparents, et à long terme, si prévisibles, qu'ils tendent à produire l'effet contraire.

Puisque chaque entreprise a sa nature et sa personnalité propres, je pense que la meilleure manière de trouver de nouveaux « trucs » – c'est à dire des trucs qui marchent – c'est d'étudier les gens qui s'y sont rapidement élevés. Dans les compagnies où l'on cultive un enthousiasme délirant, par exemple, pas un crack qui n'affiche cette ardeur sous pression, comme s'il s'agissait d'un trait de sa personnalité professionnelle. Dans notre propre entreprise, qui est en fait un groupe de douze sociétés différentes réparties dans le monde entier, je fais grand cas de la communication et de la compétence inter-entreprises. Les cadres qui sont montés le plus haut sont ceux qui ont découvert ce « truc » – ceux qui peuvent réaliser les buts de leur département au cœur des buts globaux de la compagnie, ceux qui font apparaître l'efficacité de leur département tout en aidant les autres à paraître efficaces.

Prenez du recul et regardez certains de vos propres « trucs ». Vous découvrirez peut-être que ceux qui vous semblaient favoriser vos intérêts ne le font absolument pas.

Soyez imprévisible. Vous n'avez pas envie que quelqu'un puisse dire, « Un tel manigance encore son vieux truc. »

Trois phrases dures à dire

Beaucoup de gens diront certaines choses, croyant, à tort, faire bonne impression et éviteront, également, d'en dire d'autres, pour la même raison.

Il y a trois phrases, difficiles à dire, que je me surprends à prononcer très souvent. Et la plupart des directeurs et des PDG avec lesquels je travaille, savent quand et comment placer ces trois petites phrases.

« Je ne sais pas »

C'est curieux comme les gens ont peur de ces quatre mots ; ils pensent qu'en les disant, ils n'auront pas l'air à la hauteur de ce qu'ils font.

La première fois que je serrai la main d'Arnold Palmer, je lui dis que je ne pouvais lui garantir que deux choses. D'abord, que si je ne savais pas quelque chose, je le lui dirais. Deuxièmement, que si je ne savais pas quelque chose, je chercherais quelqu'un qui, lui, le saurait.

Aujourd'hui, j'en sais probablement plus qu'il y a vingt ans, cependant je me surprends à dire, de plus en plus, « Je ne sais pas ». Je me sers même de cette phrase lorsque « je sais », parfois pour obtenir plus de renseignements ou pour comparer les versions que je connais déjà, mais surtout parce que je crois que la stratégie de la modestie est toujours plus efficace que celle de « je sais tout ». Même quand vous avez une opinion bien arrêtée, il vaut mieux l'atténuer en laissant entendre que, peut-être, vous n'étes pas omniscient. « Je ne sais pas, mais il me semble que... »

L'incapacité de certaines personnes à dire « Je ne sais pas », même dans des situations sociales ordinaires, vous donne un aperçu de leur comportement en affaires. Cela m'amuse beaucoup de les voir parfois au supplice, s'efforçant de donner le change pendant toute la conversation.

Ce que ces gens-là ne voient pas, c'est qu'en ne voulant pas admettre votre ignorance, vous mettez le doute sur ce que vous savez.

« *J'ai besoin d'aide* »

Les gens ont souvent peur de demander de l'aide ou de l'accepter, parce qu'ils croient que cela ferait penser qu'ils ne sont pas à la hauteur. S'ils se donnaient la peine de réfléchir un peu, ils comprendraient que le système est fait pour que l'on donne et que l'on reçoive de l'aide. Le postulat de l'entreprise, c'est que certaines tâches sont parfois mieux accomplies par une équipe que par une seule personne. Nous avons un cadre qui insiste pour être « l'Organisateur Solitaire ». Jamais il ne nous parlerait d'une transaction, ou n'y mêlerait quelqu'un d'autre, avant de l'avoir conclue, car il a peur de ne pas en avoir tout le crédit. A plusieurs reprises, la firme et lui s'en seraient trouvés mieux s'il avait demandé de l'aide et mis à contribution certains des employés pleins de talent mis à sa disposition.

Ne pas demander, cela révèle un esprit étroit et un manque de clairvoyance. Réclamer de l'aide, cela vous permet d'apprendre, d'étendre vos connaissances, votre compétence et votre valeur pour la compagnie. Cela prouve aussi votre empressement à travailler avec les autres.

Il y a, à cela, des restrictions, bien sûr. Demander très souvent le même type d'aide peut indiquer une certaine incapacité à apprendre. Néanmoins, les gens ont plutôt tendance, surtout dans les entreprises de type agressif, à ne pas demander assez d'aide.

Il est également important que vous sachiez apporter votre aide, lorsqu'on vous le demande. A ceux qui ne présentent pas les tendances paranoïaques dont souffre notre « Organisateur Solitaire ». Les gens qui rechignent à partager leur savoir, leurs contacts et leurs secrets professionnels avec d'autres membres de leur entreprise n'obtiendront pas beaucoup d'aide lorsqu'ils en auront besoin.

Accepter de l'aide des autres et savoir aider, c'est quelque chose que n'importe quelle direction éclairée appréciera, et qu'elle n'oubliera pas. Cela ne peut vous faire aucun tort. En réalité, les compagnies les mieux gérées savent combiner les intérêts personnels aux leurs. Mais si vous *sacrifiez* les intérêts de l'entreprise aux vôtres, cela limitera votre efficacité et sera noté par la direction.

« *Je me suis trompé* »

Le président d'une entreprise de taille moyenne m'a récemment confié combien l'attitude conservatrice de ses cadres moyens le frustrait. « Le problème », m'a-t-il dit, « c'est qu'ils ont tous peur de faire une erreur ».

Je souscris à la philosophie des affaires qui dit que, si vous ne faites pas d'erreur, c'est que vous ne vous êtes pas donné suffisamment de mal. Je crois que pour se détacher du peloton, il faut constamment tester les limites. Ce qui signifie que vous vous tromperez souvent. Les cadres supérieurs efficaces ont, la plupart du temps, raison, mais ils savent aussi quand ils ont tort et n'ont pas peur de le reconnaître.

Moins les gens sont sûrs de leurs capacités, plus il leur est difficile d'admettre leurs erreurs. Ils ne comprennent pas que commettre une erreur et l'admettre, sont deux actes totalement différents. Ce n'est pas l'erreur en elle-même, mais *la manière de se comporter en cas d'erreur,* qui provoque une impression durable chez les autres.

Ces gens-là se sentiraient plus à leur aise et se feraient mieux voir aux yeux de la direction, s'ils admettaient leurs erreurs et se remettaient au travail, plutôt que de perdre leur temps et celui des autres en essayant de se justifier, de se protéger ou de rejeter le blâme sur une autre personne.

J'ai vu des cadres très capables tirer un nouvel élan de leurs erreurs. Ils sentaient qu'en s'étant trompés, ils avaient peut-être appris quelque chose d'intéressant, et ils avaient hâte d'essayer de nouveau.

Pour réussir, il est essentiel de pouvoir dire, « Je me suis trompé », car ces mots ont une fonction cathartique. Cela permet à ces cadres qui ont réussi de « faire bon ménage avec », d'abandonner leurs erreurs derrière eux et de passer à d'autres choses qui peuvent contribuer à leur prochaine grande réussite.

La confiance

Il est bien évident qu'aucun employeur ne ferait travailler quelqu'un en qui il n'aurait pas confiance. Mais je pense que dans toute entreprise, il y a des employés auxquels on se fie plus qu'à d'autres parce qu'ils ont un jugement et un caractère très sains.

De temps en temps, il faut que je règle le problème posé par des employés qui ont tendance à faire « concorder » les faits avec leur version de la réalité, et qui ne disent pas tout ce qu'ils savent d'une situation, mais seulement ce qu'ils veulent que j'en sache.

Ce qui m'intéresse, c'est de voir combien ces gens-là sont logiques. Si je soupçonne quelqu'un de ne pas être tout à fait franc, je me fais envoyer, à mon bureau, une ou deux de ses notes de frais.

Comme je parcours, environ, quatre cent mille kilomètres par an, j'ai une idée assez juste du coût des voyages et je pense que ceux qui travaillent pour nous devraient en être conscients. Pourtant, ces employés que je soupçonne de jouer les saintes nitouches, sont aussi ceux qui ont tendance à gonfler leurs frais en les arrondissant au zéro le plus élevé ; et qui, apparemment, font plusieurs fois la navette en taxi avant d'arriver à leur destination.

Je ne soulève pas toujours, sur le champ, la question de ces notes de frais, mais je les utilise souvent, avec subtilité, au moment de la réévaluation des salaires.

Jauger les notes de frais, c'est un autre moyen de jauger les gens. Il est intéressant de voir quels sont les cadres qui descendent toujours dans les meilleurs hôtels et mangent dans les meilleurs restaurants, même lorsqu'ils sont seuls. Dans notre profession, où les lieux prestigieux sont plutôt la règle que l'exception, on peut établir une différence entre les employés qui organisent des « voyages d'affaires » juste avant ou après la date de leurs vacances, et ceux qui se donnent du mal pour éviter jusqu'à l'apparence d'une telle « coïncidence ».

Les gens n'aiment pas se sentir dupés et personne ne va appuyer la carrière d'un subordonné trop cachottier, trop malin. Si vous sentez que la seule manière de vous détacher du peloton, c'est de duper les gens avec lesquels vous travaillez, alors il vaut mieux que vous soyez très habile au jeu de la dissimulation, car à long terme, il se présentera beaucoup d'occasions très variées de vous démasquer.

La loyauté

La loyauté est un autre aspect de la confiance. Souvent, les employés ne prennent pas conscience de l'importance que presque toutes les entreprises lui accordent. Ils monnaieront leur loyauté pour un gain trop modeste ou un but à court terme.

Bien sûr, si vous pensez qu'une autre entreprise va vous faire une offre vraiment intéressante, vous seriez fou de ne pas la rechercher. Mais si vous n'avez pas l'intention de partir, il vaut mieux n'utiliser qu'avec beaucoup de précautions ces autres occasions.

Si les gens n'aiment pas être dupés, ils n'aiment pas non plus qu'on les menace. Si vous *menacez* de chercher un autre job, cela ne vous fera que du tort. Vous laissez entendre à votre employeur que vous n'attachez guère d'importance à la loyauté et, pire encore, que vous n'avez rien à montrer qui puisse justifier votre attitude. Je n'ai jamais gardé bonne impression de quelqu'un qui prétend être un appât de chasseurs de tête.

Si l'on vous offre *vraiment* un autre emploi et que vous préfériez rester dans l'entreprise pour laquelle vous travaillez, *soulignez* l'importance de votre fidélité. Au lieu de dire, « Regardez ce qu'on m'a proposé. Faites aussi bien, ou mieux, sinon je prends la porte », songez combien il serait plus efficace d'exprimer cela différemment. «Il est évident que je préfèrerais vous rester fidèle. Que peut faire la compagnie pour que je ne sois pas obligé d'accepter cet autre job ? »

D.A.D.C.R.

Tout le monde a un patron, du président des Etats-Unis, qui peut être renvoyé au bout de quatre ans, au président du conseil d'administration qui doit plaire aux actionnaires ou à la maison mère. Et que cela vous plaise ou non, votre patron vous juge sur ces trois critères :

Le dévouement : si vous ne vous sentez pas totalement dévoué à votre entreprise, ne laissez pas votre patron surprendre votre petit secret.

L'attention aux détails : on discute ouvertement des gros pépins, qui sont ainsi psychologiquement exorcisés. Ce sont les petites erreurs, trop minimes pour qu'on les mentionne – un rapport qu'on ne retrouve pas, une petite corvée qui n'a pas été faite – qui provoquent de l'irritation et du ressentiment.

La capacité de récupération : aussi insignifiant que cela paraisse, il n'y a rien qui impressionne autant.

Ne prenez pas le bureau pour une tribune

On est, en ce moment, tellement obsédé par sa carrière que cet état de fait est devenu un problème moins grave qu'autrefois. Mais je m'irrite toujours de voir l'un de nos cadres transformer le bureau en une espèce de forum personnel.

Cela comprend beaucoup de choses : la manière dont quelqu'un s'habille, le refus de s'intégrer dans un nouveau système parce que « c'est une perte de temps », fixer son propre horaire ou satisfaire son propre ego.

Affirmer son importance personnelle dans l'entreprise, c'est une chose très délicate à réaliser. L'essentiel, c'est de s'adapter – savoir à quel moment il faut se fondre tout en « ressortant » –. Ne mêlez pas vos problèmes personnels à ceux de l'entreprise. Sachez vous affirmer qu'en temps et lieu opportuns.

Ne changez pas le système : sachez vous y frayer un chemin

Les entreprises ne fonctionnent jamais selon leur organigramme. Elles sont composées de personnes et de personnalités et de stratégies et de jeux des pouvoirs, et rien ne peut relier tout cela par des lignes pleines ou en pointillés.

Il faut connaître le système afin de s'y frayer un chemin. Beaucoup de gens perdent trop de temps à lutter contre le système. Les meilleurs et les plus brillants passent leur temps à apprendre comment l'utiliser.

Chaque entreprise a son organigramme secret et le système est la meilleure clef qui permette de le découvrir. Si vous comprenez comment il est censé fonctionner, vous commencerez à saisir comment il fonctionne *réellement.* Qui prend les décisions ? Qui est dans le coup et qui ne l'est pas ? Quels sont les raccourcis et où sont les portes de derrière ? Comment le travail s'accomplit-il réellement ?

Je ne crois pas que vous soyez obligé de « comploter » pour vous détacher du peloton. N'avez-vous pas remarqué que ce sont toujours les victimes de la politique de l'entreprise qui s'en plaignent le plus ? Mais je pense qu'il faut que vous vous fassiez des amis. C'est cela l'essentiel. Pour être efficace, il faut entretenir des relations durables à l'intérieur de l'entreprise aussi bien qu'à l'extérieur. Et plus la firme est grande, plus c'est important.

Je vous le répète, voyez des alliés en vos pairs, et non des rivaux. Si vous pouvez amarrer votre voiture à celles des cracks les plus brillants de votre société, vous vous hisserez avec eux en haut de l'échelle.

Rendez les choses plus faciles pour vous et faites de même pour les autres

Nous avions un cadre, à New York, qui se plaignait toujours de notre département juridique de Cleveland. Il soutenait que son efficacité était amoindrie par le temps qu'ils prenaient pour rédiger et mettre la dernière main à ses contrats. J'étais au courant de la situation et il avait probablement raison, mais il refusait de reconnaître que notre département juridique avait ses priorités et que lui n'était pas toujours en tête de leur liste. En tout cas, à force de tempêter et de se déchaîner contre eux, il faisait ce qu'il fallait pour ne pas y être.

Un jour, le directeur de notre département juridique prit ce cadre à part et lui dit, « Laissez-moi vous montrer comment il faut faire avec votre juriste. La prochaine fois qu'un contrat arrive, examinez-le vous-même et puis, avant de le renvoyer, joignez-y une note explicative avec une liste de tous les problèmes que vous voyez et les moyens que vous recommandez pour les résoudre. Voyons si cela va accélérer les choses. Sinon, nous essaierons une autre méthode. »

Inutile de dire qu'il ne fut pas nécessaire d'essayer autre chose.

Lorsque vous avez besoin de quelque chose provenant d'un autre département, demandez-vous, « Que puis-je faire pour leur rendre cela plus facile ? » Si vous avez besoin de renseignements sur les ventes, n'insistez pas pour rencontrer le directeur des ventes ; demandez-lui à qui vous pouvez téléphoner. Si vous avez un problème avec un autre département, assurez-vous qu'ils sont au courant avant d'exiger une réponse ; montrez aux gens des autres services que vous souhaitez travailler avec eux, au lieu de leur donner l'impression que ce sont eux qui travaillent pour vous. Vous découvrirez, lorsque vous en aurez besoin, que vos pairs sont prêts à vous aider.

Ciblez bien

La manière la plus rapide de perdre toute crédibilité, c'est de se mettre en colère pour des erreurs mineures. C'est, dans l'entreprise, l'équivalent de l'homme qui demande le divorce parce que son épouse fait sortir la pâte dentifrice en appuyant au milieu du tube. Nous avons tous tendance à faire cela, mais c'est une réaction qui révèle un manque de maturité et un jugement faux.

Lorsque vous entrez dans une compagnie, à n'importe quel niveau, votre poste comporte un certain nombre d'atouts. Si vous apprenez à utiliser ces atouts au moment opportun, cela s'ajoutera à vos gains et vous permettra de vous adonner à un autre jeu.

Choisissez vos points d'action

Votre efficacité, dans l'entreprise, est directement proportionnelle à votre capacité à vous positionner. « Comment et quand pourrais-je produire l'impact maximum dans un minimum de temps ? » Cependant, dans les affaires, beaucoup de gens sont obsédés par la peur d'être exclus. Si l'on forme un comité, ils veulent en être ; si l'on réunit un conseil, il faut qu'ils soient présents. Une fois, j'avais décidé de déjeuner, à New York, avec plusieurs cadres que je n'avais pas vus depuis longtemps. J'ai découvert, ensuite, que cette anodine rencontre amicale était devenue, dans l'esprit de certains, un « déjeuner de comité », et plusieurs cadres étaient tout bouleversés de ne pas avoir été désignés pour y participer !

Il est indéniable que les membres d'une firme se jettent mutuellement de la poudre aux yeux. Puisque les comités et les réunions contribuent à la transparence de l'entreprise, choisissez bien vos points d'action. Améliorez votre participation aux conférences et vos nominations dans les comités. Recherchez ceux dont vous tirerez le plus d'avantages et évitez ceux où votre participation est la moins efficace. Lorsque je vois le même visage réapparaître à toutes les réunions, je commence à me demander si ce cadre-là trouve le temps de faire autre chose.

Ce que vous faites en plus de vos attributions officielles

Ce sont les projets qui n'entrent pas dans la description de vos obligations quotidiennes, ceux dont on ne vous a pas chargé, qui vous feront reconnaître et vous vaudront le plus de crédit.

Les fonctions que la plupart des gens exercent existaient déjà avant qu'ils arrivent et continueront d'exister après leur départ. C'est une constante. C'est ce que vous faites en plus qui sera remarqué. La plupart des situations, dans l'entreprise, sont composées de trois quarts de « fonctions » – c'est-à-dire l'ensemble des responsabilités et des devoirs qui la composent – plus un quart de style personnel. Plus vous donnerez d'extension à ces vingt-cinq pour cent, plus vous vous ferez remarquer.

Qu'est-ce que vous faites là et qu'est-ce que les autres en pensent ?

Il y a plusieurs années, nous avons donné à l'un de nos cadres le poste prestigieux de directeur financier pour l'ensemble de notre consortium d'entreprises. Un mois environ après sa nomination, je l'appelai au sujet d'une affaire très urgente et l'on me dit qu'il était à Pittsburg pour la journée, afin de voir un certain M. Rogers.

A Pittsburg ? Nous n'avions pas, me semblait-il, d'activités bancaires ni d'engagements financiers à Pittsburg. M. Rogers ? Le nom ne me disait rien mais nous traitons avec des centaines de personnes de la finance, et il était donc possible que je ne le connaisse pas.

Lorsque, plus tard dans la journée, je parlai à ce cadre, il me dit que sa rencontre avec M. Rogers s'était très bien passée. Je lui demandai qui était ce monsieur, et il me répondit, « Vous savez, ce type qui porte un pull et qui fait une émission télé pour les gosses. »

Je me suis demandé ce que mon directeur financier faisait, à Pittsburg, à traiter avec ce M. Rogers. Pour être juste envers lui, reconnaissons qu'une partie de ses responsabilités précédentes comptait les brevets de vêtements et produits pour enfants. Si moi, j'avais cru évident que son nouveau poste était un emploi à temps complet, il n'en était apparemment pas de même à ses yeux.

C'est un exemple un peu outré, mais c'est tout simplement que la grande majorité des gens qui travaillent dans votre entreprise ne savent absolument pas ce que vous faites là et que les autres s'en font une idée fausse. Si vous couchiez par écrit ce que vous faites pour la société où vous êtes, et si votre supérieur direct écrivait sa propre description de ce que vous faites, vous seriez probablement stupéfait de la divergence des deux textes.

Pourquoi est-ce important ? Quelle différence est-ce que cela fait ? Tout d'abord, le classique « échec des communications » dans l'entreprise commence à ce niveau. Une fois, j'ai entendu quelqu'un décrire d'une manière que je trouve fort heureuse, les sentiments que beaucoup de gens éprouvent vis à vis de leurs entreprises : « Leur démence devient notre réalité. » Si vous et votre patron vous peinez dur à partir d'hypothèses divergentes quant à vos buts et vos priorités, ce n'est pas étonnant si certaines décisions qu'il prend vous laissent souvent perplexe, et si les autres ne voient pas ce qui est parfaitement évident à vos yeux.

Deuxièmement, pour en revenir à votre avancement, vous êtes probablement jugé selon certains critères que vous ignorez.

Et probablement que certaines de vos contributions à la marche de l'entreprise sont nouvelles pour eux ; ce qui explique pourquoi vous n'arrivez pas à vous faire reconnaître.

Parlez-en à votre patron. Que croit-il que vous faites ? Et que pensent les autres là-dessus ? Une fois que vous vous serez mis d'accord sur les données, les hypothèses vous choqueront moins.

Ne vous heurtez pas à votre patron

Même si vous gagnez la bataille, vous perdrez probablement la guerre. Et plus vous aurez raison, plus cela vous causera du tort, à long terme.

Il y a plusieurs années, l'un de nos employés se disputa chaudement avec son patron. Une chose en amenant une autre, ce dernier lui demanda de partir.

C'était une histoire regrettable, et l'employé demanda à me voir, croyant qu'une fois que je serais au courant des circonstances exactes de l'affrontement, je ferais peut-être pression sur son supérieur pour qu'il révise sa décision.

Je lui dis que je serais très heureux de l'écouter mais que je ne pouvais rien faire car il me fallait, avant tout, soutenir la structure de gestion de la compagnie. Il se pouvait que son patron ait eu tort et se soit montré trop sévère, mais malheureusement, la situation s'avérait maintenant insoluble.

Cette histoire ne fut pas portée au crédit du supérieur de cet employé, mais lui, il est toujours en place.

Match nul

Ce sont rarement ceux qui achètent de nouvelles entreprises qui y travaillent ou qui les dirigent. Mais si c'est vers vous qu'ils se tournent, assurez-vous que vous n'entrez pas dans une situation de match nul.

« *Nous venons d'acheter cette entreprise et nous aimerions que vous en preniez la direction.* »

Vous ne pouvez empêcher votre compagnie de faire une mauvaise acquisition ou de se mêler d'une affaire qu'il aurait mieux valu laisser de côté. Mais vous pouvez essayer de ne pas devenir membre de l'équipe qui va « assurer son succès » ou faire l'inverse. Car il y a beaucoup de chances pour que vous vous retrouviez dans une situation de match nul.

On achète habituellement une entreprise pour deux raisons : soit elle marche bien, ce qui signifie, qu'au mieux, vous pouvez l'améliorer légèrement, soit elle va mal et l'acheteur croit qu'il peut renverser la vapeur.

Il y a toujours autant de raisons cachées que de raisons évidentes à l'échec d'une entreprise. Parfois, vous connaissez toutes les difficultés et ce que l'on peut faire pour les résoudre, mais c'est plutôt rare. D'ordinaire, vous ne découvrez les vrais problèmes et vous ne savez si on peut y mettre fin, qu'une fois que vous êtes déjà engagé. En outre, si vous avez accepté une affaire sur laquelle vous ne savez rien, vous débuterez avec un handicap sur le dos. Vos efforts vont offusquer les employés qui connaissent l'affaire, même s'ils ne sont pas capables de la gérer comme il faut.

« Ce n'est, apparemment, pas une mutation intéressante, mais... »

Cela se produit, sous des aspects différents, du haut en bas de l'entreprise. Une mutation à un poste équivalent, surtout si vous soupçonnez que les compétences exigées ne sont pas vos meilleures cartes, présente un double problème. Soit le nouveau département est déjà bien géré, ce qui veut dire que vous n'en tirerez aucun crédit, soit il est mal géré, et dans ce cas, votre efficacité sera jugulée par ceux qui sont au-dessus de vous.

« Nous avons créé ce nouveau poste spécialement pour vous. »

A vos yeux, ce poste ne rime pas à grand chose et vous n'êtes pas certain que cela marchera aussi bien en pratique qu'en théorie, mais le salaire est plus intéressant et vous aurez plus de responsabilités... Attention.

« Ce poste exige les talents particuliers de quelqu'un comme vous. »

Prenez garde à tout poste auquel est liée une liste de cadavres. Il vaut mieux parler à certains d'entre eux avant de sauter dans la fosse.

Entrer dans la branche internationale

Si l'on m'offrait de prendre le poste de mon choix dans une société, et que je ne la connaisse pas bien, je demanderais à diriger la branche internationale. Toutes choses égales, c'est là où j'aurais, vraisemblablement, le plus gros impact dans le plus court délai.

Vous pouvez compter sur vos doigts les sociétés américaines qui tirent le maximum de leurs possibilités sur le marché international.

Les sociétés américaines sont, de loin, les plus arrogantes et les plus chauvinistes du monde. La plupart des départements internationaux n'ont pas pris le temps d'abattre les barrières linguistiques et culturelles, préférant les déclarer impénétrables à leur management.

Il y a huit milliards de gens autour de nous, et moins de trois pour cent d'entre eux vivent aux Etats-Unis. Glissez-vous dans la branche internationale de votre compagnie. Vous irez déjà loin rien qu'en écumant la surface.

La surchauffe et l'ennui

Les psychologues diraient probablement que je suis un candidat de premier choix à la surchauffe. Je travaille d'arrache-pied et trop longtemps, dans des conditions extrêmement stressantes. Pourtant, je n'ai jamais rien connu qui ressemble à un état psychologique pénible.

Je prends, cependant, des précautions. Je garde du temps pour la gymnastique, la détente et le repos, y compris de petits sommes au bureau, et je respecte cet horaire comme tous les autres éléments de mon planning. J'ai appris à compartimenter mes émotions professionnelles, tout comme mon emploi du temps quotidien. Je couche tout par écrit et, puisque je range mes notes de manière à ce qu'elles ressurgissent au bon endroit, au bon moment, une fois que j'ai écrit quelque chose, je l'oublie totalement. Il en résulte que lorsque je quitte le bureau, je me libère aussi de la tension liée à ma tâche.

Je crois que l'ennui est un problème beaucoup plus grave que la surchauffe. Je n'ai jamais expérimenté de longues périodes d'ennui, bien que, comme tout le monde, j'ai de temps à autre un petit moment de déprime.

L'ennui survient lorsque la courbe d'acquisition des connaissances s'aplatit. Cela peut arriver à n'importe qui et à n'importe quel niveau de l'entreprise. En réalité, l'ennui s'abat plus souvent sur ceux qui ont réussi et qui ont, plus que les autres, besoin d'être stimulés et défiés.

Si vous connaissez bien votre job, ou si vous savez trop bien quels boutons il faut pousser, méfiez-vous ; l'ennui vous guette. Je m'arrange simplement pour que cela ne m'arrive pas.

Je redéfinis toujours mon travail, je me charge de nouvelles tâches, ou je me pose constamment, à moi-même, de nouveaux défis. Si j'atteins un but, personnel ou professionnel, j'en fais aussitôt un tremplin d'un processus d'étude en vue d'un autre but, plus ambitieux.

C'est comme cela, je pense, que l'on s'améliore dans son travail et que l'on devient plus important dans son entreprise.

Si vous vous ennuyez, c'est de votre faute. Vous ne vous efforcez pas assez de rendre votre travail intéressant. C'est aussi probablement pour cela que l'on ne vous a rien offert de mieux.

Découvrez ce que vous aimez faire et vous y réussirez.

Comme je me lève entre quatre et cinq heures du matin et que je fais de quatre-vingt à quatre-vingt dix heures de travail par semaine, bien que je n'y sois pas obligé, l'une des premières choses que les journalistes me demandent, c'est « Pourquoi est-ce que vous continuez à mener une vie pareille ? »

J'aimerais bien leur donner une meilleure réponse, mais je ne peux dire que la stricte vérité, « Parce que j'aime ce que je fais. »

Deuxième partie

Les ventes et la négociation

5 La vente

Je crois que la plupart des êtres humains sont des vendeurs de naissance. Lorsqu'à l'école, nous nous débrouillons pour nous faire accepter de nos camarades et pour que nos professeurs nous donnent de bonnes notes, c'est un processus de vente. Lorsque nous faisons tout pour que nos parents nous laissent sortir le soir, ou nous prêtent la voiture, ou nous achètent une chaîne stéréo, c'est un processus de vente.

Inconsciemment, nous employons déjà beaucoup de techniques de vente : l'art de persuader, celui de négocier, et l'ultime tactique de l'adolescent : « Ne jamais prendre « non » pour une réponse définitive. »

Au moment d'entrer dans le monde du travail, nous avons appris comment nous positionner pour obtenir ce que nous désirons, comment négocier nos capacités, et comment nous vendre lors d'entretiens d'embauche.

Puis, quelque chose se produit. Nous oublions comment il faut faire pour vendre. Nous mettons en question nos aptitudes à la vente. Brusquement, les techniques que nous avons utilisées durant toute notre vie, nous paraissent mystérieuses et étrangères, comme s'il nous fallait, maintenant, les apprendre pour la première fois.

Et pourtant, l'art de vendre est la pratique *consciente* d'un tas de choses que nous savons déjà *inconsciemment*... et que nous avons probablement pratiquées pendant la plus grande partie de notre vie.

L'ennui, c'est que lorsque nous entrons réellement dans le monde des affaires, un nouveau facteur apparaît. Pour la première fois, notre pouvoir de persuasion, nos aptitudes à vendre, sont jaugés. Ce peut être intimidant, aussi réagissons-nous en pensant que nous ne pouvons pas vendre, que nous ne savons pas vendre, ou que nous n'avons pas envie de vendre. Nous utilisons alors ces blocages pour justifier notre manque de compétence.

Mais les vrais problèmes que pose la vente ont bien peu à voir avec la compétence et dépendent surtout de la manière dont nous percevons le processus lui-même. Certains le croient indigne d'eux ; pour d'autres, vendre c'est être importun. Et nous avons, presque tous, peur d'être repoussés.

Vendre, cela ne paraît pas assez important

L'un des plus gros problèmes que se posent les gens, c'est que la vente semble moins importante qu'il y a vingt ans. Le chemin le plus court pour s'élever, c'était de vendre. Aujourd'hui, la vente évoque l'image du représentant au porte à porte, et les qualités de vendeur sont mésestimées. On croit que pour s'élever rapidement au sommet, il faut apprendre la gestion. Ce n'est pas totalement faux, mais supposer que les capacités de gestionnaire peuvent parer à l'absence de celles de vendeur est une illusion fort dangereuse. Je n'ai encore jamais rencontré de président, ou de PDG, qui ne soit fier de son pouvoir de persuasion... c'est-à-dire de son art de vendre.

Vendre, c'est ce qu'on ne vous apprend pas à Harvard. Les écoles de management disent que leur but est de former des gestionnaires, et ferment les yeux sur le fait que, s'il n'y avait pas de vente, il n'y aurait rien à gérer. Cette vérité échappe à pas mal de MBA frais émoulus qui, dans leur désir de diriger une entreprise, trouvent que la vente et ses techniques, l'*art* de vendre, sont indignes d'eux.

Nous avons beaucoup employé de MBA dans notre compagnie et leur manque d'aptitudes à la vente était la plus grosse lacune de leur formation professionnelle. Heureusement que la plupart d'entre eux ont appris à vendre « sur le tas ». Mais j'ai vu beaucoup de MBA d'autres compagnies qui ne l'avaient pas fait et persistaient à croire qu'il n'était pas essentiel de comprendre les techniques de vente lorsqu'on participait à la gestion d'une entreprise. Cela s'appelle parfois, « ne pas avoir le sens du trivial ». Je pense qu'il vaudrait mieux dire, manquer de bon sens.

Un article récemment paru dans le *New York Times* m'a beaucoup amusé. Il s'agissait de la Morgan Stanley & Compagny, cette très aristocratique banque d'investissement qui n'engage que les meilleurs MBA. Elle venait de battre douze autres firmes avec lesquelles elle rivalisait pour obtenir le droit de gérer les 4,7 milliards de la caisse de retraite de la Teamsters Union*. Voici ce que disait le *Times :*

Lors d'une conférence avec un comité de mandataires de la Teamsters – des hommes du syndicat et des cadres du camionnage – une partie de la séance fut consacrée à la formation individuelle des cadres de la Morgan, et l'accent fut mis sur leurs humbles origines.

L'un d'eux dit que c'était grâce à une bourse s'il avait pu aller à l'université. Un autre fit remarquer qu'il s'était engagé dans les Marines au sortir de l'école. Et un troisième confia aux mandataires assis autour de la table, qu'il était le fils d'un technicien du rail. Il en fut ainsi pour une douzaine au moins des dirigeants de la Morgan qui prirent la parole à tour de rôle.

« On avait l'impression de dire, " Je sais que nous avons le portrait de J.-P. Morgan accroché au mur, mais nous sommes tout de même des types ordinaires " », dit l'un des participants qui a demandé qu'on ne cite pas son nom.

Toute personne qui réussit à convaincre les Teamsters que J.-P. Morgan est, au fond, un homme de syndicat, comprend l'importance de l'art de vendre.

La vente est une intrusion

Les gens détestent s'imposer, faire des remous. Ne vous êtes-vous jamais surpris en train de hocher la tête à propos de quelque chose, alors que vous n'étiez pas du tout d'accord ? N'avez-vous jamais eu envie de renvoyer aux cuisines un steak trop cuit, et puis changé d'avis ?

Avoir l'impression que la vente est une intrusion dans la vie de quelqu'un, ce n'est pas un problème. C'est un atout. Les meilleurs vendeurs semblent, tous, avoir un sixième sens à ce sujet. Ils peuvent dire, au ton de la voix de quelqu'un ou à l'atmosphère qui règne dans une salle, si le moment est opportun ou pas. Et, soit parce qu'ils ne veulent pas s'imposer, soit parce qu'ils savent que ce n'est pas dans leur intérêt de le faire, ils ne contrarieront pas leur client en essayant de conclure une vente.

* Teamsters Union : Syndicat des Camionneurs. NDT.

La vieille école du pied glissé dans la porte, les techniques de harcèlement, ont disparu comme les dinosaures. D'abord, elles n'ont jamais été très efficaces, mais elles étaient peut-être nécessaires il y a cinquante ans, lorsqu'un vendeur ne voyait son client que tous les six mois. Aujourd'hui, à l'ère des communications et des transports, vous n'aurez pas d'excuse si, étant importun et le sachant, vous ne savez pas choisir un meilleur moment pour revenir à la charge. Il faut, bien sûr, que vous soyez disposé à le faire.

Une vente réussie dépend, totalement, du timing, de la patience et de la persévérance du vendeur – et aussi qu'il soit sensibilisé à la situation et à la personne avec laquelle il traite. Etre conscient que l'on est en train de s'imposer, c'est peut-être l'atout personnel le plus important qu'un vendeur puisse posséder.

Si vous croyez à votre produit, cela vous aidera aussi. Lorsque je sens que ce que je vends convient parfaitement à quelqu'un, et particulièrement à ce client-là, j'ai l'impression de lui rendre un service.

La peur

La peur, c'est tout simplement le plus gros problème que pose la vente : la peur d'être repoussé, la peur de l'échec.

Car vendre un produit, un service, n'importe quoi, c'est vous vendre vous-même, c'est mettre votre ego en jeu. Et quelles sont vos chances ? Si vous êtes très bon vendeur, vous échouerez probablement la moitié du temps. Le refus est inhérent au territoire.

Dans une opération commerciale, le rejet est rarement affaire personnelle, mais le savoir ne rend pas la chose plus facile.

On m'a rejeté des centaines de fois. Pourtant si, demain, je fais tout mon possible et si ce que je vends en vaut la peine, je serai de nouveau frustré et en colère. Comprendre que l'on n'est pas personnellement rejeté ne suffit pas pour que l'on ne se sente pas personnellement visé. Si vous ne réagissez pas ainsi, c'est peut-être que vous ne vous êtes pas assez impliqué dans la tentative de vente.

La peur de l'échec est un autre problème. Les résultats d'une vente sont si tangibles, tellement mesurables noir sur blanc, qu'il est impossible de les dissimuler ou de les fuir.

Mais ce que beaucoup ne savent pas reconnaître, c'est que la peur de l'échec est l'une des motivations les plus positives du monde des affaires. Si vous n'avez pas peur d'échouer, alors c'est que vous n'attachez pas assez d'importance au succès.

Bjorn Borg a la réputation d'être impassible, sur le court. Mais il m'a dit, une fois, qu'aux moments clés, il était terrifié et que parfois, il n'avait pas trop de tout son courage pour, simplement, renvoyer la balle.

C'était vrai aussi d'Arnold Palmer et je crois que c'est à cette qualité très humaine, plus qu'à tous les tournois qu'il a gagnés, qu'il devait son énorme popularité. Sa peur de l'échec était aussi grande que son désir de gagner. Et lorsqu'il ratait un coup, on voyait une expression de douleur se peindre sur son visage et l'on comprenait combien il aimait ce qu'il faisait.

6 Le timing

Beaucoup d'idées échouent, non parce qu'elles étaient mauvaises, non parce qu'elles ont été mal réalisées, mais parce que le timing n'était pas bon.

Il y a pas mal d'années, nous avons essayé d'organiser une tournée de golfeurs professionnels en Amérique du Sud. Nous avons rencontré toutes sortes de difficultés imprévues, allant d'une soudaine dévaluation de la monnaie qui réduisit notre cash flow, jusqu'à une inflation en flèche qui rendit prohibitive la poursuite de l'opération.

Nous n'aurions pas pu choisir un plus mauvais moment, et cela nous coûta fort cher. Mais nous savons que les Sud-Américains aiment le golf. Aussi sommes-nous convaincus qu'un jour, si les circonstances sont favorables, cette idée-là marchera et ce sera l'IMG qui l'exploitera.

Beaucoup de vendeurs font trop rapidement une croix sur une bonne idée qui n'a pas marché parce que leur timing était mauvais. Si quelqu'un dit non, ce n'est pas toujours parce qu'il n'aime pas votre projet ou votre idée. C'est peut-être simplement parce que des raisons économiques ou d'autres causes inhérentes à son entreprise et que vous ignorez, empêchent cette personne-là de le réaliser à ce moment donné.

Mais des semaines, des mois et même des années après, vous entendrez dire, « Un tel n'aime pas ce projet-là », ou « Telle société a déjà dit non », ou « Ils n'ont pas d'argent pour cela ».

Revenez me voir dans cinq ans

Si vous avez foi dans une idée et si vous croyez qu'elle peut intéresser particulièrement un client, revenez à la charge. Je ne peux vous dire combien de fois j'ai vu une idée porter ses fruits après que je l'ai présentée de nouveau, à un moment plus favorable.

L'aiguille d'une montre a tourné, un calendrier s'est effeuillé, et cela a totalement modifié la dynamique d'une situation de vente et la réceptivité de l'acheteur.

Peu après que Bob Anderson soit devenu président de la Rockwell International, je lui proposai que notre société produise un film à usage promotionnel interne, dans lequel il visiterait les différents sites de sa firme et expliquerait leur rôle dans le fonctionnement global de l'entreprise. Nous avons déjà réalisé ce genre de choses et nous savons combien c'est efficace pour promouvoir un sentiment d'appartenance dans des compagnies multinationales séparées par de grandes distances.

« Mark », me dit Anderson, « je viens juste de succéder à un homme dont le nom est encore gravé au fronton de la société. La dernière chose que je ferais, c'est de commander un film promotionnel... mais revenez me voir dans cinq ans. »

Cinq ans plus tard, presque jour pour jour, je revins. Et Rockwell est en train de réfléchir aux fonds qu'il faudrait engager.

La vie secrète d'un marché

Le timing a de nombreuses applications directes à la vente. Tout peut dépendre de lui, de la durée du processus de vente au choix du moment auquel il convient de dire quelque chose dans une conversation particulière, ou à celui auquel il convient de faire quelque chose, dans une série particulière de circonstances.

Le timing, ce n'est pas quelque chose de pragmatique. Ce n'est pas un précepte ou une série de règles qui peuvent être suivies à la lettre, c'est un percept... des signaux sensoriels qui sont recueillis par le cerveau et mis en pratique dans la situation de vente.

Un timing correct et approprié est presque toujours affaire de discernement ; vous combinez alors la nature du temps, telle que vous pouvez la percevoir, avec tous les impondérables temporels de la vente – pendant combien de temps une idée doit-elle germer, à quel moment faut-il appeler quelqu'un au téléphone, etc.

Les gens qui semblent doués d'un sens inné du bon timing sont les plus attentifs et les plus « sensibles » – à eux-mêmes, à leurs clients et à la situation de vente. Presque chaque affaire, qu'il s'agisse d'une transaction simple ou d'une série complexe de manœuvres s'étendant sur plusieurs années, émet des signaux sensoriels uniques, et vous devez les recueillir.

Fiez-vous à votre bon sens

Les faits objectifs d'une vente – sa nature, sa complexité, les gens auxquels vous vendez et les informations que vous recueillez en cours de route – peuvent vous apprendre quasiment tout ce dont vous avez besoin sur le timing. Appliquez ces données en mettant votre bon sens à l'œuvre. Faites, au moment évident, ce qu'il vous paraît évident de faire, et vice versa.

Si votre client ne vous connaît pas, vous personnellement ou la société que vous représentez, il est évident que la vente prendra plus de temps que s'il vous connaissait. Si l'acheteur semble noyé par votre première présentation, il est évident que vous feriez mieux de prendre le temps d'échanger quelques idées avant de revenir à la charge. Si vous savez qu'il lui faudra plusieurs mois pour se décider, n'essayez pas de lui arracher une promesse en quelques semaines.

J'ai reçu, récemment, un appel téléphonique d'une société qui cherchait à acheter un thème publicitaire basé sur le sport, adapté à une série très spécifique de besoins promotionnels. Il s'avéra que, la semaine précédente, notre département de tennis avait conçu quelque chose qui, après une ou deux petites modifications, correspondait exactement à ce que cette société demandait. (Ceci n'est pas un exemple de bon ou de mauvais timing, mais d'un timing *fortuit*, tout à fait en dehors du champ d'action du vendeur).

Je dis à cette personne que j'allais y réfléchir, en parler avec certains de mes gens et que je rappellerai dans deux semaines exactement.

Je savais que nous avions ce que cette société désirait, mais il était évident qu'il fallait laisser passer un peu de temps entre la demande et notre proposition, pour que notre concept ait l'air « inspiré ». Si j'avais appelé l'acheteur éventuel le lendemain, il se serait demandé si nous avions vraiment assez réfléchi à son problème. En fixant une date précise à ma réponse, je l'obligeais non seulement à l'attendre, mais encore à la désirer.

Voici une bonne règle basée sur le bon sens : ne répondez pas trop vite. Prenez le temps de voir si la situation n'exige pas une certaine stratégie temporelle et si vous pouvez tirer profit du timing.

Ecoutez l'acheteur

Le vendeur contrôle le timing d'une vente, mais c'est l'acheteur qui lui fournit les répliques. Il est donc évident qu'il vaut mieux écouter que parler, entendre vraiment ce que le client vous dit plutôt que de lui imposer votre « baratin ».

Vous pouvez recueillir des indices de timing rien qu'en posant les bonnes questions. Beaucoup d'entreprises, par exemple, achètent plus volontiers à certains moments de l'année qu'à d'autres. Vous ne saurez ce genre de renseignements qu'en posant la question.

Et si vous connaissez bien l'acheteur, si vous prenez le temps de vous gagner son amitié, il vous fournira de bons éléments de timing tout au long du processus de négociation – à quel moment lancer la vente et la conclure, qui appeler au téléphone et quand...

Tenez-vous en à votre scénario

Pour obtenir un engagement d'un acheteur éventuel, le timing est aussi important que ce que l'on dit et ce que l'on fait vraiment. S'il fallait peser et analyser séparément toutes les variables de la vente qui déterminent le timing, il faudrait employer plusieurs ordinateurs.

Heureusement, votre esprit fait cela pour vous. Il évalue, à partir de perceptions sensorielles, ce à quoi on ne pourrait arriver par la pensée analytique. Pour en tirer un timing, il faut alors convertir ces perceptions sensorielles en actions conscientes ou en inactions conscientes (quand *ne pas* dire ou *ne pas* faire telle ou telle chose).

Cette opération est plus facile si vous considérez le cadre temporel comme la « durée de vie » de la transaction, ou comme une troisième partie de celle-ci qui en serait séparée. La plupart des marchés ont une vie secrète qui se développe selon un scénario pré-ordonné. Tout vendeur qui a « tué la poule aux œufs d'or » en voulant conclure trop vite ou trop tard, ou en étirant la négociation au-delà de sa « durée de vie naturelle », pourrait probablement attester cela.

Une simple situation de vente peut exiger de plusieurs secondes à plusieurs années. Evidemment, plus le marché est complexe et plus il a de phases, plus il est essentiel de se représenter, en esprit, son scénario, de se mettre à l'écoute de la vie indépendante ou secrète de la transaction. Le timing de chacune de ces phases – quand et pendant combien de temps – doit déjà être dactylographié, comme des directives de mise en scène. Pour obtenir le bon timing – convertir les perceptions sensorielles en actions conscientes appropriées – il faut voir le scénario et le suivre.

Beaucoup de vendeurs, une fois qu'ils ont conçu le scénario, ne peuvent résister à l'irrésistible envie de s'en écarter. Dans leur hâte à conclure le marché, ils veulent comprimer le cadre temporel ou passer directement à l'acte III. Ils veulent réécrire le dialogue ou éliminer les répliques de l'acheteur. Ils ont interprété les signes du timing approprié mais ils n'en tiennent pas compte et n'arrivent pas à exploiter convenablement la situation. En réécrivant le scénario, ils lui affligent une fin catastrophique.

Une satisfaction immédiate

Tous les êtres humains sont poussés par le désir ardent d'obtenir une satisfaction immédiate et tout dans l'environnement de l'entreprise ne fait qu'aviver ce besoin. Ecartez cette tentation. Passez à l'affaire suivante. Une balle de moins en l'air, un souci de moins.

Mais même si nous pouvions obtenir des gens qu'ils fassent ce que nous désirons, ce serait rarement au moment qui nous convient le mieux. Les êtres et les événements vont à une allure qui leur est propre et qui n'est presque jamais conforme à notre emploi du temps. Dans le monde des affaires, l'un des signes presque infaillibles de maturité, c'est la capacité de remettre à plus tard sa propre satisfaction et d'adapter son emploi du temps à celui des autres.

En tant que vendeur et en tant que président d'une firme, je ne vois pas d'aspect du timing plus important que la patience. Le manque de patience suffit à lui seul pour faire échouer une négociation, alors que cette vertu – qui consiste à laisser quelqu'un discourir et philosopher en attendant que se présente une conjoncture particulière – peut, à elle seule, la faire tourner à votre avantage.

Je dirais que l'une des causes les plus fréquentes d'échec d'une transaction, c'est le manque de patience. Il ne se passe pas de semaine sans que j'en voie, ou en entende, quelques exemples :

– Un vendeur qui sent, au téléphone, que son interlocuteur est harassé ou de mauvaise humeur, lui assène tout de même son argumentaire de vente.

– L'acheteur demande au vendeur de le rappeler un autre jour, et celui-ci insiste, « Mais, j'en ai pour une minute. »

– Un vendeur, qui vient de conclure une vente, dit à l'acheteur, tout en lui serrant la main, « Maintenant que nous en avons terminé avec cela, j'ai quelque chose d'intéressant à vous dire. »

La persévérance

La persévérance, dans son acceptation habituelle, implique que la vente est strictement une affaire de probabilités... il suffit de frapper à suffisamment de portes et de recommencer un grand nombre de fois.

Je doute qu'une vente puisse se ramener seulement à cela. Selon notre système, et je suis sûr qu'il en est de même pour la plupart des autres, une vente effective dépend autant de la qualité des portes et de la manière dont on frappe que de leur nombre.

Mais cela ne diminue pas l'importance de la persévérance. Sans la patience d'attendre et l'obstination à revenir à la charge, les autres aspects du timing ne pèsent pas lourd. La persévérance est certainement parmi les commandements fondamentaux de la vente, avec « Connais ton produit » et « Crois en ton produit ».

Les chances qu'offre le timing

Elles sont nombreuses. Vous n'avez pas besoin d'être voyant

pour les repérer, il vous suffit d'être sensibilisé à leur signification pour tourner les événements à votre avantage.

Comment prolonger ou renouveler un contrat

Prolongez, renouvelez ou renégociez un contrat lorsque l'autre parti est le plus *satisfait,* et non à la date où il va expirer. Si nous concluons une affaire exceptionnelle pour un client, j'encourage le cadre qui s'en occupe à discuter du renouvellement de son contrat de représentation, même s'il court encore pendant un an.

Si l'un de nos clients vient de recevoir d'excellentes nouvelles, *même si cela n'a rien à voir avec notre produit* – une augmentation ou un bonus, par exemple – c'est probablement le bon moment pour faire quelque chose avec lui.

Testez automatiquement les dispositions d'humeur de vos clients. Cela suffira à changer un « oui » en « non », et inversement.

Tirez profit du mauvais timing des autres

Cela peut créer pas mal de chances en votre faveur. On voit souvent cela, les années d'élection, lorsque les candidats guettent avec prudence le moment de jeter leur chapeau dans l'arène. Chacun d'eux attend que les autres fassent une gaffe politique qui leur permettra d'arriver en preux chevalier.

Je vous ai dit de renouveler un contrat lorsque le client est le plus satisfait ; décrochez-en un lorsque l'acheteur éventuel est le plus mécontent de vos concurrents.

Notre département de télévision cherchait, ces temps-ci, à représenter les droits mondiaux d'un grand événement sportif. Ceux-ci étaient alors dans les mains de l'une des chaînes de télévision américaines. Nous apprîmes, peu après les organisateurs, que cette chaîne venait de vendre tous leurs droits sur des sports de moindre importance à un certain pays, avec le grand événement sportif en « prime ».

Les organisateurs furent très mécontents de se voir traités ainsi et comme ils avaient déjà eu des ennuis avec cette chaîne, je sentis que le moment nous était favorable. Nous sommes maintenant les agents de cet événement prestigieux.

Pesez le présent en prévision de l'avenir

Lorsque Tony Jacklin remporta le British Open, en 1969, il fut inondé d'occasions de vendre sa signature, surtout de la part de l'Angleterre qui avait attendu longtemps son propre champion de golf. Nous sentions que la victoire de Jacklin n'était pas un événement fortuit, aussi nous n'accordâmes que des contrats à court terme, d'un an maximum. L'année suivante, il gagna l'U.S.Open et la valeur de sa signature tripla.

A l'inverse, lorsque Ben Crenshaw devint pro, je sentis qu'il offrait l'image la plus rentable que j'aie jamais vue en sport professionnel. On le considérait comme « le futur Nicklaus » et bien que ce soit flatteur, il était presque impossible pour lui de rester fidèle à cette réputation. Je savais qu'il était essentiel de lancer l'image de Crenshaw avant qu'elle ne soit associée à un succès qu'il allait remporter, ou pas, sur un terrain de golf. Malheureusement, Ben hésita trop longtemps et le temps que nous le représentions, le fait qu'il ne soit pas aussi « immortel » qu'on le croyait lésa ses possibilités de vente sur le marché.

Lorsque Muhammed Ali était au sommet de sa gloire, l'atmosphère américaine n'était pas aussi bonne pour un athlète noir que pour un blanc. Elle l'est maintenant, et même à cette époque, on pouvait prévoir qu'elle changerait. Si Ali avait cherché à développer une image positive, saine, en dehors de celle du boxeur, il aurait pu gagner autant hors du ring que dessus. Mais il n'a jamais pesé le présent en prévision de l'avenir et les revenus qu'il a tirés de sa signature n'ont jamais été très élevés.

Sachez tirer profit d'un coucher de soleil

Pat Ryan, le rédacteur-gérant de *People,* m'a parlé d'un tuyau de vente que son père, le regretté cavalier irlandais Jim Ryan, avait passé à beaucoup de ceux qui fréquentent aujourd'hui les champs de course. Il faut toujours inviter un éventuel acheteur de chevaux à prendre le thé, ou un verre, en fin d'après-midi. Le fait est qu'il n'y a pas de meilleur moment pour exhiber un cheval qu'au soleil couchant. Sa robe rutile, il a l'air plein de vie, imbattable. (C'est pour cette même raison que les photos de costumes de bain de *Sport Illustrated* sont toujours prises au coucher ou au lever du soleil).

On ne peut pas toujours exiger un coucher de soleil comme toile de fond, mais il est certain que les vendeurs peuvent tirer avantage d'événements futurs aussi inévitables qu'un coucher de soleil.

Si nous avons vendu l'une de nos productions télévisées les plus réussies, « The Superstars », qui passe sur ABC-TV* depuis dix ans, c'est en partie parce qu'elle répondait au besoin qu'avait cette chaîne de combler le vide des sports d'hiver, entre le football et le baseball.

Le calendrier est chargé

Ce sont les dates qui transforment le timing en information concrète. Dans les mains d'un bon vendeur, le calendrier peut être une arme potentielle. Dans notre spécialité, par exemple, nous savons que, la politique mondiale mise à part, il est inévitable qu'il y ait des Jeux Olympiques en 1988, en 1992 et en 1996. Nous pouvons commencer à établir le timing de nos efforts de vente en vue de ces événements futurs exceptionnels.

Beaucoup de nos efforts de vente sont, en réalité, programmés dans le temps pour tirer avantage des grands événements sportifs annuels, soit parce qu'ils sont directement liés à eux, soit parce que nous les utiliserons pour divertir notre client.

Il y a plusieurs années, lorsque la loi sur la réforme de l'impôt en Californie, appelée Proposition 13, occupait la une des journaux, j'entendis parler d'un conférencier spécialiste des problèmes financiers qui sut tirer profit des opportunités que lui offrait le calendrier. Plusieurs semaines avant que la proposition ne soit mise aux voix, il réserva une pleine page de publicité dans le *Los Angeles Times* qui devait sortir le lendemain du vote. Le texte, qui annonçait sa prochaine série de conférences, était intitulé, « Comment tirer profit de la Proposition 13. »

Les arrivées et les départs

Le cadre qui vient d'arriver dans une nouvelle société ou qui va quitter son poste, est le meilleur acheteur potentiel que l'on

* ABC-TV : American Broadcasting Corporation. L'une des trois grandes chaînes de télévision américaines. NDT.

puisse trouver. Lorsque John DeLorean quitta Pontiac, il m'appela pour me dire, « Mark, aussitôt que je serai parti d'ici, on va essayer d'effacer tout ce que j'ai fait. Si vous voulez renouveler le contrat Nicklaus, c'est le moment. »

Le cadre qui vient d'arriver a hâte de faire quelque chose, de s'imposer, et habituellement, on lui laisse une certaine initiative. Le cadre qui s'en va – et qui sait qu'il ne sera pas là pour se débattre avec les problèmes – s'en moque.

Nous avons conclu des marchés uniquement parce que quelqu'un voulait finir de régler des détails avant de partir et qu'il souhaitait faire des affaires avec nous dans sa nouvelle boîte.

Si vous avez choisi ce timing par égard pour l'autre parti, faites-le lui savoir

Par exemple, « Je l'ai appris la semaine dernière, mais je ne voulais pas vous déranger durant une conférence de ventes (avant les vacances, pendant que vous établissiez votre budget, etc.). En règle générale, évitez de donner des coups de téléphone (en particulier pour annoncer de mauvaises nouvelles ou discuter d'un problème) le lundi matin ou le vendredi après-midi.

N'appelez qu'avec d'infinies précautions à des moments inopportuns

Un coup de téléphone en dehors des heures de bureau, tard le soir ou pendant le week-end, font toujours beaucoup d'effet. Si vous le présentez bien, vous pouvez en tirer un grand avantage mais sachez que cela peut facilement se retourner contre vous. Commencez toujours par dire, « C'est tellement intéressant (ou important) que je préfèrerais en parler avec vous pendant le week-end. »

Evitez les dates limites

Parfois, on est obligé d'en fixer une à l'acheteur. Mais c'est une menace et les gens qui s'estiment menacés feront tout pour vous mettre en demeure de vous y tenir. On ne doit invoquer une date limite que comme ultime moyen de pression.

Si l'on veut perdre toute crédibilité, il suffit d'imposer à quelqu'un une date limite, puis de la prolonger, de la modifier ou de l'ignorer. C'est l'histoire du garçon qui criait au loup, appliquée à l'entreprise. Si une seule fois, vous n'observez pas une date limite, rien de ce que vous direz ne sera plus pris au pied de la lettre.

Prenez le temps d'atténuer une menace

Le timing peut servir à atténuer une demande de décision. Si vous doutez de la sincérité d'un « peut-être », mettez cette personne en face d'un problème temporel plausible qui l'obligera à donner une réponse ferme.

Récemment, je sentais qu'une société qui avait, au départ, montré un désir très net d'avancer, était en train de nous bercer de fausses espérances. C'était une transaction concernant l'important engagement temporel de l'une des plus grandes joueuses de tennis du monde.

Leur imposer une date limite aurait passé pour une menace. Nous avons préféré dire que si nous n'avions pas de réponse d'ici une semaine, il serait beaucoup plus difficile, et peut-être impossible, d'annuler certaines de ses promesses de tournoi.

La réponse fut négative mais il valait mieux le savoir que de laisser traîner les choses en longueur. En suggérant une incompatibilité de date, nous les avons forcés à y mettre fin, sans dire « c'est à prendre ou à laisser »

La capacité limite d'attention

Les gens très occupés ont une brève capacité d'attention, aussi allez droit au but. Dites-vous que vous êtes là pour écouter et non pour parler, ne commencez pas à raconter votre vie ; ne prolongez pas l'exposition des faits, et à moins d'être un dramaturge né, évitez de faire du battage. Tout ce que vous réussirez à faire, ce sera d'irriter les gens, ou pire encore, de les pousser à penser à autre chose. Testez la capacité limite d'attention des gens avec lesquels vous négociez. Je sais, par exemple, qu'avec Bob Anderson, de la Rockwell, si je traite le même sujet pendant plus de quarante-cinq secondes, son esprit va s'égarer sur une autre voie.

Les priorités

Si vous avez plus d'un sujet à aborder ou plus d'une idée à vendre, assurez-vous que vous gardez suffisamment de temps pour l'essentiel. Ne vous mettez jamais en situation de dire, « Avez-vous encore quelques minutes à m'accorder ? Je n'en suis pas encore arrivé au cœur du sujet. »

Faites-leur gagner du temps

L'une des meilleures manières de faire bonne impression sur un acheteur, c'est de ne prendre qu'une demi-heure de son temps alors qu'il s'attendait à une heure. L'une des pires, c'est de le retenir une heure et demie.

7 Le silence

La réunion avait merveilleusement bien commencé. Nous étions à Londres et l'un de nos jeunes cadres venait de faire une excellente présentation à des hommes d'affaires britanniques. J'étais sûr qu'elle avait fait bonne impression sur eux. Un silence spectaculaire tomba tandis qu'ils se regardaient mutuellement pour voir qui répondrait le premier.

Mais juste au moment où l'un d'eux allait parler, le cadre se mit à résumer les aspects positifs des concepts qu'il venait de présenter. Cette scène se reproduisit plusieurs fois.

Pour finir, je ris et dis, « Ah, les joies du silence... Laissez la parole à quelqu'un d'autre. »

On a beaucoup écrit sur le silence comme technique de vente. A juste titre. Dans tous les argumentaires de vente, arrive un moment où l'autre parti doit prendre la parole ; et il y a également d'autres moments où personne ne devrait parler. Comment les utiliserez-vous si vous ne savez pas quand il faut vous taire ?

Le silence a tant d'applications différentes, dans une situation de vente. Cessez de parler, écoutez, et vous apprendrez réellement quelque chose, même si vous n'avez pas l'occasion de vous concentrer. Le silence vous empêche d'en dire plus qu'il n'est nécessaire – et pousse l'autre personne à en dire plus qu'elle n'en avait l'intention. Savoir à quel moment rester silencieux, cela peut faire très bonne impression sur les autres. De plus, il est impossible de tirer un engagement financier de quelqu'un s'il ne peut pas placer un mot.

L'utilisation tactique du silence permet, soit de laisser l'autre parler, soit de le forcer à parler.

Faites parler votre interlocuteur

Je prétends souvent ne pas être au courant des détails d'une situation, uniquement pour faire parler mon interlocuteur.

Récemment, on me demanda d'intervenir à la fin d'une âpre discussion de renégociation. La situation était joliment tendue et il y avait des avocats présents des deux côtés.

Puisque j'étais « le petit nouveau », je demandai à l'autre parti de revenir au début et de m'exposer son point de vue sur l'affaire.

Il prit la parole et parla pendant vingt minutes, sans s'arrêter. (Je vis son avocat faire plusieurs fois la grimace). Lorsqu'il se tut, il avait retourné sa veste – ou s'était convaincu lui-même – et se retrouvait d'accord avec nous sur l'essentiel.

Obtenez un renseignement en ne le demandant pas

Si vous posez une question sur un sujet bien défini et que la réponse ne vous satisfait pas, gardez le silence. Si vous désirez d'autres renseignements ou un type différent d'information, obtenez-les en vous taisant.

Le silence crée un vide que les gens se sentent obligés de combler. Si quelqu'un a fini de parler et que vous ne jouez pas votre rôle en poursuivant le dialogue, après une très courte pause, il commencera aussitôt à entrer dans les détails. Pour finir, il vous dira peut-être ce que vous désirez entendre.

Mordez-vous la langue

La capacité, acquise – elle n'est presque jamais instinctive – de se mordre la langue a deux applications extrêmement importantes au processus de vente, que l'on néglige souvent.

Premièrement, cela vous permet de vous recueillir et donc d'être plus circonspect dans vos énoncés. Deuxièmement, cela diminue vos chances d'en dire plus qu'il n'est nécessaire ou que vous n'en avez l'intention.

Un homme d'affaires japonais, lorsqu'il négocie avec un Américain, utilise presque toujours un interprète, même s'il comprend parfaitement bien ce qu'on lui dit. C'est une technique qui lui laisse plus de temps pour formuler sa réponse...

Exposez les aspects positifs, omettez les négatifs qui ne sont qu'accessoires

J'ai assisté, il n'y a pas très longtemps, à une réunion où l'un de mes associés essayait d'intéresser un éventuel mécène à un prestigieux événement sportif, le championnat mondial de golf féminin de Chevrolet. Après avoir exposé tous les aspects positifs (et obtenu une réaction favorable), il passa avec enthousiasme au reportage télévisé. Bien que cette émission passe à la même heure que le championnat masculin de la PGA, dit-il, sa compagnie et la chaîne de télé prévoyaient un excellent indice d'écoute.

Bien que cette émission passe à la même heure que le championnat masculin de la PGA ?

Je n'en croyais pas mes oreilles. En tant que consultants, c'est le genre de fait que nous devons faire remarquer à nos clients. Mais, dans une vente, c'est précisément le genre de chose qu'il ne faut pas dire.

L'important, c'était la couverture télé et l'excellent indice d'écoute prévu, et il ne fallait pas mettre le client au parfum sur la concurrence télé de ce jour-là. Même si mon associé se sentait moralement obligé d'en parler, il n'aurait pas pu choisir un plus mauvais moment pour le faire. Il aurait dû dire cela au début de son exposé, avant les éléments positifs, et non conclure sur quelque chose de négatif.

Si vous vendez à quelqu'un un réveil radio à transistor, je ne crois pas que vous soyez obligé de lui faire remarquer que les piles ne dureront pas plus de vingt-et-un mois ou que, dans un an, il sortira sur le marché un nouveau modèle, moins coûteux, à affichage numérique.

Exposez les aspects positifs et omettez les négatifs qui ne sont qu'accessoires ou semi-accessoires.

Soyez moral... mais n'oubliez pas les joies du silence.

Une pause lourde de sens

Savoir utiliser une pause lourde de sens, c'est un peu, en affaires, comme de pêcher avec un filet. Vous mettez un appât dans la nasse et vous attendez, en silence, que le poisson entre dedans.

Lorsque, au cours d'un argumentaire de vente, vous avez énoncé votre chiffre, *ne dites plus rien* jusqu'à ce que l'autre parti ait répliqué à sa manière. N'exposez pas de nouveau votre affaire. N'essayez pas de faire pression sur l'acheteur. Ne lui dites pas que vous savez que c'est une décision difficile à prendre, mais que...

Le client est peut-être aux prises avec sa décision et en train de se parler à lui-même. Ne l'aidez pas à sortir de ce dialogue intérieur. S'il vous pose une question, répondez en monosyllabes.

Même si le silence vous pèse, ne le rompez pas.

Une fois que vous avez gagné, taisez-vous

J'ai vu cela arriver un nombre incalculable de fois. Le marché est conclu et le vendeur éveille aussitôt les soupçons de l'acheteur en se lançant dans des louanges hyperboliques de son sens des affaires. « Vous ne le regretterez pas. » « C'est le meilleur marché que vous ayez jamais conclu. » Même l'homme le plus dénué de méfiance commencera à se poser des questions. « Dans quoi me suis-je lancé là ? »

Une fois la vente achevée, tout ce que vous pourriez dire d'autre, à ce sujet, ne ferait que travailler contre vous. Aussi, changez plutôt de sujet. Parlez du jeu de golf de votre client, de ses enfants... mais ne lui dites surtout pas combien il a été malin de vous acheter cela.

Il y a pire encore. Ce sont les vendeurs qui insistent pour mettre, aussitôt, les points sur les « i ». « C'est formidable. Maintenant, revoyons tous les articles afin d'être sûrs que nous sommes bien d'accord. » Au mieux, votre attitude douchera l'enthousiasme de l'acheteur. Au pire, cela peut provoquer la rupture de l'engagement.

Confirmez par écrit

Surtout si la transaction est complexe, ou si elle s'est déroulée pendant un long laps de temps, il y aura probablement certains points de détails sur lesquels les partis sont restés vagues. N'en parlez pas maintenant. Dites que vous confirmerez votre point de vue par écrit. Comme cela, la réunion se termine sur une note optimiste et amicale et vous permet de mettre par écrit votre version de ces détails, parfois brumeux. A moins qu'il ne s'agisse de points vraiment essentiels, ou terriblement erronés, ils pourront devenir les principes de base du contrat.

8 La commerciabilité

Il y a longtemps, je dînais avec André Heiniger, le PDG de Rolex, lorsqu'un ami à lui vint à notre table pour le saluer. « Les montres, ça marche ? », demanda-t-il.

« Je n'en ai aucune idée », répliqua Heiniger.

Son ami éclata de rire. Le président de l'une des plus prestigieuses marques de montres disait qu'il ne savait pas ce qui se passait dans son secteur industriel.

Mais Heiniger ne rit pas. « Chez Rolex, nous ne vendons pas de montres. Nous sommes un commerce *de luxe.* »

J'estimai que le commentaire de Heiniger récapitulait l'essence même de la « commerciabilité ». C'est savoir dans quel type d'affaires vous êtes vraiment et comprendre les images sous-jacentes qui relient votre produit aux gens auxquels vous pourrez le vendre.

Depuis la Model T, l'industrie automobile a vendu des voitures en se basant sur tout autre chose que leur fonction – leur puissance, leur sex-appeal, leur luxe, leur économie, et ainsi de suite. La publicité automobile a été si convaincante qu'elle a non seulement formulé des images mais qu'elle en a créées. Il fut un temps, par exemple, où un professeur d'université aurait préféré perdre son poste que d'être vu au volant d'une Cadillac. Si, d'un autre côté, un cadre de l'entreprise décidait d'acheter une Volkswagen, on pourrait sérieusement se demander s'il a vraiment « l'étoffe » d'un homme d'affaires.

L'acheteur d'aujourd'hui est plus snob que jamais et tellement obsédé par sa propre « valeur sur le marché » qu'il est facile de le rebuter. Ce qui donne une valeur encore plus grande à la « commerciabilité » qui, à mon avis, est la facette la plus subtile et la plus dissimulée du marketing.

Le Federal Express peut, par exemple, vendre ses services en mettant en avant la rapidité, la sécurité et l'extension de ses réseaux. Mais il est bien évident, pour tous ceux qui ont vu leurs films publicitaires, que ce qu'ils vendent vraiment, c'est la tranquillité d'esprit du voyageur.

L'une des formes les plus subtiles de la « commerciabilité », c'est l'introduction des idées dans le produit lui-même, afin de le rendre plus « achetable ». Ce produit-ci, par exemple – ce livre –, s'il était intitulé *Principes pratiques de Gestion,* attirerait certainement un tout autre public, probablement plus limité.

On ne peut pas tirer la « commerciabilité » des études de marché, des tests de vente ou des groupes de mises au point ; c'est plutôt une question d'intuition. Il faut explorer les limites, regarder au-delà, et interpréter les motivations sous-jacentes ; percevoir pourquoi quelqu'un aime ou n'aime pas votre produit. La « commerciabilité » diffère aussi du marketing en ce qu'elle est faite, ou doit être faite, avant l'action, et si elle l'est correctement, elle ne coûte rien.

La « commerciabilité » est aussi la forme de vente la plus active. Par nécessité, la vente est orientée vers le produit – ses caractéristiques, ses fonctions, ses avantages, etc. Mais comprendre la « commerciabilité » de votre produit, c'est introduire l'acheteur dans le tableau, que la vente soit indirecte s'il s'agit d'un intermédiaire (comme lorsqu'on négocie avec une société) ou directe s'il s'agit du consommateur.

Ce chapitre relie les deux – le produit et les gens. Il commence avec le produit et tous les faits de la vente qui l'affectent, et se termine par le positionnement, ou comment ce que vous dites ou ce que vous révélez d'un produit peut, en fait, le vendre à votre place.

Il faut connaître votre produit, croire en lui et le vendre avec enthousiasme

Voilà les trois vérités fondamentales de la vente. Si vous ne connaissez pas votre produit, les gens n'apprécieront pas les efforts que vous ferez pour le vendre ; si vous ne croyez pas en lui, toute votre personnalité et toute votre technique ne suffiront pas à le dissimuler ; si vous ne le vendez pas avec enthousiasme, l'acheteur, lui, n'aura aucun enthousiasme à l'acheter.

Rien ne rebute plus vite un client potentiel qu'un vendeur qui connaît mal son produit. Vous est-il arrivé d'entrer dans un grand magasin, de demander à un employé comment fonctionne tel gadget ou tel appareil et de le voir tripoter les boutons et se demander, à voix haute, pourquoi on ne fabrique plus de choses simples ? Même s'il finit par le faire marcher, votre intérêt s'est refroidi et vous n'avez plus envie de l'acheter.

Connaître votre produit, c'est aussi comprendre *l'idée* qu'il y a derrière – son but, comment il est perçu –, la *relation* qui existe entre lui et ce que les gens désirent acheter. En quoi aidera-t-il votre client ? Quel problème va-t-il résoudre ? Quelles sont ses possibilités ?

Comprendre ces éléments intangibles, c'est au moins aussi important que de connaître les composants mécaniques d'un produit. Pourtant, c'est justement parce qu'ils sont intangibles, et varient peut-être d'un client à l'autre, que l'on a tendance à les interpréter de travers.

Connaître votre produit, c'est aussi percevoir l'image qu'il projette. Je crois que tous les produits le sont. Ce peut être une image positive, que vous avez envie de vendre, ou une image négative dont il vous faudra venir à bout.

L'industrie de l'ordinateur domestique, par exemple, n'a pu décoller qu'après avoir résolu le problème de son image. C'était un appareil qui économisait du temps et simplifiait toutes sortes de tâches, mais qui avait l'air complexe et difficile à utiliser. Les ventes n'ont démarré que lorsqu'il a eu l'air plus « familier », moins rébarbatif.

Les deux raisons pour lesquelles je ne peux pas me vendre quelque chose

Connaître votre produit, c'est aussi savoir toutes les raisons qui pousseraient quelqu'un à *ne pas* l'acheter. Anticipez-les. Enoncez-les clairement, jetez-les sur le papier si nécessaire – afin d'avoir un argument à opposer à chacune d'elles.

Une bonne partie des efforts de vente consistent à triompher des objections du client. N'essayez pas de le convaincre que ses objections ne sont pas valables. Efforcez-vous plutôt de *changer son système de référence.*

Pour prévoir et contrer les objections, un vendeur doit pratiquer une espèce de théorie de la relativité. Il doit se demander à lui-même : « A quoi puis-je le (la) comparer ? » Pensez à un gros achat que vous venez de faire – votre maison, par exemple – et à toute la gymnastique mentale à laquelle vous vous êtes livré avant de l'effectuer. Combien vous avez fait de comparaisons. Comparée à une autre maison qui vous plaisait mais dont le voisinage était un peu moins agréable, elle était chère. Son prix, comparé à celui que vous l'auriez payée il y a dix ans, était exorbitant. Mais en pensant à sa valeur à la revente, à ce que quelqu'un d'autre était prêt à en offrir, comparé à ce que vous *méritez* de posséder, le prix semblait justifié.

Lorsque je conclus une licence sur le nom d'un athlète, je sais que les deux objections que l'on m'oppose le plus souvent sont : le prix ; l'importance des droits et le manque de disponibilité du sportif.

Une fois, le directeur d'une grosse firme d'habillement sportif m'a dit qu'il n'allait pas payer un athlète plus qu'il ne gagnait lui-même. De ce point de vue, les droits de sept chiffres que nous lui demandions semblaient exorbitants. Mais je lui rétorquai aussitôt que ce qu'il achetait, c'était l'identification de sa marque à un nom, et comparée aux dizaines de millions de dollars que cela coûterait de développer, dans des proportions semblables, une identification de marque, la contre partie que nous réclamions était tout à fait raisonnable.

Il contesta aussi le fait que, s'il acceptait de payer cette somme, il ne disposait de l'athlète que pendant cinq jours. Encore une fois, il suffisait de modifier son système de référence. Qu'est-ce qui profiterait le plus à sa firme, lui demandai-je : un supplément d'actions publicitaires ou les prix que cette vedette allait remporter dans les grandes compétitions de tennis ? Et ne pensait-il pas que, du point de vue de son entreprise, la meilleure utilisation du temps de ce sportif, c'était qu'il tape sur des millions de balles, au Court Central de Wimbledon ?

En lui faisant voir les choses à partir d'un autre système de référence, nous avons réussi à parachever le marché qui assura un immense succès à sa ligne de vêtements et lui rapporta, personnellement, plusieurs millions de dollars de bénéfices.

L'article invendable

Une industrie d'alimentation pour chiens tenait sa séance annuelle d'études de vente. Le président écouta patiemment son directeur de la publicité lui présenter une nouvelle campagne sensationnelle, son directeur du marketing lui soumettre un plan de points de vente qui allait « révolutionner le marché » et son directeur des ventes exalter les vertus de « la meilleure force de vente qu'on ait jamais vue ». Pour finir, le président prit la parole pour conclure sur quelques remarques.

« Depuis plusieurs jours, nous écoutons nos chefs de département exposer leurs merveilleux projets pour l'année à venir. Je n'ai qu'une question à poser. Si nous avons la meilleure publicité, le meilleur marketing et la meilleure force de vente, comment se fait-il que nous ne vendions pas cette sacrée nourriture pour chiens ? »

Un silence total s'appesantit sur la salle. Puis, au bout d'un moment qui sembla s'éterniser, une petite voix s'éleva du fond : « Parce que les chiens la *détestent.* »

Parfois, il se trouve simplement que l'idée, le produit ou l'image sont mauvais. Vous auriez beau les formuler autrement, les présenter autrement, cela ne marcherait pas. La seule solution, c'est de laisser tomber.

Cependant, beaucoup de gens ne s'y résignent pas. Plus il est évident qu'une idée est invendable, un produit non désiré, plus ils s'entêtent, plus ils passent de temps à essayer de prouver le contraire.

La règle des 80/20

Puisque j'ai consacré le tiers de ce livre à souligner l'importance qu'il y a à bien connaître vos clients, vous connaissez mon point de vue là-dessus.

Les efforts de vente de la plupart des gens et des sociétés suivent la règle des 80/20 – vous réalisez quatre-vingt pour cent de vos affaires avec vingt pour cent de vos clients. Cela vaut donc la peine de consacrer les quatre-cinquième de votre temps et de votre énergie à bien connaître le cinquième de votre clientèle, ceux qui sont les plus importants à vos yeux.

Il y a plusieurs années, la Wilkinson Sword nous chargea d'enquêter sur les sports et les loisirs pratiqués par leurs principaux clients. Une fois l'étude terminée, nous lui proposâmes une série de sorties sportives, personnalisées selon les goûts de sa clientèle. On proposa aux fans de boxe, et à leurs homologues de chez Wilkinson, une soirée de combats avec Henry Cooper, le champion européen poids lourd de l'époque, qui leur en fit les honneurs ; les golfeurs allèrent jouer avec Tony Jacklin ; les amateurs de cricket assistèrent à un petit déjeuner de présélection, avec le champion australien Ian Chappell.

Etudiez les centres d'intérêts, les sports de prédilection, et les goûts de ces vingt pour cent et prenez le temps de chercher ce que vous pourriez faire pour les garder.

Informez-vous sur l'entreprise de votre client

Pour deux raisons essentielles : premièrement, cela vous apprendra quelle stratégie globale adopter ; deuxièmement, même si la personne avec laquelle vous négociez a une autorité et une autonomie totales, à travers elle, c'est à la société qu'elle représente que vous vendez.

On peut, et l'on doit, « jauger » les entreprises, autant que les gens. Du reste, la méthodologie – composée d'impressions viscérales basées sur des perceptions pures – est presque la même. Observez la manière dont une entreprise fait son travail, avec quelle rapidité elle s'est développée, et par quels moyens elle a choisi de se positionner sur le marché. Rien que sa taille et son âge sont des indices révélateurs. Il est évident que l'on ne vend pas de la même manière à IBM qu'à Apple ou à A.T. & T*. La façon de s'y prendre, qui va d'une approche conservatrice et qui a fait ses preuves aux techniques les plus agressives, doit refléter l'image de l'entreprise elle-même.

* A.T. & T. : American Telephone and Telegraph Co. NDT.

Mais n'oubliez pas que l'inertie d'une entreprise est si pesante que, s'ils se sont fixés pour but de changer leur image et leur orientation, ils continueront d'acheter conformément aux anciennes. J'ai récemment participé à une série de réunions avec Procter & Gamble qui, craignant de ne pas être dans le vent, essaie désespérément de moderniser son approche de la clientèle. Je compris bientôt que, malgré leur désir de changement, ils restent attachés à leur ancienne manière de voir les choses et qu'il leur faudra pas mal de temps pour modifier leur ligne de conduite.

Nous avons récemment fait des avances à Tiffany's car nous désirons représenter leur marque. Deux faits différents, mais connexes, nous ont aidé à délimiter notre approche.

Tout d'abord, Tiffany's venait d'être rachetée par Avon, une société cotée en bourse, bas-de-gamme, ce qui laissait supposer que la première serait plus ouverte à la commercialisation que lorsqu'elle était une société non cotée en bourse et élitiste. Deuxièmement, Tiffany's serait toujours Tiffany's et si Avon l'avait choisie, c'était en grande partie à cause de la valeur implicite attachée à son nom. Si « prise de licence » avait évoqué des images de Schtroumpfs et de Patoufs, nous ne nous serions pas mis sur la ligne de départ. Notre meilleure technique d'approche fut semblable à celle que nous avions adoptée avec Wimbledon : souligner la notoriété et la qualité – et comment, en nous appuyant sur la sélection, la discrimination et le goût, nous pourrions rehausser la valeur haut-de-gamme du nom de Tiffany.

Frappez à la bonne porte

L'un des plus gros problèmes que nous ayons, en tant que vendeurs, c'est d'arriver à découvrir qui, dans une autre entreprise, prendra une décision, et sur quoi. Très souvent, dans notre travail, nous ne savons pas si ce sera avec le service publicité, celui du marketing ou quelqu'un des relations publiques ou des communications, qu'il faudra négocier. Il peut s'avérer que ce soit avec le président ou le PDG d'une entreprise valant plusieurs millions de dollars, si le sujet l'intéresse personnellement.

Dans certaines sociétés, surtout lorsqu'elles opèrent au niveau multinational, il est presque impossible de comprendre le processus de prise de décision, ni de découvrir où est l'autorité centrale. On dirait que les décisions sont prises par quelque mystérieux consensus que même les gestionnaires les plus élevés ne peuvent expliquer. C'est un gros problème et, très souvent, la seule solution, c'est de ne pas négocier du tout avec ce type d'entreprise.

Cependant, dans la plupart des sociétés, le processus de prise de décision est non seulement là, quelque part, mais aussi, bien visible... ainsi que les noms des décideurs. Pour les trouver, il vous suffit de faire une étude préliminaire et de poser les bonnes questions.

Si vous ne savez pas, demandez

Il règne une certaine chaleur dans la plupart des relations d'affaires. Il existe sûrement un contact ou une relation qui vous éclairera sur une société particulière.

La plupart des gens ne sont que trop heureux de vous dire tout ce que vous avez besoin de savoir sur la société où ils travaillent, comment elle est structurée, par exemple, et qui rend compte à qui. Sans trop de cajôleries (et à condition de savoir quand il faut garder le silence), vous pourrez apprendre presque tout ce que vous voulez savoir – les priorités de cette société, ses difficultés, ses points forts et ses faiblesses, ses querelles intestines, ses luttes de pouvoir, etc. Ce type de renseignement est utile parce que le vrai processus de prise de décision, dans une entreprise, est rarement celui que l'on peut voir sur les diagrammes.

Bien sûr, il vous faut tenir compte de votre source de renseignements et la filtrer au travers du jugement que vous portez sur cette personne. Les gens laissent souvent supposer que c'est avec eux qu'il faut traiter, mais on s'aperçoit, à la manière dont ils parlent de quelqu'un d'autre – avec jalousie ou en contredisant ce que vous savez déjà sur elle – que la personne qu'ils décrivent est bien celle dont vous avez besoin.

Une autre excellente source d'information, c'est quelqu'un qui a déjà négocié avec cette société et qui a donc percé certains de ses secrets bureaucratiques. Ce peut être leur agence de publicité, un concurrent amical ou quelqu'un appartenant à la même entreprise que vous.

Ne vous laissez pas impressionner par les titres

On ne peut présumer grand chose d'un titre. Je croyais, par exemple, que le président de la General Motors International était un important décideur, en ce qui touchait les opérations extérieures au pays. J'ai bientôt découvert qu'il n'avait, pour ainsi dire, aucune autorité de décision, sauf au sens le plus large du terme, et que les firmes de la GM, installées à l'étranger, étaient presque totalement autonomes.

Les raisons pour lesquelles quelqu'un a le titre de vice-président sont presque aussi nombreuses que les vice-présidents. Même dans les entreprises où les titres sont conférés avec raison, il y a toujours un décalage : certains vont avoir de l'avancement, d'autres vont être rétrogradés, et d'autres sont sur le point de s'en aller. Parfois, c'est l'assistant du directeur du marketing qui prend les vraies décisions concernant le marketing. Il y a aussi les projets favoris et les zones excentrées d'autorité qui ne sont conformes à aucune description d'emploi.

Lorsque David Foster, grand amateur de golf, était président de Colgate, nous savions qu'il prendrait lui-même toute décision concernant ce sport, y compris où placer les latrines sur le terrain. A l'inverse, lorsque je partis pour le Japon afin de discuter du parrainage du tournoi de tennis féminin avec Toyota, je découvris que j'avais rendez-vous avec un « sous-directeur » du service des relations publiques. Je commençais à expliquer comment le parrainage s'effectuait – tant pour ceci, un autre demi-million pour les bonus, etc – et le sous-directeur ne cessait de hocher la tête, comme s'il était d'accord. J'étais sûr de ne pas avoir affaire à quelqu'un de compétent ; il avait l'air de ne pas comprendre un mot de ce que je lui disais. Peu après, ils signèrent avec nous un contrat de cinq millions de dollars.

Trouvez-vous un crack

Et devenez son ami. Les gens me disent toujours, tant dans notre entreprise qu'à l'extérieur, que j'ai beaucoup de « chance » d'avoir des relations personnelles avec les PDG de tant de sociétés du monde entier. Dans la grande majorité des cas, j'ai rencontré ces gens-là, je les ai repérés comme des cracks et j'ai cherché volontairement à les connaître, bien des années avant qu'ils deviennent président directeur général de leur compagnie, et souvent même, avant qu'ils accèdent aux échelons supérieurs de la gestion.

L'une des choses les plus importantes, que tout le monde peut faire, dans le monde des affaires, c'est de réfléchir à ses relations futures. Vos pairs d'aujourd'hui dirigeront des sociétés demain. Découvrez quels sont les cracks des autres entreprises et faites-vous en des amis. Dans dix ans d'ici – que vous leur vendiez, que vous leur achetiez, que vous les engagiez ou que vous soyez embauché par eux – ils seront l'un de vos plus précieux atouts.

La règle multinationale

Souvenez-vous bien qu'aucun cadre supérieur n'est jamais satisfait des opérations internationales de son entreprise. Faites quelque chose pour elle, au niveau international, cela vous ouvrira d'intéressants débouchés intérieurs.

Le positionnement

En affaires, le mot « positionnement » a de multiples significations. Une entreprise « se positionne » pour l'avenir ; on « positionne » un produit sur le marché ; vous vous « positionnez » pour une promotion ou une vente.

Il a tant de significations qu'il peut perdre son sens. Donc, je vais le redéfinir très précisément par rapport à votre produit ou à vos services.

En ce sens, « positionner », c'est déterminer ce que quelqu'un achète *réellement* lorsqu'il acquiert votre produit ou vos services, et *transmettre* ces images et ces motivations à l'acheteur.

Pour cela, il faut convertir des émotions humaines en caractéristiques de produit : « Etre un gagnant grâce à un gagnant. » Cela exige de l'intelligence, de la jugeote et de la prévoyance, et devient, à son niveau le plus élevé, une forme d'art dont le résultat est tangible : votre produit, ou vos services, sont pratiquement vendus d'avance.

Est-ce une Ford ou une Mercedes ?

Le positionnement s'effectue d'un bout à l'autre du spectre du marché, du produit fabriqué en série – Ford ou Sears – au produit de luxe destiné à l'élite – Mercedes ou Neiman-Marcus.

L'élitisme, tout en étant une puissante motivation pour l'acheteur, peut aussi être dangereux. Des sociétés peuvent courir à la ruine pour s'être positionnées trop haut tout autant que trop bas.

Une entreprise doit essayer de découvrir à quel endroit du spectre elle s'adapte le mieux... là où se trouve le plus grand nombre de ses clients.

Nous venons de conclure une fascinante négociation de licence, pour Arnold Palmer, avec la Sears (similaire, dans sa conception, avec le contrat de cette dernière avec Cheryl Tiegs). J'ai apprécié l'ironie de la situation.

Depuis une vingtaine d'années, nous avons consciencieusement positionné Arnold à l'extrémité supérieure du spectre du marché, l'assimilant à des marques et des sociétés comme Rolex, Cadillac, Robert Bruce et Hertz. Cependant, Sears avait récemment constaté que la sophistication croissante de la vente les avait fait redescendre un ou deux crans plus bas que le niveau où ils souhaitaient être. Lorsque cette société décida de revaloriser son image, Arnold, tout comme Cheryl, leur parut un choix idéal. Sans cette assimilation antérieure d'Arnold au haut-de-gamme, notre client ne leur aurait pas paru aussi désirable.

Posez les faits

Un bon vendeur peut prendre dix faits, à propos d'un produit, et mettant l'accent sur certains, glissant sur d'autres, en créer dix images différentes. L'art de vendre, c'est cela : positionner les faits pour obtenir la réaction souhaitée.

Si Laura Baugh, la joueuse de golf américaine, a remporté un succès aussi incroyable au Japon, c'est grâce à la manière dont nous avons décidé de positionner les faits à son sujet.

Laura est la jeune fille américaine type – une mignonne blonde enjouée – qui s'est révélée pleine de promesses lors de championnats amateurs de Californie. Mais à dix-sept ans, elle devait encore faire ses preuves dans un tournoi professionnel.

Nous savions que les Japonais appréciaient presque autant le type de beauté des Américaines que le golf. Puisqu'on ne pouvait vendre Laura comme championne, nous avons choisi de minimiser ses prouesses sportives. Nous l'avons présentée comme une espèce de reine de beauté américaine qui, en plus, jouait très bien au golf.

Le résultat fut extraordinaire... un flot ininterrompu de propositions de licences, pour des posters, des calendriers, des signatures. Elle devint l'attraction numéro un du Japon, jusqu'à présenter sa propre émission télévisée aux heures de grande écoute ; le temps qu'elle revienne aux Etats-Unis pour participer au tournoi professionnel, sa position était déjà bien établie.

Laura n'a pas encore de titre, mais elle a probablement gagné plus d'argent hors du terrain que n'importe quelle autre joueuse de l'histoire du golf.

Un autre exemple de positionnement, c'est celui du modèle Jean Shrimpton, qui fut célèbre à la fin des années soixante et au début des années soixante-dix.

Lorsqu'elle cessa de poser, elle partit pour la Cornouailles, en Grande-Bretagne, et se consacra aux rôles d'épouse et de mère.

Le contraste frappant entre les deux styles de vie – la célébrité, les flashs et les couvertures de *Vogue,* et la dame anglaise très comme il faut – nous fournit une occasion intéressante de positionnement : un modèle mondialement connu abandonnant la gloire pour les plaisirs simples de la vie de famille. Maintenant Jean se fait de beaux cachets en travaillant quelques jours par an, à tourner des spots publicitaires « style famille » pour de la margarine ou d'autres produits ménagers.

Positionnez avec des miroirs

C'est le positionnement le plus sophistiqué et il peut échouer aussi souvent qu'il réussit. Il ne s'agit pas de donner une fausse image des faits mais de les refléter de manière à créer celle que l'on désire. Il faut partir de l'image et remonter ensuite au produit.

Le meilleur exemple que je puisse en fournir, c'est celui de « The Killy Challenge », l'émission télévisée que nous avons créée dans la foulée des trois médailles d'or de Jean-Claude Killy aux Jeux Olympiques.

Il était important, pour prolonger la crédibilité de la commercialisation de Killy que l'on continue à voir en lui un « gagnant » – le meilleur du monde. « The Killy Challenge » était une série de courses de descente au cours desquelles des skieurs de niveau international essayaient d'arracher sa suprématie à Killy. Mais puisqu'il était « le meilleur », on donnait toujours au challenger un handicap – une légère avance au départ – et en ski, quelques secondes peuvent se traduire en centaines de mètres.
Visuellement, le drame n'était pas que Killy gagne ou perde, mais qu'il rattrape ces quelques centaines de mètres qui le séparaient de son adversaire. C'était Killy, « le meilleur du monde », luttant contre *lui-même,* et l'autre skieur ne servait que d'instrument de mesure. L'image désirée était obtenue avant même qu'il quitte le starting-gate.

Créez l'image

Un autre type de positionnement suppose que vous transcendez les faits... vous associez votre produit ou votre service à des valeurs positives désirables qui n'ont rien, ou bien peu, à voir avec le produit lui-même.

C'est une méthode qu'adoptent souvent les sociétés de tout premier ordre : Coca-Cola s'est positionné avec maman et la tarte aux pommes ; A.T.&T. et G.E.* mettent l'accent sur les valeurs familiales et le confort du foyer ; IBM et Xerox lancent leur critère de supériorité en se positionnant au-dessus de leurs concurrents.

Nous faisons la même chose, sur une échelle plus modeste, pour nos clients sportifs. Les athlètes ne peuvent pas tout le temps gagner et nous avons senti qu'il était essentiel de les « arracher au terrain » le plus vite possible.

Cela ne veut pas dire que nous les obligeons à se retirer. Nous les positionnons de telle manière que leur renommée ne dépend plus des prix remportés aux championnats ou de leur position dominante dans le sport qui les a rendus célèbres.

Pour nos clients du tennis ou du golf, nous évitons ce que nous appelons les « pubs de champion » – les publicités imprimées ou télévisées basées sur le statut du client en tant que champion actuel d'un grand tournoi. Après tout, qu'arrivera-t-il lorsqu'il, ou elle, ne sera plus le champion de l'année ? Appeler Bjorn

Borg « celui qui a été cinq fois champion à Wimbledon » éclipse le fait qu'il ne joue même plus à Wimbledon.

Le cas de Jackie Stewart est aussi exemplaire. Il n'a pas fait de course de compétition depuis dix ans, et pourtant son image d'expert en automobile, de « connaisseur en aérodynamique », *transcende* son sport, son besoin de gagner – ou même de courir.

Comment déterminer la valeur de votre produit

Souvent, cela vous est impossible. Mais les réponses les plus courantes – « ce que quelqu'un est prêt à payer » ou « ce que cela coûte à fabriquer » sont pires que pas de réponses du tout. Les plus coupables sont les vendeurs de produits de consommation : la tarification devient fonction du coût de fabrication.

Pour vous aider à déterminer la valeur de ce que vous vendez, posez-vous les questions suivantes :

– En quoi est-il unique ? Peut-on l'acheter moins cher chez mon concurrent ? Si oui, quels sont les avantages qualitatifs réels de mon produit ?
– Puis-je le vendre plus cher à leurs concurrents ?
– Mes clients en ont-ils terriblement besoin ? Et vite ?
– Combien cela coûtera-il pour le remplacer ?
– Y a-t-il des précédents sur lesquels je peux m'appuyer ?
– Y a-t-il un facteur de « passion » ? Supposons que vous ayez une envie folle d'acheter un cornet de glace et qu'en arrivant à la boutique, vous vous aperceviez que le prix a doublé. L'achèteriez-vous tout de même ?
– Est-ce un marché ancien, ou est-ce le futur ?

Lorsque vous aurez une bonne idée de sa valeur, n'ayez pas peur d'énoncer votre prix. Si vous le dites le premier, cela tournera peut-être même à votre avantage.

Si la valeur n'est qu'une conjecture, essayez de vous protéger d'une autre manière, en cas de succès.

Il y a longtemps, le Norfolk and Western Railroad essayait d'obtenir le marché américain de la Fuji Iron and Steel Company. Ils avaient appris que le président de la Fuji était un grand amateur de golf et admirait particulièrement Jack Nicklaus, aussi leur proposèrent-ils d'organiser une rencontre sur le terrain, au Japon, entre Jack et leur président. Nous facturâmes le tout à dix mille dollars (c'était au milieu des années soixante !), plus les frais (il fallait envoyer Jack au Japon) et nous étions joliment fiers de nous.

Cinq ans plus tard, je rencontrai par hasard le vice-président de la Norfolk and Western. Il évoqua la rencontre Nicklaus-Fuji et dit, « Vous savez, depuis, nous avons fait environ dix-sept millions de dollars de transport maritime avec Fuji. »

Nous ne pouvions pas le savoir à l'époque, mais Norfolk and Western non plus. Depuis lors, je me suis souvent demandé pourquoi je n'avais pas ajouté, « plus 1 pour cent sur les affaires qui en découleront ». Je pense qu'ils auraient dit « d'accord ».

9 Les stratagèmes

Le choix du lieu

On sous-estime souvent l'importance de l'atmosphère dans laquelle se déroule la vente. Comme il y a un bon moment pour faire une vente, il y a aussi un bon endroit. Le pire peut être le bureau de l'acheteur. En tout cas, ce sera forcément moins bien qu'au cours d'un déjeuner, après une partie de tennis, durant une partie de golf, ou tout autre lieu où sa réceptivité sera plus grande et où il sera beaucoup moins sur ses gardes.

Je connais un réalisateur de télé qui reçut une commande de soixante-cinq heures d'émissions familiales, grâce à un bout d'essai d'une demi-heure. Il présenta ce dernier un dimanche, chez un responsable de la télévision, dans sa maison, sur son écran géant, en présence de sa femme et de ses deux enfants, pendant que tous mangeaient du pop-corn. Que pouvait dire le responsable : « Ça ne me plaît pas ; rendez-moi mon popcorn et fichez le camp de chez moi » ?

L'un de nos services les plus efficaces consiste à aider ceux que nous représentons à « situer » leurs efforts de vente. Nous organisons, par exemple, des sorties annuelles de ski pour le *Times Magazine* et des parties annuelles de golf pour *Newsweek*, afin de réunir les PDG et leurs annonceurs clef. Le cadre est toujours spectaculaire et, si vous êtes skieur ou golfeur, où préféreriez-vous parler affaires – dans votre bureau ou dans un chalet de ski, ou sur un terrain de golf ? (Cela fournit aussi à ces magazines un lien direct avec la direction au cas où il y aurait un problème avec le service publicité).

Une rencontre inopinée dans un lieu qui n'a rien à voir avec les affaires peut aussi vous offrir une chance. N'avez-vous jamais rencontré par hasard une relation strictement d'affaires sur une plage ou dans un club de tennis ? Les deux parties sont d'abord gênées car elles veulent à tout prix éviter de « parler affaires ». Foncez tout de même. Non seulement, cela dissipera toute gêne, mais encore mettra en route certains rouages qui pourront être exploités, une fois de retour au travail.

Les conditions requises

Durant plusieurs années, nous avons essayé de vendre à Ford et son département Lincoln Mercury, toutes sortes de projets auxquels notre compagnie était mêlée. J'inondais littéralement de propositions Ben Bidwell, le directeur général de Lincoln Mercury. Un jour, probablement poussé par un sentiment de frustration, il m'appela et dit, « Mark, vous ne savez vraiment pas vendre à la Ford Motor Company ; si vous veniez ici avec deux de vos gens, nous pourrions vous expliquer comment faire, et cela nous éviterait de perdre du temps à l'avenir, tant à vous qu'à nous. »

J'emmenai deux de nos cadres à Dearborn, dans le Michigan, où durant plusieurs heures, on nous endoctrina sur ce que Ford cherchait et sur la manière de le présenter, et à qui.

Cette réunion aboutit à la création du World Invitational Tennis Classic, qui fut patronné avec enthousiasme par Ford et filmé par la chaîne ABC durant plusieurs années.

Mais, plus important encore, lorsque je revins de Dearborn, j'avais compris les deux conditions requises pour que presque tout effort de vente soit couronné de succès.

Tout d'abord, *découvrir ce que l'autre veut acheter.* Si vous ne le savez pas, demandez et laissez-le vous le dire. Renseignez-vous sur les problèmes de sa société et montrez-lui comment « Nous pourrons travailler ensemble à les résoudre ». C'est tellement plus facile de vendre à quelqu'un ce qu'il veut acheter que de le convaincre d'acheter ce que vous vendez.

Deuxièmement, *découvrez qui fait l'achat.* Chaque société a son système, ses procédures et son ordre de préséance lors d'une prise de décision. Ne vous y opposez pas.

Acceptez quelques « non »

Les gens ont besoin de dire non. Laissez-les faire.

Si vous avez une liste de points à obtenir, substituez-en certains à d'autres. Récoltez quelques refus avant d'arriver à ce que vous voulez vraiment vendre.

Si vous n'avez qu'une seule chose à vendre, faites une suggestion ou une hypothèse, pour leur laisser dire que vous avez tort. Les gens ont aussi besoin de se sentir plus malin que vous.

Quelques « non » bien placés créent le bon environnement pour un « oui ».

N'oubliez pas leurs concurrents

Les sociétés comme Hertz, Avis, Coca et Pepsi, ne sont pas les seules dans le monde à regarder par-dessus leur épaule et réagir violemment à la concurrence. Je dirais que 99,99 pour cent des entreprises sont comme cela.

Aussi, cherchez qui vos clients éventuels détestent. Ce renseignement peut vous aider à les pousser à négocier avec vous, surtout s'ils sont assis sur la palissade, prêts à tomber d'un côté ou de l'autre.

Présentez votre produit au lieu de baratiner

Souvent, notre meilleure méthode a été de présenter notre produit à un acheteur éventuel et de laisser notre présentation agir d'elle-même. Diverses possibilités lui traversent l'esprit et il commence à vous dire – et à se convaincre en le faisant – que c'est juste ce qu'il voulait acheter.

Cette technique a été particulièrement efficace lorsque nous avons vendu des annonces publicitaires conjointes pour certains événements tels que l'attribution du Prix Nobel ou les championnats de Wimbledon. Pour vendre, il suffit alors d'exposer un client à la tradition et au prestige de ces événements, en faisant d'eux les invités du roi et de la reine de Suède, ou du All-England Club. Ils s'imprègnent de l'atmosphère et à partir de ce moment, ils veulent participer à l'expérience, commencent à développer leur propre sensibilité promotionnelle et traiteront avec nous.

Si vous avez confiance dans votre produit et si vous savez que le client sera, au bout du compte, satisfait, vous pouvez également le lui présenter en le lui offrant.

Pour convaincre certaines sociétés d'utiliser nos joueurs de golf ou de tennis à des fins promotionnelles, nous les leur avons souvent fourni sans rien demander en échange, certains que nous étions que la personnalité de notre client nous aiderait à les convaincre.

Je suis aussi un chaud partisan d'une autre variation, tout aussi efficace, qui consiste à offrir un produit ou un service et à dire au client que nous fixerons le prix plus tard, ou qu'il le fera à notre place, en se basant sur la valeur qu'il lui donne. Là aussi, il faut bien connaître votre client. Il y a ceux qui ajouteront un zéro et ceux qui, probablement, en enlèveront un.

Vendez-leur leurs idées

Lorsqu'une société montre un intérêt sincère pour votre idée, votre produit ou votre concept, poussez-les à s'impliquer un peu.

Sollicitez activement leurs opinions sur la transaction et laissez-les formuler eux-mêmes votre idée ou votre présentation : « Nous nous demandons si tel et tel » ; « Ne vaudrait-il pas mieux insister sur ceci ou sur cela ? », « Nous aimerions avoir votre avis sur le point suivant ».

Il vaut mieux demander ce genre de renseignement utile à nos représentants.

Je pensai que non et décidai de ne pas y assister. Mon raisonnement était celui-même que je tiens en cas de crise : la meilleure réaction, c'est de ne pas réagir du tout. Etant là, j'aurais été obligé de réagir. Je voulais garder nos options libres jusqu'à ce que nous ayons une chance d'analyser les résultats de la réunion. Je préférais que ce cadre dise qu'il était obligé de « les » consulter (« les », c'est-à-dire « moi ») avant de prendre des engagements définitifs.

Dans un processus de vente, on se sert tout le temps de ces « ils » absents et indéfinis, mais je pense qu'habituellement, il s'agit plus d'une réalité d'ordre pratique que d'une manœuvre. Dans la plupart des cas, on doit réellement consulter quelqu'un d'autre. « Ils » ou « eux » sont aussi utiles lorsque ce n'est pas vraiment le cas.

A l'extérieur, la plupart des gens avec lesquels je négocie croient que je suis le décideur sans appel, mais je m'engage rarement avant d'avoir consulté le cadre ou le directeur de département compétent.

L'inverse peut aussi travailler à votre avantage. Dans toute nouvelle situation d'affaires, lorsque quelqu'un me dit, « Ici, c'est moi qui décide » et que j'ai des raisons de croire que c'est vrai, je me réjouis intérieurement. Il a déjà abattu sa première ligne de défense.

Pointez-vous

J'ai rencontré pour la première fois, il y a vingt ans, notre directeur du département habillement. Il était alors PDG d'une grosse fabrique de vêtements, et il m'avait appelé, à Cleveland, pour me dire qu'il avait envie d'associer Gary Player à l'une de ses lignes de vêtements. Nous avons décidé de nous rencontrer, et nous l'avons fait... à son bureau de New York, à 9 h le lendemain matin.

Des années plus tard, il m'a dit que lorsque je lui offris un poste dans notre société, c'était l'une des raisons pour lesquelles il avait accepté. Il avait été tellement impressionné par le fait que je saute dans un avion pour arriver le lendemain matin, qu'il s'était dit que ce devait être intéressant de travailler avec moi.

Aujourd'hui, mon emploi du temps est tellement rempli (et parfois plus de six mois à l'avance) que je ne peux plus faire cela autant que je le voudrais. Mais l'une des meilleures techniques de vente que je connaisse, c'est de demander un rendez-vous et... de se pointer. D'habitude, plus vous avez un long voyage à faire, plus les gens sont impressionnés.

Diviser pour régner

Phrase qui serait plus appropriée si on la formulait ainsi : « Unir pour régner » bien que les gens que vous « réunissez » ne sont pas toujours d'accord.

Suggérez la même idée à deux cadres différents de la même compagnie. Si vous arrivez à leur faire dire, séparément, que l'idée est valable, il est probable que lorsque vous les réunirez, vous aboutirez à une vente.

Ce que vous faites, en réalité, c'est d'opérer comme leur intermédiaire. (« Bob, cela plaît vraiment à Bill ». « Bill, cela plaît vraiment à Bob »). Chacun d'eux sera rassuré par le désir qu'a l'autre de conclure le marché : chacun d'eux pourra porter le concept à son crédit ; et chacun d'eux se sentira moins en danger. Vous aurez précipité le processus d'engagement en les obligeant à se décider, sans en avoir l'air.

Ce procédé, que nous appelons maintenant, entre nous, « le stratagème de Fila », a été expérimenté sur nous, avec succès.

Fila est la compagnie italienne de vêtements de sport qui fabrique et contracte l'équipement de tennis de Bjorn Borg. Dans les premiers temps de cette société, ceux qui y travaillaient posèrent la même question – sur ce que Borg ferait ou pas, quant à des engagements ponctuels – à cinq ou six personnes de notre compagnie. Puisqu'ils traitaient avec nous dans de nombreuses parties du monde, ils devinrent très habiles dans la pratique de cette tactique. Ils utilisaient, à leur grand profit, au Japon, ce qu'on leur avait dit en Australie ; ils utilisaient, à leur grand profit, en Angleterre, ce qu'on leur avait dit au Japon, et ainsi de suite, jusqu'à ce qu'ils aient fait le tour du globe... combinant ce qu'il y avait de mieux dans chaque réponse pour en formuler une qui leur était incroyablement favorable.

Un seul interlocuteur

Je déteste les négociations commerciales conduites en présence d'un groupe de personnes et si je le peux, j'évite ce genre de situations. Pour moi, un large groupe, c'est plus d'une personne.

Trouvez votre interlocuteur clef et vendez-lui votre produit. Si vous essayez de vendre à plus d'une personne en même temps, vous introduisez dans la vente la dynamique de leurs relations mutuelles, ce qui ne peut que porter atteinte à votre but. Vous ne savez pas qui est là pour impressionner qui, et qui ne songe qu'à paraître à son avantage ou à faire paraître un autre à son désavantage. Vous pouvez vous en douter, mais à moins de travailler dans leur société, vous n'en serez jamais sûr.

Vendez directement à la personne clef, et si ce que vous proposez lui plaît, il saura comment le faire acheter par sa boîte.

Le syndrôme du menu chinois

Il y a, habituellement, plus d'une manière de résoudre un problème de marketing et c'est au vendeur à trouver la meilleure et à la mettre en valeur tout en occultant les autres. Ne tombez pas dans le piège du menu chinois.

Si vous donnez le choix à l'acheteur, vous introduisez une nouvelle étape dans le processus de prise de décision. Non seulement, vous demandez au client de prendre un engagement, mais en plus vous lui dites, « A quoi voulez-vous vous engagez ? »

Il nous est arrivé de proposer plus d'une solution au problème d'un client potentiel. La plupart du temps, quelque chose lui plaît dans chacune des solutions proposées. Ce qui complique sérieusement la tache. Et en plus vous risquez d'attirer son attention sur ce qu'il n'aime pas dans chacune des solutions.

Rappelez-leur vos réussites

Je cite tout le temps le nom d'Arnold Palmer dans les conversations d'affaires, y compris celles qui n'ont rien à faire avec lui et rien, non plus, à voir avec le golf. C'est que la réussite financière d'Arnold et le rôle que nous y avons joué sont deux des éléments qui ont rendu notre société célèbre. Quant à moi, personnellement, mes relations avec Arnold sont plus connues que je ne le suis : « Oh, ouais. Le type qui représente Arnold Palmer. »

On a envie de faire des affaires avec des gagneurs. Ce désir concourt à rendre vos clients plus conscients de vos réussites personnelles passées et de celles de votre société. Se vanter ouvertement, ce n'est pas une très bonne idée, mais on peut le faire subtilement de toutes sortes de manière.

Rappelez vos réussites ou citez le nom de vos autres clients prestigieux comme des exemples de ce que vous avez fait pour d'autres et que vous aimeriez faire pour eux maintenant.

« L'idée n'est pas de nous »

« Cela ne vaut rien », dit quelqu'un parce que l'idée ou le concept ne vient pas de lui, ou d'elle... c'est l'un des plus gros problèmes de vente auxquels nous ayons à faire face, dans chaque département de notre organisation.

Nous sommes souvent contactés directement par des sociétés qui s'informent sur les services de l'un de nos sportifs ou sur la mise en œuvre d'une promotion basée sur le sport. Une fois que nous avons exposé un programme que tout le monde semble apprécier, cette société se sent obligée de le repasser à son agence de publicité. Celle-ci, n'étant pas à l'origine du concept se sent aussitôt obligée de le dégonfler.

J'ai longtemps cru que ce syndrôme était particulier à notre spécialité. Mais j'ai parlé à suffisamment de gens dans des branches différentes pour savoir maintenant que, non seulement c'est un problème que l'on retrouve un peu partout, mais qu'il peut être endémique. Il existe une tendance, et peut-être même un besoin, à écarter brutalement toute idée qui n'est pas de vous.

La sagesse voudrait que l'on contourne la difficulté en « leur faisant croire que l'idée est d'eux ». C'est un très bon conseil pour la vente mais il est totalement impraticable dans notre cas. Toute tentative en ce sens serait trop visible et condescendante.

La solution pratique, c'est de *leur faire voir où est leur intérêt*.

Il est parfaitement clair, pour moi, que, par exemple, si une proposition est confiée, pour être examinée, à une agence de publicité, c'est que quelqu'un (et probablement plusieurs personnes) appartenant à la société cliente de l'agence, l'ont appréciée. Mais j'ai vu des agences, cédant à la paranoia, se mettre à déchirer le concept en lambeaux avant d'avoir posé des questions judicieuses ; par exemple, qui, dans la société cliente, aime quoi et pourquoi.

Si c'est tellement visible pour moi, il est évident que je dois m'employer à rendre la chose aussi visible à la personne qui fait l'étude critique... lui montrer où est, probablement, son intérêt.

Récemment, j'ai rencontré le président d'une société, faisant partie de la liste des 500 du magazine *Fortune* dans des circonstances quasi-professionnelles, et durant la conversation que j'eus avec lui, je mentionnai un concept que nous étions en train de développer et que je croyais utile à son entreprise. Je vis ses yeux s'éclairer mais il dit que quelque chose de ce genre devait être mis au point avec son département promotion, et il me donna le nom d'une personne que je devais contacter.

Lorsque, plusieurs semaines après, je donnais suite à l'affaire, l'idée ne suscita qu'un désintérêt affligeant. Je relatai alors les circonstances précises dans lesquelles j'avais rencontré le patron et sa réaction, et je suggérai que le directeur de la promotion avait, sans doute, tout intérêt à en apprendre plus sur notre concept.

Pour finir, tout le monde y gagna. Nous leur vendîmes notre idée, elle se révéla efficace et, bien qu'elle ne fut pas du directeur de la promotion, il reçut, de son entreprise, tout le crédit de son succès.

Les aides visuelles

RockResorts, la chaîne d'hôtels de luxe qui appartient aux Rockfeller, était en train de construire l'un des plus prestigieux lieux de séjour à Hawaï, baptisé le Mauna Kea. Laurance Rockfeller et son staff vinrent de New York pour une journée de conférences. Ils allaient prendre des décisions cruciales, entraînant des millions de dollars de dépense et d'engagements financiers.

Il paraît que, très tôt, quelqu'un sortit des échantillons de couleur des différents motifs possibles pour le linge de table de la salle à manger. Les gens réunis là s'intéressèrent tellement aux échantillons – chacun lançant son opinion sur la décoration – que lorsqu'arriva l'heure, pour Rockfeller, de reprendre l'avion pour New York, la plupart des questions essentielles n'avaient pas été résolues.

Je n'ai jamais vu des aides visuelles, même de grande qualité, faire vendre une idée médiocre ; et je n'ai jamais vu une bonne idée repoussée par manque d'aide visuelle. De plus, si elles ne sont pas utilisées à bon escient et au bon moment, les aides visuelles (depuis les diagrammes et graphiques jusqu'aux spectacles multimedia les plus élaborés) peuvent travailler contre vous.

Tout d'abord, les gens ont une opinion sur tout. Si vous ne faites pas attention, vous verrez la conversation dévier vers une critique de vos aides visuelles, au lieu de s'en tenir à ce que vous essayez de vendre.

Deuxièmement, si elles sont introduites trop tôt dans la présentation, elles peuvent empêcher tout le monde de se concentrer. Brusquement, on va jouer avec vos aides visuelles : vos stratagèmes de vente et votre plan de jeu tombent à l'eau.

Jusqu'au moment que vous jugez favorable à la partie « spectacle » de votre présentation, gardez vos aides visuelles *hors de vue*. Vous n'avez pas envie que les gens se demandent ce que vous avez dans cette petite boîte noire et attendent que vous l'ouvriez.

10 La négociation

J'ai entendu et lu, de nombreuses fois, que je suis un négociateur dur et qui ne fait pas de sentiment. Ce n'est pas mauvais d'être précédé par une telle réputation – les gens s'attendent à ce que je leur demande de grosses sommes – mais je préfère penser que je suis un négociateur *efficace*.

Je suis réellement plus fier de mes capacités de vendeur que de mon habileté à négocier, car il est beaucoup plus difficile d'obtenir de quelqu'un qu'il *désire* quelque chose que de définir les conditions auxquelles il va l'acheter.

A vrai dire, je considère souvent la négociation comme la dernière étape d'un effort de vente en cours, le point culminant d'un processus qui a peut-être duré plusieurs mois.

Quoi, quand, où, à quel degré d'exclusivité et combien ?

Il faudra répondre à ces cinq questions, au cours de la négociation. Chacune peut être développée, limitée ou modifiée, selon les exigences de la négociation.

Même lorsqu'il s'agit de biens immobiliers, cas auquel ne s'appliquent généralement pas ces cinq questions, c'est tout de même une liste utile qu'il faut parcourir. Elle peut apporter des solutions (« Plutôt que de vous acheter cette propriété, si je vous la louais à bail pour quatre-vingt dix-neuf ans ») que l'on n'envisageait pas en commençant la transaction.

Quoi ?

Qu'est-ce que vous vendez exactement ? Quand il s'agit de célébrités, on en revient toujours à deux choses : leur nom et leur temps. Mais l'on est encore loin d'avoir répondu à la question « quoi ». Quels droits vendez-vous sur ce nom et ce temps, et pour en faire quoi ?

Quand ?

C'est-à-dire, combien de temps, ce qui va d'une période contiguë de huit heures, qui peut servir à définir un jour ouvrable, jusqu'à « pour toujours ».

Où ?

Le « territoire », qui va du « monde » à « Cincinnati sud », est un secteur intéressant pour les échanges et les contrats, multirégionaux et multinationaux. Nous sommes propriétaires de plusieurs télévisions, par exemple, qui ont des contrats sur plus de cent territoires, dont certains sont limités par des frontières nationales, d'autres définis par une langue commune. C'est à cause de l'aspect territorial de la négociation que nous maintenons d'aussi nombreuses agences dans le monde entier – et que, par conséquent, nous gardons une telle avance sur nos concurrents.

Quelle exclusivité ?

Nous avons découvert que c'était une carte séduisante. Jusqu'à quel point l'acheteur souhaite-t-il (et désirons-nous) exclure le reste de la compétition ? Cela peut signifier l'exclusivité du produit, l'exclusivité dans tout le secteur industriel, l'exclusivité territoriale, l'exclusivité « d'être les premiers » – toutes sortes de choses liées aux autres aspects de la négociation.

Combien ?

Cela signifie l'argent, mais pas seulement. Cela peut signifier des valeurs, des titres, ou d'autres formes d'actif. Pour nous, cela signifie souvent « combien de temps ». Le temps est la denrée la plus précieuse d'un sportif professionnel en activité. Il ou elle doit passer un certain temps à s'entraîner et à jouer dans des compétitions. Puisque le temps ne peut être ni fabriqué, ni étiré, nous veillons avec la ténacité d'un bulldog sur le nombre de « jours personnels » qu'un sportif doit « livrer » à un client.

Ne vous accrochez pas à « combien »

Lorsqu'une des parties démarre à vingt et l'autre à dix, et que vous finissez avec quinze, ce n'est pas négocier, c'est partager la différence. Du reste, vous courez le risque qu'aucune des deux parties ne soit satisfaite avec quinze et que les deux aient l'impression de « perdre » si elles acceptent un chiffre moindre.

Ne traitez pas sur des chiffres isolés. Une négociation, c'est quelque chose de plus complexe et de plus subtil que cela. Les chiffres ne sont qu'un morceau – ni plus gros ni plus petit que les autres – du gâteau.

Grosses sociétés ne veut pas dire grosses sommes

Plus une société est importante, plus elle a d'argent à dépenser.

En théorie, c'est vrai, mais en pratique, c'est l'inverse. Plus une société est importante, plus elle est compartimentée, et plus il faut mettre de budgets différents à contribution pour arriver au financement nécessaire.

J'ai vu des engagements financiers de plusieurs millions de dollars décidés par une seule personne, dans une société d'importance moyenne ; et il m'a fallu obtenir, dans l'une des plus grandes compagnies américaines, six décisions différentes dans dix départements différents pour approuver une mise de fonds de cinquante mille dollars.

Laissez l'autre partie parler la première

Très souvent, c'est une bonne idée de laisser l'autre partie tenter le premier coup, sur les durées et les chiffres. Au moins, cela vous apprend ce qu'elle pense. Et il m'est souvent arrivé que la première offre de mon interlocuteur soit supérieure au chiffre que je voulais énoncer en premier, et même en dernier.

Parfois, vous pouvez soutirer les chiffres à l'autre partie en posant une série de questions hypothétiques, basées principalement sur les autres termes : « Si vous faisiez ceci, et nous cela, combien cela vaudrait-il ? » « Et si nous abandonnions cela et ajoutions cela ? » « Et si vous mettiez un chiffre là-dessus ? »

Jouez au niveau le plus élevé

Lorsqu'on vous oblige à énoncer vos conditions ou votre prix, contre-attaquez en rappelant un marché similaire qui établit votre « terrain de jeu », c'est-à-dire le meilleur que vous puissiez souhaiter : « Lorsque nous avons vendu X à la compagnie Y, nous avons reçu Z dollars ».

Il n'y a pas de défi implicite dans cette approche. Cela fait passer ce que vous voulez présenter sans placer l'autre partie dans une position défensive... et cela lui donne à réfléchir à un niveau très élevé.

Ne négociez pas en chiffres ronds

On est tenté de négocier en chiffres ronds, mais ils appellent une contre-proposition en chiffres ronds. Les nombres impairs semblent plus déterminés, plus rigoureux, moins négociables.

Je déteste entendre jeter « cent mille dollars » dans une négociation. C'est le nombre le plus négociable du monde. Proposez 95.000 ou 104.500 dollars. Pour finir, vous obtiendrez probablement plus.

Négociez en monnaie psychologique

Pendant des années, nous avons largement usé des atouts psychologiques, en négociation... des points du marché qui semblent, au premier coup d'œil, assez anodins, mais qui portent en eux un puissant impact psychologique sous-jacent. Ils font une excellente monnaie de négociation parce que leur pouvoir est rarement décelé par l'autre partie.

Je peux évoquer d'innombrables occasions où nous les avons utilisés pour abattre des barrières – pour donner à l'autre partie exactement ce qu'elle désirait, tout en la gardant totalement inconsciente de ce que nous obtenions d'important en échange.

L'une des premières fois où cela m'arriva, c'était pendant nos négociations avec Slazenger/Australie, sur la durée du contrat relatif à l'équipement de Gary Player. Slazenger voulait un contrat à court terme : un an sans option renouvelable. Nous répugnions à l'accepter car, si pour une raison quelconque, cela ne marchait pas, Gary serait « une marchandise endommagée » en ce qui concernait ses contrats d'équipement en Australie. Mais Slazenger ne voulait pas céder d'un pouce – ou plutôt, dans ce cas, d'un jour – jusqu'à ce que nous suggérions ce que, entre nous, nous appelons maintenant notre « clause résolutoire australienne » : les deux parties pouvaient mettre fin au contrat dès qu'elles l'auraient signé... mais avec un préavis de cinq ans.

Ma théorie, c'était que Slazenger serait peu disposé à se séparer de quelqu'un avec lequel ils seraient toujours liés personnellement et engagés financièrement pour cinq années de plus, et qu'ils feraient tout pour que cela n'arrive jamais.

Le contrat de Gary avec Slazenger entre dans sa vingtième année.

A la fin des années soixante, nous nous sommes trouvés dans une impasse du même type avec Allstate Life Insurance et Arnold Palmer, de nouveau à cause de la durée du contrat. Nous voulions un contrat de quinze ans ; mais bien que Judson Branch, PDG de l'Allstate à l'époque, n'y trouvât rien à redire, il avait prévu de prendre sa retraite bientôt et ne voulait pas infliger un contrat à long terme à son successeur. Il insistait donc pour avoir un contrat de trois ans, avec des options renouvelables.

Cela m'affectait d'autant plus que je savais qui serait le nouveau PDG, que son ego ne supporterait pas de partager la scène avec Arnold, et qu'il ne prolongerait ni ne renouvellerait le contrat s'il pouvait s'en tirer proprement.

Pour finir, nous nous sommes entendus sur un contrat de quinze ans, résiliable au bout de trois ans, avec paiement de dommages et intérêts. L'essentiel, c'était que la pénalité était légèrement supérieure à l'avance annuelle sur honoraires.

J'avais deux théories là-dessus. D'abord, c'est une chose de ne pas renouveler un contrat, et psychologiquement c'en est une autre, totalement différente, d'aller trouver Arnold et de lui dire, « Nous voulons résilier votre contrat ». Deuxièmement, même si Allstate décidait de le faire, je savais que je pouvais les convaincre de le prolonger d'un an, (et puis d'un autre, et puis d'un autre) aussi longtemps que la pénalité de résiliation serait plus élevée que l'avance annuelle.

Ce contrat s'est prolongé pendant de nombreuses années, même sous le nouveau PDG.

Evitez les confrontations

Dans un processus de négociation, il y a toujours plus ou moins de machisme, comme si l'important, c'était de tenir plus longtemps que l'adversaire, de l'obliger à se dégonfler le premier.

L'essentiel, c'est d'arriver à un accord qui soit avantageux pour les deux parties. En faire une lutte entre egos, c'est travailler contre vous. N'utilisez pas des phrases comme, « briseur de transaction », « c'est à prendre ou à laisser » ou « ce n'est pas négociable » – tout ce qui vous donne l'air de défier l'autre personne de vous arracher vos dollars.

Ne soulevez pas de controverses qui n'ont qu'un lien indirect et insignifiant avec l'affaire dont on discute ou avec les relations en cours.

Ces controverses sont aussi l'expression d'un ego, ou une sorte de bravade : « Alors, vous ne pouvez pas faire ceci » ou « Alors, nous allons exclure cela ». Dans de nombreux cas, ces questions auraient pu se transformer en points de la négociation que vous auriez gagné par consentement.

Négociez à reculons

Je crois qu'il est bénéfique de découvrir à l'avance où l'autre partie aimerait aboutir – à quel point elle passera le marché en ayant l'impression de s'en tirer avec quelque chose.

Ce n'est pas la même chose que « Jusqu'où ira-t-il ? ». Vous pouvez pousser quelqu'un au pied du mur et obtenir le contrat, mais sa rancune reviendra vous hanter de toutes sortes de manières.

La meilleure façon de découvrir, « le point magique » d'une négociation, c'est de poser la question, même indirectement.

Nous essayons d'avoir une estimation des ventes : « En associant un tel à votre produit, combien d'unités vous attendez-vous à vendre ? »

Habituellement, ils gonflent un peu le chiffre, pour vous prouver leur compétence. Mais vous pouvez utiliser ce chiffre pour calculer l'avance en dollars qu'ils peuvent supporter, et la défendre en toute logique.

Changez de place

Une autre manière de découvrir ce point magique, c'est de vous mettre à la place de l'autre. Passez en revue une série de questions et répondez-y *comme si vous étiez l'autre partie.* « Quelles sont mes véritables limites ? ». « Ai-je vraiment très envie que ce marché se fasse ? » « Si cela échoue, cela fera-t-il bon effet dans mon entreprise, ou serais-je obligé de me défendre ? » « Quels compromis puis-je obtenir pour être sûr que cela n'arrivera pas ? »

Ceci peut souvent vous aider à voir où vous allez aboutir, avec une précision stupéfiante.

Apaisez puis apportez des modifications : de l'usage de « mais » et de « cependant »

Reconnaissez les sentiments de l'autre partie. C'est la plus ancienne technique psychologique du monde et elle marche aussi bien dans des négociations que dans n'importe quelle autre forme de relations humaines. Vous avez l'air d'accepter quelque chose alors qu'en vérité, tout ce que vous avez « accepté », c'est ce que ressent l'autre partie.

La clause conjonctive, qui vous permet d'éliminer la première partie de la phrase, c'est un merveilleux outil de négociation : « Oui, mais... » « Je sais ce que vous pensez, mais... » « Je comprends très bien ce que vous voulez dire et je suis tout à fait d'accord avec vous, mais... ».

Ceux qui ont maîtrisé cette technique pourraient tirer du sang d'une pierre. Ils savent transformer n'importe quelle négociation en relation pénitent-confesseur.

Détournez l'attention avec une question

Si vous n'aimez pas ce que vous entendez, répondez par une question, même si ce n'est que, « Pourquoi dites-vous cela ? ». L'autre va aussitôt examiner d'un peu plus près sa position. Cela adoucit votre réponse. Au minimum, cela le fait parler pendant que vous gardez le silence.

Contestez les positions mais ne les ignorez pas

Il m'est souvent arrivé de dire quelque chose ou de réagir, et l'autre partie continuait à parler comme si je n'avais jamais ouvert la bouche. Il n'y a rien de plus frustrant dans la communication professionnelle ou de plus perturbateur dans une négociation, que d'avoir l'impression de parler à quelqu'un qui est dur d'oreille.

Jouer à l'idiot est une technique valable et « je ne comprends pas » est une réponse logique, au cours d'une transaction. Mais ignorer la position de l'autre ou prétendre que vous n'avez pas entendu parce que vous ne voulez pas entendre cela, ne fait qu'accroître les frustrations. En outre, plus l'autre partie sera forcée de répéter, plus elle s'affermira dans sa position.

Utilisez le propre intérêt de votre interlocuteur

Une autre technique de négociation que j'ai trouvée efficace, c'est d'agrémenter le marché avec des choses qui ne sont pas importantes pour moi mais qui le sont pour l'autre partie. Y compris des choses qui n'ont rien, ou peu, à voir avec la transaction en cours.

Nous avons, par exemple, accepté de fournir des places, particulièrement difficiles à obtenir, aux Jeux Olympiques, lors d'un contrat qui n'avait rien à faire avec eux. Une autre fois, nous avons arrangé une rencontre de golf privée entre l'un de nos clients golfeurs et le patron de la personne avec laquelle nous étions en négociation.

Ne laissez pas passer les possibilités de troc mettant en jeu une certaine quantité de votre produit que vous avez au prix coûtant mais qui est pratiquement évalué par l'autre partie au prix de détail.

Ne parlez pas de vos délais

Le désir de conclure un marché peut vous pousser à dire et à faire des choses qui ne tourneront pas à votre avantage. Si vous avez une vraie date limite irrécusable (elle l'est rarement) ou simplement désirable ou commode, ne le laissez pas savoir à l'autre partie.

A l'inverse, faites tout pour leur soutirer leur date limite.

Le temps lui-même – ou plutôt son passage – peut devenir votre allié le plus précieux. L'anxiété et le désir de remporter l'affaire engendre un comportement hyper-cinétique. On tend, naturellement, à accélérer le processus de négociation plutôt qu'à le ralentir. Résistez à cette tendance et tirez avantage de l'impulsion qu'éprouve votre interlocuteur.

Lorsqu'une négociation arrive à son terme et qu'il y a encore des questions à résoudre, je demande toujours qu'elles soient reportées au lendemain. Ceci me donne au moins le temps de réfléchir et pousse souvent l'autre partie à faire des concessions importantes, afin de ne pas avoir à passer une nuit de plus à y penser.

Il faut aussi se souvenir qu'il n'est pas nécessaire d'être d'accord sur tous les points pour conclure un marché. Nous avons, dans nos dossiers, un pourcentage important de contrats qui stipulent que certains points seront résolus dans l'avenir, afin de laisser l'accord de base s'établir.

Utilisez les émotions

Les négociations sont rarement des entretiens protocolaires, où l'on reste assis autour d'une table. En fait, n'importe quel problème, ou désaccord – depuis une menace de grève à la question « Qui va payer cette note de 500 dollars ? » – ne peut se résoudre que par une négociation. Moins celle-ci sera formelle, plus les émotions y joueront une part importante. Celui qui contrôlera le contenu émotionnel de ces discussions repartira, presque toujours, avec la meilleure part.

Considérez toute discussion professionnelle comme le début d'une négociation.

En la percevant ainsi, vous serez plus prudent et vous aurez moins tendance à réagir, ce qui pourrait vous faire du tort. Psychologiquement, vous pourrez vous concentrer sur ce que vous voulez obtenir, au lieu de déballer ce que vous avez sur le cœur.

Prenez vos distances et détendez-vous

Parez aux crises émotionnelles en restant froid. Dites n'importe quoi, sauf ce que vous avez envie de dire. « Laissez-moi y réfléchir », ou « Je vous rappellerai ». Considérez cela comme un jeu, avec des gagnants et des perdants, car c'est cela : un jeu d'esprit... à qui perdra le sien le premier.

Considérez les crises émotionnelles comme des opportunités

Une fois que votre interlocuteur a jeté son premier coup « émotionnel », il a perdu une certaine quantité de contrôle. Selon la manière dont vous réagirez, vous pourrez vous emparer de ce contrôle ou le lui rendre

Agir sous l'effet de la colère, mais ne jamais réagir sous l'effet de la colère

La colère, et d'autres émotions fortes, peuvent être des outils efficaces, dans une négociation, mais seulement à condition d'agir délibérément, et non de « réagir ». J'ai lu quelque part qu'une photo du célèbre incident de Nikita Kroutchev tapant sur la table avec sa chaussure montrait que ses deux pieds étaient chaussés. Un troisième soulier, « seulement pour taper sur la table » ? C'est alors un acte délibéré.

Laissez-le foncer sur les questions secondaires

Pour être efficace, il faut voir clairement son but, savoir rester mentalement concentré sur l'aboutissement, tout en discutant des moyens. Si vous soupçonnez quelqu'un de ne pas être un très bon négociateur – même s'il se vante d'en être un –

donnez-lui le plaisir de remporter quelques victoires secondaires que vous ferez paraître plus importantes qu'elles ne sont. Laissez-le foncer sur les questions secondaires, faites des concessions « à contre-cœur » et rentrez chez vous avec le gros lot.

Utilisez la franchise

La franchise, utilisée à bon escient, est l'une des techniques de négociation les plus efficaces que je connaisse. Lorsque la transaction devient très tendue, sur le point de vous échapper ou en danger d'échouer, un moment de franchise – « Ecoutez, j'ai vraiment envie que ça se fasse » ou « C'est très important pour moi » – remettra non seulement les choses en place mais, souvent, désarmera totalement l'autre partie.

Une impasse qui, peu de temps avant, semblait insurmontable, commence à se désintégrer. Et une conciliation, qui semblait impensable, devient possible.

Etes-vous en position de force ou de faiblesse ?

C'est une question importante qu'il faut vous poser avant que les négociations commencent et à laquelle seuls les efforts de vente peuvent répondre. Jusqu'où pouvez-vous pousser ? L'autre partie a-t-elle vraiment très envie de ce marché ? Comment l'autre partie voit-elle votre position ?

Il y a bien sûr, une énorme différence entre des positions, fondées, de force et de faiblesse, et la *perception* qu'on en a. L'aspect ludique de la négociation, c'est de dire et de faire des choses qui affaiblissent les perceptions trop proches de la réalité tout en encourageant celles qui en sont le plus loin. Entre nous, nous appelons cela « piquer et foncer », ou ne pas laisser l'autre partie connaître notre position.

Si vous êtes en force pour négocier, plus vous montrerez votre force, plus l'autre partie fera tout pour vous détromper que vous l'êtes. Même les compromis les plus légitimes deviendront des concessions points-morts, et l'autre partie insistera pour gagner sur tous les points secondaires, tout en sachant qu'elle devra plier sur les questions essentielles.

L'autre danger qu'il y a à négocier en force, c'est la tendance que nous avons tous à vouloir conclure le marché, et non à obtenir le meilleur marché possible. La force semble alors étouffer le désir de rester inflexible – de combattre pour tous les points secondaires, parce qu'on vous a déjà concédé ceux qui sont essentiels. Pourtant, ce sont ces zones limitrophes qui font toute la différence entre un bon contrat et un qui n'est que couci-couça.

Le dernier point, dans une négociation, c'est d'obtenir autant qu'il est possible, mais *d'obtenir quelque chose.* Au cours des ans, j'ai rencontré beaucoup de gens qui se considérent comme d'excellents négociateurs, inflexibles, et pourtant, pour un marché dont ils vous rebattent les oreilles, il y en a deux qui sont tombés à l'eau.

Une fois que les deux parties ont reconnu qu'elles avaient toutes les deux un avantage à tirer d'un accord – ce qui est habituellement la phase où une négociation commence vraiment – il est inexcusable, sauf circonstances imprévues, de ne pas y parvenir.

Le contrat

Une partie profite, généralement, plus que l'autre, du style vague, ou qui ne lie pas vraiment, d'un contrat ou d'une lettre-contrat. Décidez tout de suite si c'est un contrat vague, ou un contrat bien clair, qui correspond le mieux à ce que vous visez.

Je préfère les lettres-contrats aux contrats rédigés d'une manière plus formelle. Les documents à caractère officiel ont tendance à épouvanter les gens. Un contrat bien rédigé ne contient presque pas de phraséologie juridique et se lit comme une lettre personnelle.

Commencez toujours par rédiger. Une fois que l'on a formulé les points du marché, des douzaines de questions surgissent. Prenez la peine de mettre d'abord votre version sur le papier.

Il y a pourtant une exception à cela. Si vous êtes sur un territoire juridique qui ne vous est pas familier, il est souvent révélateur de découvrir ce que l'autre partie considère comme important, à partir de ce qu'ils ont mis dans le contrat.

Quand arrive le moment d'y apporter des modifications, faites-le dans une lettre de couverture ou l'amendement, au lieu de le réécrire en partant de zéro, ce qui obligerait à réexaminer tout le contrat. (Il est impossible pour un juriste de relire un contrat sans suggérer d'articles supplémentaires.)

Il faut soigneusement examiner la partie « définition » du contrat, si c'est vous qui le relisez. Si vous la rédigez, tirez-en des opportunités. La formulation juridique de quelque chose peut altérer tout le reste du contrat.

Il y a bien longtemps, lorsque nous étions en train de négocier le contrat de golf de Gary Player, avec le Shakespeare Golf, nous souhaitions faire un marché à part pour les « grips » de golf. On les vend aux golfeurs dont les clubs sont usés ou sur lesquels la main n'adhère plus ; et bien que ceci ne soit pas du tout en contradiction avec l'accord du Shakespeare Golf, nous savions que si nous soulevions la question, ils résisteraient. Aussi, dans la partie « définition » du contrat, nous avons minutieusement défini un « fer de golf », comme une « collerette de métal attachée à un manche de métal ou de fibre de verre au moyen d'une douille ». Nous n'avons pas mentionné le mot « grip », et conclu, en fin de compte, un marché séparé avec une entreprise qui en fabrique. Notre contrat Shakespeare-Player s'est prolongé, à l'amiable, pendant des années.

Considérez la phraséologie juridique comme des drapeaux rouges. Les juristes peuvent utiliser toute une litanie de mots, de termes et de phrases pour changer le sens de tout ce qui vient avant et après.

Ramenez les bases de calcul des garanties et des royalties au plus petit élément indissociable contractuellement.

Si le contrat comprend plus d'un produit ou plus d'un territoire, attribuez-leur les garanties en conséquence et établissez un compte séparé pour chacun d'eux. (En de nombreuses occasions – par exemple, compter séparément l'Australie et l'Angleterre – cela se termine par des centaines de milliers de dollars en plus de royalties).

La rapidité d'exécution est cruciale. L'enthousiasme diminue au fur et à mesure que le temps passe.

N'envoyez pas directement le contrat au département juridique mais aux gens avec lesquels vous négociez. Ils sont probablement aussi impatients, vis à vis de leur propre département, que vous l'êtes. Ils adopteront votre propre position contre leur département juridique (« C'est un point qui n'a pas de sens ») afin de leur arracher le contrat le plus rapidement possible.

Troisième partie

La conduite d'une affaire

11 Créer une affaire

Aujourd'hui, l'International Management Group est une société de management, de conseil et de marketing fonctionnant à partir de quinze agences réparties dans le monde. Les activités de ses douze sociétés vont du management des carrières de nombreux champions sportifs du monde entier à l'organisation et la mise en œuvre d'événements sportifs à travers le monde, en passant par la direction d'agences de modèles, à New York et Londres. Cette année, nos revenus bruts dépasseront 200 millions de dollars, ce qui fait de nous une entreprise moyenne dans le système général mais une force majeure dans le monde des sports. Nous sommes impliqués dans plus de quarante d'entre eux.

Je ne me doutais pas de cela lorsque je serrai la main d'Arnold Palmer pour la première fois, en 1960. A l'époque, j'étais un jeune juriste qui cherchait simplement une manière de combiner sa passion pour le golf avec ses activités professionnelles quotidiennes. (C'est peut-être l'une des meilleures manières de créer une affaire : qu'est-ce qui vous passionne vraiment, dans la vie ? N'y a-t-il pas moyen, pour vous, d'en vivre ?)

J'étais assez bon joueur amateur pour me qualifier à l'U.S. Open de 1968, mais assez lucide pour savoir que je ne pourrais pas participer à un tournoi de professionnels. La meilleure chose à faire, c'était de représenter ces derniers.

En évaluant les décisions qui nous ont aidés à grandir, je m'aperçois qu'il n'y a là rien d'unique ni d'original. Les succès que nous avons remportés – et je suis assez présomptueux pour penser que nous en avons remportés pas mal – confirment que les choses qui sont censées marcher fonctionnent vraiment, et inversement.

Pour créer une entreprise, il faut surtout écouter votre bon sens et prendre les mesures nécessaires pour mettre vos théories en pratique.

Consacrez-vous (dès le départ) à la qualité

Lorsque j'ai commencé à représenter Arnold, il avait gagné un important championnat en 1958, suivi par une année terne. Notre second client, Gary Player, était à peine connu aux Etats-Unis lorsque nous signâmes avec lui, bien qu'à l'U.S. Open de 1958, il ait fini second, derrière Tommy Bolt ; j'avais été impressionné par son courage et sa détermination à bien jouer, dans un environnement étranger et en état d'extrême tension. Lorsque nous commençâmes à représenter notre troisième client, Jack Nicklaus, ce n'était encore qu'un joueur amateur.

Arnold, Jack et Gary sont trois types de personnalités fort différentes mais ils possédaient tous trois la classe qui fait ressortir les champions du terrain de golf tout autant qu'elle les y amène. Ce n'était pas seulement des golfeurs de premier ordre, c'était des êtres supérieurs.

J'essayais simplement de signer avec les meilleurs joueurs de golf qui semblaient aussi avoir le genre de caractère avec lequel une société pouvait désirer s'associer. Je ne me suis aperçu que bien plus tard – heureusement, pas trop tard – qu'en réalité, j'avais choisi « la qualité ».

Je ne vois pas d'affaires où un tel choix ne serait de mise. Commencez par vous consacrer au meilleur produit, ou à celui que vous croyez être le meilleur ; cela vous fera démarrer du bon pied. C'est le seul avantage irréfutablement compétitif et l'équivalent du filet pour un trapéziste : une sauvegarde qui minimisera les mauvaises décisions et maximisera les bonnes, dans l'avenir.

Soyez assez malin pour saisir la chance au vol

Palmer, Player et Nicklaus ont totalement dominé le monde du golf pendant vingt ans. En 1969, ils avaient gagné vingt-six championnats de golf et la liste des Maîtres Champions de 1960 à 1969 se présentait ainsi : Palmer, Player, Palmer, Nicklaus, Palmer, Nicklaus et Nicklaus.

C'était les Trois Grands du golf et s'ils avaient été trois de nos vingt premiers clients, ou même trois de nos dix, toute ma philosophie des affaires aurait peut-être été différente. Mais avec 250 golfeurs sur les greens, nous étions partis à trois pour trois. C'était comme de gagner à la loterie.

Dame Chance s'était montrée gentille avec nous, comme je crois qu'elle le fait souvent avec une bonne partie des entreprises. Nous étions certains d'avoir participé activement à ce succès initial, mais il était trop phénoménal pour que nous l'acceptions comme allant de soi et que nous nous contentions de nous féliciter de notre intelligence et d'attendre que la foudre tombe une deuxième fois.

Je pense que c'est la décision la plus importante que nous ayons prise. Nous avons accepté notre bonne fortune comme telle mais nous ne sommes pas restés assis à attendre que d'autres « Trois Grands » se présentent.

Agrandissez-vous lentement

Sur la vingtaine d'années que compte l'IMG, les six premières – presque le tiers de notre durée de vie – nous nous sommes contentés de représenter des joueurs professionnels de golf. Je sentais que nous avions encore beaucoup à apprendre avant de passer à autre chose. Je voulais aussi que notre entreprise s'améliore avant de s'agrandir.

Tellement de sociétés, surtout en cet âge d'hypertechnicité, sont peu disposées à agir ainsi. Elles veulent s'agrandir rapidement *au lieu de gagner rapidement.* Si elles ralentissaient un peu leur croissance, si elles prenaient le temps d'analyser leur succès et laissaient leur gestion se remettre au niveau, je pense qu'elles découvriraient qu'elles peuvent obtenir les deux... une croissance saine et une rentabilité saine.

Il est vrai qu'en affaires, on ne peut pas rester immobile. Mais nous avons résisté, et nous continuons à résister, à la tendance qui nous pousse à grandir trop vite.

En 1966, nous étions devenu une présence importante dans le monde du golf. Nous étions organisés, nous avions les gens qu'il fallait en place et nous savions où nous allions. Je me suis dit qu'il était temps pour nous de diversifier nos activités.

Diversifiez vos activités

Si nous avions eu une recette de croissance, nous aurions pu la formuler ainsi : commencez avec ce qu'il y a de meilleur, apprenez avec les meilleurs, agrandissez-vous lentement et affermissez votre position, puis diversifiez, horizontalement, vos activités.

Au milieu des années soixante, nous avons décidé de nous agrandir un peu et le choix le plus évident – le tennis était encore un sport d'amateur – c'était l'un des trois principaux sports d'équipe, le football, le baseball et le basketball. Mais nous avons appris une ou deux choses qui rendaient ce choix moins manifeste.

D'abord, notre spécialité a toujours été de développer des possibilités de revenus pour nos clients hors des terrains de jeux, de créer pour eux des licences et des relations publicitaires et de gérer tout cela de façon à fournir à ces sportifs un revenu régulier longtemps après qu'ils aient cessé de jouer. Je sentais aussi que la régionalité des athlètes des sports d'équipe réduisait sévèrement leur commerciabilité. Les joueurs de golf sont presque plus vendables à Tokyo ou à Kalamazoo que dans leur propre pays.

Deuxièmement, j'étais tout à fait convaincu que le « sportif du dimanche », le type qui jouait au golf une ou deux fois par semaine et regardait les émissions sportives à la télé, s'identifiait plus facilement à Arnold Palmer remontant son pantalon d'un coup sec au dix-huitième tee puis fendant le fairway d'un drive de trois cents mètres, qu'avec l'un de ces joueurs anonymes en casque et protège-jambes.

Notre but, c'était d'étendre nos services à d'autres sports individuels, de préférence ceux qui profiteraient le plus de notre méthode de gestion de la représentation. Nous avons passé contrat avec Jackie Stewart qui, en 1969, était le plus grand coureur automobile du monde, et nous y ajoutâmes bientôt une vingtaine d'autres conducteurs de premier ordre, comme Peter Revson, Mark Donohue, François Cevert et Graham Hill. (A cette époque, nous ne nous aperçûmes pas de l'énorme différence qu'il y a entre les joueurs de golf et les coureurs automobiles : le golf ne tue pas. Le coût émotionnel était trop élevé.)

En 1968, lorsque le tennis cessa d'être un sport amateur, nous pûmes signer des contrats avec Rod Laver et Margaret Court, puis avec les grands champions du monde, catégories masculine et féminine.

Cette même année nous offrit une autre occasion, les Jeux Olympiques, et notre première super-star internationale, Jean-Claude Killy.

Chacun de ces sports nous a fourni une pépinière de clients auxquels nous devons notre importance – et notre prédominance – en ce domaine.

Nous commençâmes à étendre encore plus nos activités. Représenter l'élite du golf nous a permis d'apprendre beaucoup de choses sur d'autres marchés. Nous avons tiré avantage de cette connaissance et fondé une compagnie, séparée, d'équipement de golf pour Arnold, et deux départements intérieurs d'habillement, dont l'un fut vendu, plus tard, à NBC. A la fin des années soixante, nous avons aussi signé avec nos premiers clients non-sportifs, Hank Ketcham, le créateur de Dennis la Menace* et Jean Shrimpton, le mannequin mondialement célèbre.

Engagez les meilleurs pour qu'ils vous enseignent ce que vous ne savez pas

Maintenant, je crois qu'il est plus important de former quelqu'un que d'engager quelqu'un. Ce qui, après vingt ans d'existence, est peut-être un signe de maturité pour notre compagnie. Mais lorsque vous êtes en train de fonder votre entreprise, vos connaissances présentent des lacunes qu'il faudra combler si vous voulez continuer à vous agrandir.

Dans les années soixante, une alliance, qui n'était pas sainte, se forma entre le sport et la télévision qui s'aidèrent mutuelle-

* Dennis la Menace : héros d'une bande dessinée qui paraissait alors en feuilleton dans la presse. NDT.

ment à renforcer leurs positions. Chacun d'eux utilisait l'autre à son profit, et avec tant de succès qu'il était impossible de prévoir où cela aboutirait. Nous n'étions pas totalement ignorants en télévision, mais nous sentions que notre expérienc était assez limitée pour que ce soit dangereux pour nous.

A cette époque, un vice-président de la MCA, du nom de Jay Michaels, me contacta de la part de son président, Lew Wasserman. Michaels était une figure de légende, dans le monde de la télévision. Il avait offert le marché de la chaîne à la Ligue du Football américain (AFL), alors à ses débuts, lui assurant ainsi un appui qui l'amena finalement à fusionner avec la N.F.L. (National Football Ligue). Personne n'en savait probablement plus que lui sur les relations incestueuses du sport et de la télévision.

Michaels me dit que Wasserman pensait à mettre en route un département de sports de loisir et voulait savoir si cela m'intéresserait de le diriger pour eux.

Après quelques prises de contact et quelques discussions avec plusieurs de nos cadres clefs et certains de nos clients les plus prestigieux, je refusai. Je sentais que notre indépendance était essentielle, et comme nous étions en train de nous agrandir, je pensais qu'en faisant partie d'une société plus importante et plus reconnue, nous courions le risque de périr étouffés.

Mais peu de temps après, je repris contact avec Jay Michaels. Je lui dis notre désir d'entrer sur le marché de la télévision, que je sentais qu'il y avait là des possibilités intéressantes, et quel chiffre j'étais prêt à engager afin de les réaliser – et je lui avouais que j'avais besoin de son expérience.

Le fait est que je l'avais touché au bon moment car, en 1967, il vint travailler pour nous, à la tête du tout nouveau département de télévision, la TransWorld International.

Aujourd'hui, TWI est le plus gros producteur indépendant de programmes sportifs du monde et possède le plus de droits sur les événements sportifs internationaux. Nous produisons, ou coproduisons, près de deux cents heures de programmes sportifs par an, y compris « The Superstars » et « Battle of the Network Stars » pour ABC, beaucoup d'événements de ski, d'athlétisme et de foot pour CBS, « The World Professional Figure Skating Championships » et « The Chevrolet World Championships of Women's Golf » pour NBC. Nous possédons les droits de télévision internationale pour, entre autres, Wimbledon, l'Open de Tennis des Etats-Unis, la Ligue du Football américain, le basketball de la NCAA, et la plupart des grands championnats de golf.

TWI produit aussi des douzaines de documentaires sur des événements tels que Wimbledon, l'Open britannique et l'Open des Etats-Unis. Elle représente aussi un certain nombre de reporters sportifs, comme John Madden, Jimmy Snyder « le Grec », Chris Shienkel et Al Michaels... le fils de Jay Michaels.

Grâce à l'aide que nous apporta Jay Michaels, nous avons comblé les lacunes.

Surveillez les marchés mondiaux

Nous avons très vite appris que tout ce que les Américains possèdent, le reste du monde va le vouloir. Signer un contrat avec les Trois Grands, ce fut la plus grande chance de notre existence, mais la chose la plus intelligente que nous ayons faite, c'est un réseau bona fide de sièges internationaux. Nous avons créé cela en misant sur la demande mondiale, à venir, de sportifs de classe internationale, mais des développements ultérieurs tels que la télévision par satellite, nous ont fait paraître encore plus malins.

Aujourd'hui, chacune de nos quinze agences, qui travaillent à plein temps dans le monde entier, est dirigée et presque totalement administrée par les gens du pays où elle se trouve. Nous partageons aussi des bureaux avec des partenaires locaux, dans une douzaine d'autres pays.

Etant données la souplesse et les opportunités que ces agences nous ont apportés, je ne cesse de m'étonner du manque d'attention et du peu d'importance que la plupart des compagnies américaines accordent à leur département international. Si elles dépensaient autant de temps et d'énergie à vendre leurs produits au-delà des mers qu'elles le font à essayer d'éloigner du territoire tous les producteurs étrangers, je pense que nous verrions le flot de la monnaie changer de direction du jour au lendemain.

Monnayez votre compétence

Beaucoup de sociétés ne savent pas reconnaître la valeur, en dollars, de leur compétence, ou ce que cela coûterait à un profane d'apprendre ce qu'elles savent déjà. Nous avons été comme cela pendant dix ans.

Durant ce temps, nous avons travaillé avec plus de mille sociétés à la promotion d'un sport ou d'un autre. Nous avons amassé une somme énorme de connaissances sur ce que ces compagnies devaient faire pour accomplir leurs objectifs de marketing grâce aux sports. Et nous en avons souvent fait cadeau. Si une société signait un contrat avec John Newcombe et puis ne savait pas quoi en faire, pour le bien de tous, nous devions intervenir et le leur montrer.

Au début des années soixante-dix, nous nous sommes aperçus que de plus en plus de sociétés voulaient se mêler de sports mais ne savaient pas comment faire. Leurs agences de publicité n'étaient pas capables de donner un avis intelligent en ce domaine ; leur firme de relations publiques manquait d'idées ; et s'ils voulaient s'introduire dans le monde des sports, c'était habituellement parce que l'un de leurs dirigeants s'intéressait personnellement à un sport particulier (en général, c'est la plus mauvaise des raisons de s'en mêler).

Nous avons commencé à monnayer notre compétence. Aujourd'hui, notre département conseil d'entreprise, Merchandising Consultant International (MCI) est la compagnie qui grandit le plus vite, comme elle le fit durant les années soixante-dix. MCI se donna des statuts et travailla, avec son groupe de marketing, à élaborer des publicités sportives qui sont, non seulement rentables, mais encore ont une *signification* par rapport aux objectifs spécifiques de la compagnie.

La demande a dépassé ce que nous avions prévu. La MCI compte plus de cent sociétés sur sa liste de clients, dont beaucoup sont parmi les plus prestigieuses dans leur industrie respective, telles Sears, Kodak, R.J. Reynolds, AT&T, Seagram, Rolex, Hertz, Heinz, la Hearst Corporation, et Procter & Gamble.

Le succès de la MCI et le pedigree de ses clients, nous donnèrent à penser qu'il y avait d'autres manières de tirer profit de nos compétences spéciales. Ce qui nous amena à créer des événements sportifs pour un léger coût supplémentaire ou en échange d'une participation aux bénéfices. Ces événements sont souvent télévisés et nous nous faisons payer, aussi, pour cela.

Cette idée nous a amenés à organiser des tournois de tennis, d'hommes et de femmes, « Legends », le Championnat mondial féminin de golf, le Grand Chelem de Pepsi, les Championnats du Triathlon Mondial et des douzaines d'autres événements sportifs.

Si les sociétés prenaient le temps de comprendre la véritable valeur de leur compétence, elles pourraient l'utiliser pour exploiter des chances de grandir qui, sans cela, seraient passées inaperçues à leurs yeux : comme un centre de profit séparé, tel notre département conseil ; comme un plus par rapport aux produits ou aux services qui existent déjà.

Même si vous faites cadeau de votre compétence sous forme de prime au contrat, il faut savoir ce que cela vous coûte réellement – et le faire savoir, aussi, à l'acheteur.

Souvent, les sociétés n'osent pas le dire. Cela me rappelle toujours l'histoire de cette femme qui aborda Picasso dans un restaurant et lui demanda de gribouiller quelque chose sur une serviette ; elle prétendait être prête à payer ce qu'il voudrait. Picasso s'exécuta et dit, « Ce sera dix mille dollars ».

« Mais vous l'avez fait en trente secondes », répliqua la femme étonnée.

« Non », dit Picasso. « Il m'a fallu quarante ans pour en arriver là ».

Diversifiez vos compétences

Beaucoup de sociétés ont pour politique de déplacer leur personnel de divisions en divisions. L'idée qu'il y a derrière, c'est que ces employés seront motivés par de nouveaux défis et que les départements bénéficieront de cette transfusion de sang neuf.

Je pense que cette stratégie échoue pour deux raisons. L'employé découvre, soit qu'il fait la même chose mais ailleurs, dans le système, soit qu'il fait quelque chose de totalement différent, auquel cas ses compétences antérieures deviennent inutiles. Pendant ce temps, son ex-département découvre qu'il forme toujours des gens qui s'en iront bientôt.

Nous agissons autrement. Lorsque nous décidons d'effectuer un nouveau pas dans la diversification, ou de créer une nouvelle entreprise, nous tirons des gens de talent de notre équipe déjà existante. Très souvent, les employés chargés de ces nouvelles responsabilités continuent d'exercer, aussi, certaines de leurs anciennes fonctions. Une fois qu'ils se sont familiarisés avec les nouvelles exigences de leur poste, ils engagent le personnel nécessaire ou choisissent d'autres personnes de talent dans les autres départements pour s'occuper, à la fois, de leurs anciennes responsabilités et des nouvelles.

La revue *Money*, parlant de notre département de gestion financière, a dit qu'il comptait « certainement les meilleurs planificateurs financiers d'Amérique ». Récemment, nous avons commencé à offrir leurs services à des sociétés. Une entreprise peut nous payer pour faire la gestion financière personnelle de ses cadres les plus élevés, ce qui nous rapporte de petits bénéfices supplémentaires.

Les gens qui, chez nous, offrent ce service sont les mêmes qui gèrent le paradis fiscal d'Arnold Palmer, les biens immobiliers de Bjorn Borg, les investissements de Jackie Stewart et les portefeuilles de Sebastien Coe et d'Alberto Salazar (ces derniers sont encore de jeunes amateurs et leurs revenus sont confiés à un fidéicommis). Ce qui est remarquable, c'est qu'ils continuent à le faire malgré de lourdes responsabilités nouvelles.

Sauf notre département conseil (qui reste autonome), je crois que pas un seul de nos cadres importants ne se contente d'une seule activité. Certains d'entre eux tirent leur salaire de six départements différents. Cela complique terriblement nos organigrammes mais élimine l'ennui au travail, et en plus, diminue nos frais généraux. (Je vis dans la terreur de la loi de Parkinson.) La motivation du personnel est un problème classique de l'entreprise avec lequel je n'ai jamais eu à me battre. Nous avons tous bien trop à faire.

Attention les temps changent

Le timing, nous l'avons vu, est un élément crucial de la vente. Il l'a été encore plus en ce qui concerne la croissance de notre entreprise.

Lorsque, à la fin des années soixante, nous avons commencé à représenter Jean Shrimpton, je regardai autour de moi et décidai pratiquement que ce n'était pas le genre d'affaire dans laquelle il fallait s'engager. A cette époque là, un bon mannequin, dur au travail, pouvait gagner de trente à quarante mille dollars par an, Shrimpton étant la seule exception.

Aujourd'hui, les mannequins se font entre deux cent mille et trois cent mille par an et il y en a peut-être une douzaine qui gagnent bien plus. Avec les occasions de licences qu'elles ont maintenant, ces super-stars gagnent – ou devraient gagner – un nombre de sept chiffres.

C'est une profession où les revenus ont, pourrait-on dire, dépassé l'inflation. Aussi nous avons décidé qu'il était temps d'y repenser. Maintenant que nous sommes experts en marketing et en licence, que nous avons un grand nombre d'affiliations avec d'autres entreprises et agences dans toutes les grandes capitales de la mode, ce qui semblait dénué de sens à l'origine, en a pris beaucoup. Aujourd'hui, nous possédons Laraine Ashton, la plus grande agence de mannequins de Londres, et Legends, l'agence new-yorkaise qui grandit le plus vite.

La même chose s'est produite avec les sports d'équipe. Nous nous en sommes un peu mêlés dans les années soixante-dix (le premier contrat en millions de dollars, Czonka/Kiick et la World Football League, fut signé par nous), mais nous n'en avons pas fait une priorité.

Aujourd'hui, un simple botteur peut se faire plusieurs centaines de milliers de dollars. En outre, si l'on en juge par le succès que nous avons obtenu en vendant les droits de télévision mondiale aux jeux du FNL, je peux prédire que nous ne sommes pas loin du jour où il y aura des sources de revenus, au Japon, pour les joueurs de football.

Il y a deux ans, nous avons revu le problème et commencé à renforcer notre département des sports d'équipe. A la fin de 1985, nous serons un facteur de première importance sur ce marché et, dans les cinq années à venir, un facteur prédominant.

Le court terme, ce peut être mortel

Au cours des ans, nous avons eu assez de chances et de succès pour régler cet intéressant problème d'entreprise : comment peut-on faire des bénéfices sans devenir un requin.

Personnellement, lorsque nous entrions dans une entreprise nouvelle, je me sentais insatisfait de ne pas avoir cent pour cent du marché. Mais je suis assez intelligent pour savoir que l'avidité à court terme est l'une des plus grosses erreurs à laquelle une société puisse se laisser aller.

On nous a souvent accusés d'essayer de « prendre possession » d'un sport, surtout le golf, et puis le ski, et puis le tennis, et maintenant, la course automobile. Cela n'est jamais arrivé et nous nous occupons de golf depuis près d'un quart de siècle.

Dans un sport comme le tennis, où nous représentons la plupart des entreprises qui le sponsorisent, tout le marchéage et les droits télé de Wimbledon, les droits télévisés de l'U.S. Open et quinze de ses meilleurs joueurs, hommes et femmes, je pense que, si nous le voulions, nous pourrions modifier la structure et l'administration de ce sport.

Ce serait une politique bien myope. Notre intérêt à long terme, c'est de mettre en valeur tout sport dont nous nous occupons, de faire tout ce qui est en notre pouvoir pour qu'il se développe. Ce n'est pas parce que nous sommes « très sportifs » mais parce que nous sommes « très hommes d'affaires ». Il est évident que la croissance de notre entreprise est liée, comme elle l'a toujours été et continuera de l'être, à la croissance des sports. En ce moment, je ne vois pas que cette croissance soit sur le point de ralentir, et s'attribuer des gains à court terme aux dépens du sport, ce serait tuer la poule aux œufs d'or.

En même temps que cette critique, on nous a souvent accusés de susciter des conflits d'intérêts. Alors comment pouvons-nous organiser un événement dans lequel nous représentons les mécènes, les joueurs, les droits de la télévision et le conseil de direction ? La réponse c'est... avec infiniment de précautions.

Lorsqu'un conflit d'intérêts est sur le point d'éclater, nous mettons cartes sur table. En fait, ce type de mise au point est notre protection. Dans tous les cas dont je me souvienne, nous avons exigé, comme condition de notre intervention, que chaque partie sache ce que les autres faisaient, et que chacun comprenne que toutes les discussions seront tenues ouvertement et avec l'entière participation de tous.

Nous avons perdu plusieurs clients parce qu'ils avaient « entendu parler » des conflits d'intérêts suscités par l'IMG, mais nous n'avons jamais perdu un client à cause d'un conflit d'intérêts.

N'importe comment, je considère un peu cette accusation comme un compliment équivoque. C'est le signe que nous avons joliment bien réussi à diversifier nos activités.

12 Tenir la barre de son affaire

Je me souviens avoir entendu un comédien, célèbre en son temps, parler de l'essor et de la chute spectaculaire de sa carrière : « Vous connaissez l'adage. Soyez chic avec les gens que vous rencontrez dans votre ascension, parce que vos pourriez les croiser de nouveau dans la descente ? Ce n'est pas exact », disait-il. « En redescendant, vous rencontrez des gens totalement différents ». J'ai trouvé qu'il en était à peu près de même en ce qui concernait la création d'une affaire et sa gestion. Les problèmes que vous rencontrez sont totalement différents.

En gros, c'est que tout devient plus difficile. Il est plus difficile de garder l'élan d'une entreprise, de modifier sa vitesse, de changer sa direction. Il est plus difficile de prendre des décisions parce qu'il faut tenir compte de bien des facteurs supplémentaires, et plus difficile de les faire exécuter parce que vous parlez rarement aux gens qui le feront.

Mais le plus gros problème, et de loin, c'est que les structures et les systèmes créés pour rendre tout un peu plus facile, pour faire tout couler plus régulièrement, commencent à entraver l'élan même qu'ils sont supposés soutenir.

La nature des systèmes

Ben Bridwell, actuellement vice-président de Chrysler et qui fut à la tête des ventes en Amérique du Nord pour la Ford Motor Company, me décrivit un jour la structure de Ford – et les systèmes créés pour la soutenir – comme « un mur de mélasse. Vous ne pouvez rien y introduire. Vous ne pouvez rien en sortir. Vous ne pouvez pas vous élever. Vous ne pouvez pas vous déplacer latéralement. Cela prend même deux ans pour rétrograder. »

Je pense que c'était moins un commentaire sur Ford que sur la nature même d'une organisation en pleine maturité. Durant la période de croissance rapide, lorsqu'une société double ou triple de taille chaque année, cette croissance même tend à rendre les structures moins contraignantes. Mais lorsqu'elle mûrit et que son taux de croissance se stabilise à quinze ou vingt pour cent par an, les systèmes et les structures prennent racines, et comme des mauvaises herbes dans un jardin, commencent à étouffer la vie des organismes qui les ont semés.

C'est la nature sinistre et inflexible des systèmes. Ils passent outre à toute chose, surtout au bon sens, et c'est la grande raison pour laquelle travailler pour une société constitue souvent une expérience absurde. Il faut un temps infini pour introduire quelque chose dans le système et, une fois que c'est fait, il est presque impossible de l'en faire ressortir.

John DeLorean m'a dit que, directeur général de Chevrolet depuis peu, il assista à une conférence commerciale à Dallas ; en arrivant à l'hôtel, il vit que quelqu'un de la compagnie avait fait livrer un énorme panier de fruits dans sa suite. Faisant remarquer, à un collègue, la taille du panier et la variété de son contenu, il dit, avec humour, « Et quoi ! Pas une banane ? »

Dès ce moment, le bruit courut dans toute la General Motors : « John DeLorean aime les bananes ». Malgré ses nombreuses tentatives pour expliquer qu'il avait seulement voulu faire une plaisanterie, il trouvait des bananes partout, dans ses voitures, en avion, dans les suites d'hôtel – même dans les réunions – et elles le poursuivirent ainsi pendant toute sa carrière à Chevrolet.

Un autre problème, avec le système, c'est qu'on se passe une responsabilité de main en main, de niveau à niveau, et lorsqu'en fin de compte, elle atteint le type qui est vraiment censé faire la chose, quelqu'un, en cours de route, a oublié d'en transmettre la raison.

Au début des années 70. Lincoln Mercury comptait au nombre des entreprises qui utilisaient le nom de Arnold Palmer, et je dis à Gar Laux, le directeur général de cette compagnie, que si cela l'intéressait, nous pourrions nous arranger pour utiliser deux de ses voitures comme toile de fond d'une série de photographies publicitaires d'Arnold, destinées à Robert Bruce qui a sa licence d'habillement.

Gar fut ravi de cette occasion de publicité « gratuite » et me dit, « Faites-moi savoir quand et où vous voudrez les voitures et nous ferons le nécessaire pour qu'elles y soient ».

Quelques semaines plus tard, le chef de notre département habillement reçut un appel d'un cadre moyen de chez Lincoln Mercury qui voulait savoir où il fallait envoyer les voitures et de quelle couleur elles devaient être. « Aux Bermudes, dans trois semaines, » dit notre cadre ; mais quant à la couleur qui importait peu, il ajouta, « Je ne sais pas. Ce que vous avez. Pourquoi pas une bleu marine et une bordeaux ? »

Plusieurs jours avant la prise de vue, notre cadre reçut un appel d'un autre employé de chez Lincoln Mercury qui, cette fois, voulait savoir précisément où, aux Bermudes, il fallait débarquer les voitures. « Nous avons dû affréter un avion, » dit-il, « parce que notre concessionnaire des Bermudes n'avait pas de voiture bleu marine ou bordeaux. En fait, « ajouta-t-il, » il n'y avait qu'une de chaque couleur sur le littoral de l'Est, et l'avion devra d'abord aller chercher la bordeaux à Boston, puis la bleu marine à Washington. »

Un grand nombre de sociétés très bien gérées sont non seulement conscientes de ce genre de problèmes créés par le système, mais encore concentrent la plus grande partie de l'énergie de la gestion à briser ces entraves. C'est peut-être en cela que j'aurais bénéficié d'un M.B.A. de Harvard, car personne ne nous en avait parlé. Nous avons dû en faire l'expérience par nous-mêmes.

Ne voyez pas trop grand

Dans nos premières années, il se passait tant de choses, il y avait tant à faire, que nous n'avions vraiment pas le temps de penser au système, à l'organisation, à la structure, et nous n'en avions pas vraiment besoin. Les choses semblaient se faire dans un désordre à peine organisé qui contribuait certainement beaucoup à notre excitation.

Mais il est devenu de plus en plus évident que nous ne pouvions pas continuer à fonctionner de cette manière, surtout lorsque nous avons commencé à nous diversifier. J'ai compris que la nature de mon job changeait et qu'il était probable qu'il le ferait encore plus. J'ai aussi passé plus de temps à la gestion et de moins en moins sur le reste.

Afin d'alléger un peu ce fardeau administratif, afin d'éliminer un peu de ce désordre, afin de grandir d'une manière plus systématique, notre grande priorité devint : l'élaboration d'un cadre structuré.

Lorsque nous avons commencé à discuter structure et organisation, je savais que, même si nous n'allions pas rester petits, je voulais préserver ce que je pouvais du sentiment que nous avions éprouvé au début.

Il n'y en a pas d'autre, comme lui, en affaires, ou du moins je n'en ai jamais expérimenté qui lui ressemble. Ce n'est pas seulement l'excitation, bien que cela en fasse partie. C'est plutôt une impression d'urgence qui imprègne tout, le sentiment que ce que vous faites, au jour le jour, *compte* vraiment, et cela engendre le désir d'en faire plus encore.

Il s'accompagne aussi d'une certaine dose d'anxiété. Il est difficile de se sentir satisfait de soi dans une minuscule compagnie nouvelle, parce que vous vous demandez constamment si vous existerez encore dans six mois. Cela rend intéressant tout ce que vous faites. Je voulais, si possible, éviter une structure bureaucratique qui émousserait cet intérêt.

Il y a aussi, dans les petites sociétés en pleine croissance, un esprit qu'il est difficile d'expliquer à quelqu'un qui ne l'a jamais vécu. Je suppose que cela ressemble assez à ce que l'on éprouve lorsqu'on est membre d'une équipe, lors d'un championnat sportif : la satisfaction d'appartenir à quelque chose de plus grand que soi. Dans les premiers jours, lorsque Arnold ou Gary gagnait un tournoi pendant le week-end, tout le monde arrivait le lundi matin, si remonté, qu'on se battait presque pour s'emparer du téléphone. Je savais, cependant, que si nous devions grandir, nous aurions bientôt des employés qui ne sauraient pas la différence entre un putter et un wedge* et encore moins qui auraient gagné pendant le week-end.

* Deux types différents de clubs de golf. NDT.

Je savais que cet esprit spécial ne pouvait pas être totalement préservé, mais en partie si, et je voulais une structure qui nous aide à le faire. L'essentiel, c'était de ne pas penser trop grand, de structurer quelque chose où chacun se sentirait comme un rouage important de sa propre roue.

Nous avons organisé notre entreprise en un groupe de douze sociétés très petites, fonctionnant chacune comme une source de profit séparée et autonome mais possédant des responsabilités supplémentaires dans les autres sociétés du groupe, ainsi que dans le groupe, comme un tout. La tâche essentielle de notre compagnie de golf, par exemple, c'était de représenter nos clients professionnels du golf. Cependant, cette tâche comprenait toutes les activités relatives au golf, ce qui se traduisait en fonctions spécifiques dans plusieurs autres sociétés comprenant la mode, la télévision, la gestion financière et l'édition.

Je pensais que cette structure apporterait un caractère d'urgence et d'importance au rôle de tous dans le groupe. Je sentis aussi que, au fur et à mesure que nous grandirions, les interconnexions réduiraient la nécessité d'accumuler des strates hiérarchiques pour coordonner les différentes activités inter-sociétés.

De tout ceci, il résulta une structure qui ressemblait moins à une pyramide qu'à une rangée de petites pyramides. Au début, certaines d'entre elles étaient *très petites* et ne comprenaient qu'un cadre et une secrétaire. Lorsque nous avons grandi, l'une de ces sociétés est devenue l'état-major et d'autres se sont subdivisées en sociétés supplémentaires ou en nouveaux départements autonomes. Mais à part cela, elles fonctionnent très bien aujourd'hui, telles qu'elles ont été conçues à l'époque.

Ne laissez pas les structures prendre le dessus

La fluidité des affaires est trop rapide et trop informe pour passer par des systèmes et des structures existants. Une fois les nôtres en place, nous avons commencé à les ignorer. Je crois que c'est l'une des plus grandes gageures posées à toute société établie – reconnaître constamment qu'il vaut mieux transgresser les structures existantes afin de laisser pénétrer de nouvelles affaires.

Je crois que c'est ainsi qu'IBM a conçu l'ordinateur Peanut. Ils ont choisi certains de leurs cerveaux les plus brillants, ils les ont installés hors des règles et des structures existantes et leur ont dit d'y travailler. Je suppose que la plupart des progrès techniques révolutionnaires ont été créés en-dehors, ou en grande partie en-dehors, des structures existantes.

Je me suis souvent heurté à des cadres de notre société qui auraient aimé que tout soit bien compartimenté. Même s'ils reconnaissent la justesse du projet dont on discute ou comprennent l'idée générale, leur esprit a besoin d'ordre, et que les choses soient conformes au système ; leur « oui » est invariablement suivi d'un « mais » : « *Oui, mais* d'où vais-je tirer les effectifs ? » « *Oui, mais* qui va superviser cela ? » Je suppose qu'un bon nombre de gestionnaires de départements d'IBM ont eu un choc lorsqu'on leur a dit que leur numéro deux ou leur numéro trois était détaché pour un projet spécial.

Mais un bon management doit résister, à la fois, aux tensions internes et aux tensions externes qui essaient de faire entrer, de force, de nouvelles affaires dans de vieux troux, simplement parce que ces trous sont déjà là. Une fois qu'une société a laissé sa structure prendre le dessus, elle est déjà engagée sur le chemin de la stagnation totale.

Soyez souple

Vous devez imposer la souplesse de la structure aux gens qui travaillent pour vous, et la seule manière de le faire, c'est par les actes et non par des paroles. Il faut que vos employés voient la preuve tangible que, non seulement la structure est flexible, mais encore que cette flexibilité favorise leur avantage et leur intérêt propre.

Ce fut l'une de nos préoccupations dans le programme initial de structuration de notre organisation. Je souhaitais pouvoir tirer deux personnes de la société A et deux autres de la société B pour mettre en route la société C, ou prendre quelqu'un de la société C pour diriger un projet spécial touchant les sociétés A, B et C.

Cependant, je voulais aussi que les gens qui seraient dans la structure, *sentent* cette flexibilité. Je voulais qu'ils sachent que nous allions mettre à l'essai de bonnes idées, quoiqu'on puisse penser d'elles, bien qu'elles affectent, directement ou indirectement, leur département ou leurs zones spécifiques de responsabilités. Je voulais aussi qu'ils sachent que si l'un d'eux trouvait unc idée réalisable, cette idée n'allait pas être transmise à quelqu'un d'autre. Celui qui la concevrait participerait à sa mise en œuvre.

Notre entrée dans la création, la mise en œuvre et la retransmission télévisée des événement sportifs spécialisés nous a offert une excellente occasion de *montrer* la flexibilité de notre système et de la faire *sentir* à ceux qui sont dedans. Ces événements exigent souvent un effort coordonné de cinq ou six de nos sociétés. Ils sont tous différents les uns des autres, et bien que nous en ayons, maintenant, créé une cinquantaine, nous avons encore à élaborer une structure qui définisse ce qu'ils sont, qui les font et comment ils sont censés fonctionner.

L'année dernière, l'un de ces événements fut la rencontre des Maîtres du Hockey, qui opposa une équipe du Hockey Hall de Famers à celle des Bruins de Boston. Cela se passa au Boston Gardens, plein à craquer et dont les places furent vendues à bureaux fermés ; bien que cet événement fut géré par notre division des sports d'équipe, qui fournit aussi les joueurs, l'idée ellemême venait de l'un de nos cadres du tennis qui fut responsable d'un bout à l'autre de sa réalisation.

Comme nous avons toujours pratiqué la souplesse, au lieu de la prêcher, je suppose que nous sommes beaucoup moins victimes de notre système que la plupart des autres sociétés. Récemment, comme je confiais à Ben Bidwell que je travaillais à un livre de conseils en management, il me dit, « Mark, tu n'as qu'un seul secret : IMG passe 90 pour cent de son temps à faire des affaires et 10 à son organisation. »

Réservez-vous le droit d'être arbitraire

En tant que directeur et PDG de l'IMG, je me réserve le droit d'être arbitraire. A cause de la structure de notre société, de la souplesse et de la fluidité que j'essaie de maintenir, j'exerce ce droit avec une certaine régularité.

Nos cadres regimbent souvent devant une décision que j'ai prise, parce qu'elle ne leur paraît pas équitable ou semble violer certaines hypothèses qu'ils ont faites sur la manière dont fonctionne notre compagnie. J'ai, parfois, pris des décisions ou proposé des solutions qui ne plaisaient à personne.

Mais, si je me réserve ce droit, c'est pour de nombreuses raisons et j'ai dû l'exercer dans des centaines de situations. Je peux savoir certains faits qui modifient totalement l'aspect d'une situation, et pourtant le temps n'est pas encore venu de faire part de ces faits à d'autres. Je peux être obligé de prendre une décision qui est bénéfique à long terme pour le groupe, mais qui peut, à court terme, pénaliser l'une des sociétés. Parfois, elle touche quelque chose que nous ne ferons peut-être pas à l'avenir, mais elle est nécessaire pour nous donner le choix entre les deux.

Je dois me réserver le droit d'être arbitraire parce qu'en tant que PDG, l'une des responsabilités fondamentales vis-à-vis de la société et, par extension, des gens qui travaillent pour elle, c'est d'être attentif aux chances de croissance et de protéger l'avenir. Les décisions prises dans cette perspective ne sont pas toujours les plus équitables ni les plus populaires.

Ne laissez pas les politiques étouffer la gestion

Si les structures entravent l'élan d'une affaire, des lignes de conduites périmées et démodées entravent les affaires elles-mêmes. Cependant, un nombre incalculable de fois, je suis tombé sur des sociétés qu'une ridicule politique restrictive empêchait de faire ce qu'elles désiraient vraiment. J'ai vu des présidents que l'on questionnait sur les raisons tacites de ces lignes de conduite, hausser les épaules et confesser qu'ils ne s'en souvenaient plus, ou se demander à haute voix pourquoi diable elles existaient.

J'ai lu récemment qu'un jogger avait été arrêté à Palm Beach, en Floride, pour avoir couru dans une rue qui s'étendait nord-sud. Apparemment, un arrêté municipal, qui datait de plus d'un demi-siècle, ne permettait de courir que dans les voies publiques ouest-est.

De petits faits divers de ce type apparaissent de temps en temps dans les journaux. Quelqu'un retrouve un arrêté régional, obscur et ancestral, qui défend de mâcher du chewing-gum en public, ou de chanter dans les ascenseurs. Nous rions de l'absurdité de ces lois et nous nous demandons comment quelqu'un a pu les concevoir. Pourtant, je dirais bien qu'il y a des règles tout aussi absurdes et tout aussi désuètes, dans les manuels des entreprises de beaucoup de grandes sociétés américaines.

Les lignes de conduite officieuses d'une compagnie peuvent être aussi bizarres et encore plus nuisibles. Et ce sont les lois quotidiennes de l'entreprise. Le danger que vous courez à cause d'elles, c'est que les gens peuvent les suivre.

J'ai un ami qui dirige une petite affaire. Sa politique officieuse, c'est de payer tous ses créanciers à quinze jours ouvrables. Il voulait acheter une autre affaire et avait, dans ce but, contracté un prêt substantiel auprès d'une banque. Il était en Europe lorsque la somme lui fut créditée et lorsqu'il revint à son bureau, trois semaines après, il découvrit que son service comptabilité avait réglé toutes les factures en souffrances – avec l'argent qu'il venait d'emprunter.

Les lignes de conduite que j'ai trouvé les plus myopes sont les « politiques du précédent », au moyen desquelles une société essaie de se protéger d'un précédent mineur – ce qui aboutit à la perte d'une opportunité majeure.

Lorsque nous tentions de négocier l'affaire d'équipement d'Arnold Palmer avec la Wilson Sporting Goods, au début des années soixante, mon homologue et moi avons passé un temps infini à élaborer une clause d'assurance qui nous satisfaisait tous. Mais quelqu'un de la Wilson dit que cette clause ne serait jamais approuvée par Judge Cooney, le vieux patron croulant de la Wilson Meat Packing Company parce qu'elle n'avait pas de précédent ; s'ils l'approuvaient pour Arnold, ils seraient obligés d'offrir la même chose à tous les employés de la société. (Notre assureur répondit par une merveilleuse lettre suggérant que la Wilson *devait* offrir cela à tous ses employés qui se qualifieraient c'est-à-dire qui gagneraient, la même année, The Masters et l'U.S.Open !).

Il s'avéra que le type de la Wilson avait raison. Judge Cooney refusa de signer le nouveau contrat et l'une de ces principales raisons était la clause d'assurance. Ce qui permit à Arnold de se dégager de son engagement avec la Wilson et de fonder sa propre entreprise d'équipement sportif. Je pense que ce précédent a coûté des millions de dollars à la Wilson.

La General Motors s'était fait une règle de ne jamais s'impliquer financièrement dans une course automobile.

Peter Estes, qui était directeur général de Chevrolet à l'époque (il devint plus tard président de la GM), et l'agence de publicité de Chevrolet, Campbell-Ewald, travaillaient avec nous depuis près de six mois à mettre au point les derniers détails d'un contrat très complexe avec Jean-Claude Killy. Le cœur de l'accord, c'était une série télévisée ayant pour vedette notre champion, et que Chevrolet patronnerait, mais qui impliquait un certain nombre d'autres obligations, y compris celle pour Killy de conduire une Corvette dans la course d'endurance la plus célèbre, les 24 Heures du Mans.

Killy avait commencé à s'exciter sur cette idée lorsque j'entendis des bruits, en provenance de Détroit, selon lesquels cela ne se passait pas bien chez Chevrolet.

Le président de la GM avait laissé entendre qu'il n'était absolument pas question que Killy s'installe au volant d'une Corvette au Mans, que si nécessaire Chevrolet rembourserait le dédit et annulerait le contrat. Peter Estes était très gêné et offrit six émissions télévisées de plus, promit d'honorer tous les autres engagements et même de financer la course de Killy au Mans – à condition qu'il ne conduise pas une Corvette, ni aucun autre produit de la General Motors.

Killy participa, cette année-là, aux 24 Heures du Mans et accomplit son engagement vis-à-vis de Chevrolet – en conduisant une Porsche.

Ne soyez pas conventionnel

Gérer une société en pleine maturité, cela ne consiste pas seulement à lutter constamment contre les structures archaïques et les lignes de conduite désuètes. Il vous faudra aussi faire consciemment, activement et progressivement des percées dans les conventions et la sagesse conformiste de la compagnie.

C'est trop facile de dire, « Cela a toujours marché comme cela », ou « Nous avons toujours fait comme cela ». C'est trop facile de s'enfermer mentalement, de rejeter automatiquement toute approche nouvelle.

Les société sont, par nature, conservatrices. Les gens résistent au changement, surtout dans leur environnement professionnel. Ils aimeraient être sûr que la compagnie pour laquelle ils travaillent maintenant sera à peu près la même dans cinq ans d'ici.

C'est pourquoi toute ouverture est toujours un combat. C'est aller à l'encontre de la nature même de l'entreprise. Le plus drôle, c'est qu'une société mûre gagne de la vitesse en luttant contre le courant de son élan acquis.

Avez-vous remarqué que les sociétés les mieux gérées semblent toutes l'être d'une manière non conventionnelle ? Chaque fois qu'on parle d'elles dans une revue d'affaires, on attribue leurs succès à la capacité qu'elles ont d'enfreindre les règles et non de les suivre : elles encouragent l'indépendance des employés, des services et des départements, au lieu de l'étouffer ; elles ébranlent la sagesse conventionnelle au lieu de la perpétuer.

Ne soyez pas conventionnel. N'attendez pas l'occasion de faire quelque chose d'imprévu. Provoquez-la. Poursuivez agressivement le changement. Faites de « gérer » un verbe actif.

Récemment, j'ai été obligé de remplacer le directeur d'un de nos plus importants départements, celui de la télévision internationale qui comprend le droit de la retransmission télévisée de beaucoup de grands événements sportifs mondiaux. Il y avait plusieurs candidats qualifiés dans notre société de télévision mais j'ai choisi un cadre de notre département de ski.

C'était l'occasion d'essayer quelque chose de nouveau, de faire quelque chose d'inattendu, et dans les dix-huit mois qui se sont écoulés depuis, les bénéfices de ce département se sont considérablement accrus.

Sachez déléguer vos responsabilités

C'est la capacité de déléguer les pouvoirs qui, plus que tout autre, permet de distinguer les bons gestionnaires des mauvais.

La délégation, c'est former des gens et leur confier des responsabilités. Cela paraît facile, mais ne l'est presque jamais. Les egos y font obstacle. Les gens préfèrent incarner l'autorité aux yeux des autres plutôt que de soutenir l'autorité ou la compétence de ceux qui travaillent pour eux.

Il faut reconnaître qu'il est difficile d'abandonner une responsabilité. C'est encore une question d'ego. Certaines personnes sont sûres de pouvoir faire quelque chose mieux que n'importe qui d'autre, ou craignent qu'en délégant une tâche ou une responsabilité, on les croit moins essentielles à la marche de l'entreprise.

Pour faire un bon gestionnaire, il faut avoir confiance. Confiance dans les gens qui travaillent pour vous et confiance en votre capacité de surmonter ces problèmes.

Il est dans la nature humaine d'aimer voir les fruits de son travail, d'aimer mettre la main à la pâte et de préférer les tâches qui, non seulement ont des résultats tangibles mais qui sont, eux-mêmes, tangibles. Il faut que les gestionnaires se cherchent d'autres sources de satisfaction. Ils doivent trouver un plaisir personnel à former, diriger et superviser les autres.

Déléguez ce qui peut l'être et non ce que vous n'avez pas envie de faire

Nous avons des cadres qui accomplissent encore certaines tâches qu'ils auraient dû déléguer depuis longtemps. Ils pourraient faire un meilleur usage de leur temps et ces tâches pourraient être aussi bien effectuées par ceux qui travaillent pour eux... elles consistent à passer plusieurs jours, plusieurs fois par an, dans un lieu de loisirs pour y rencontrer des clients de l'entreprise ou produire certaines émissions télévisées. Je pense qu'il ne s'agit pas de « tâches » mais d'à-côtés professionnels que s'accordent ces cadres.

L'inverse est encore plus répandu. Il y a une expression qui décrit la tendance qu'ont certaines matières visqueuses à couler dans le sens de la pente ; elle décrit très bien ce fait. En traduction libre, cela donne : « Plus une tâche est déplaisante, plus bas elle va être déléguée. » L'une des premières publicités télévisées de Federal Express montrait un paquet passant d'un niveau d'une entreprise à une autre, entre les mains de cinq ou six personnes, avant d'atteindre celle qui est chargée de l'expédier. La première fois que j'ai vu cette publicité, j'ai pensé que j'étais bien content de ne pas être à la tête de ce mât totémique.

Les gens délèguent souvent leurs responsabilités – ou ne les délèguent pas – pour toutes sortes de mauvaises raisons. Ils tiennent à cette tâche parce qu'ils aiment la faire, ou veulent la faire , ou craignent de ne pas la faire ; et ils en délèguent une autre parce qu'ils la trouvent détestable ou « indigne » d'eux, ou ont décidé qu'ils n'avaient pas de temps à perdre avec elle.

Il faut prendre en compte toutes sortes d'éléments avant de décider ce qui sera délégué ou ne le sera pas.

Durant les premières années de ma représentation d'Arnold Palmer, s'il désirait qu'on lui envoie une paire de souliers de golf à Houston, et ne voulait pas contacter le fabricant, il n'appelait pas le directeur de notre département du golf ou de l'équipement, ni sa secrétaire, ni la mienne. Il m'appelait moi. Et par fidélité, à cause de l'importance de nos relations, je m'en occupais.

J'ai parlé de cela, un jour, à Lew Wasserman, président de la MCA et l'un de mes premiers mentors, et je fus heureusement surpris de l'entendre dire que c'était normal. « Lorsque Jules Stein a fondé la MCA, en 1924 », me dit-il, son premier client fut le chef d'orchestre Guy Lombardo. Trente ans plus tard, sous la direction de Jules, la MCA était devenue l'une des plus grandes compagnies du monde du spectacle. Mais lorsque Lombardo appelait, Jules prenait toujours la communication. Nous attendions que commence une réunion du conseil d'administration, et Jules était au téléphone, en train de discuter ave Guy Lombardo de l'arrangement qu'il devrait jouer ce soir-là, sur le toit du Roosevelt Hotel, à la Nouvelle Orléans. »

Engagez des gens plus malins que vous

Wasserman et moi, nous continuâmes à parler de nos compagnies, évoquant comment la MCA était devenue une société d'un milliard de dollars, comment l'IMG allait sans doute continuer à s'agrandir, et comment une bonne compréhension de la délégation y était pour une grande part.

Lorsque nous eûmes de nouveaux clients, il n'était plus question que je m'occupe personnellement de leurs chaussures de golf, de leurs raquettes de tennis et de leurs skis. C'était évident ; mais lorsque nous discutons représentation avec des sportifs qui sont les meilleurs du monde dans leur spécialité, cela ne leur semble pas du tout évident. *« Engagez des gens qui sont plus malins que vous »*, me dit Wasserman, *« et puis ne vous vendez pas vous-même, vendez votre compagnie. »*

Je ne crois pas que les gens que nous avons engagés soient plus malins que moi, mais je reconnais que je n'ai pas envie de comparer ma compétence dans le domaine de la mode, du tennis, de la télévision, du ski ou du football avec celle des directeurs de ces départements. Et je suis convaincu que les clients qu'ils représentent sont en meilleures mains que si je m'en occupais personnellement. C'est pourquoi il est plus facile pour moi de vendre ma société que de me vendre moi-même.

L'un des problèmes de la délégation c'est que les gestionnaires veulent souvent qu'on les prenne pour des experts, et non pour des gestionnaires d'experts. Vendez votre département, au lieu de vous vendre, et vous verrez que les gens extérieurs à votre société travailleront plus volontiers avec vos subordonnés. Plus vous montrerez combien sont intelligents les gens qui travaillent pour vous plus vous aurez l'air d'un gestionnaire intelligent. C'est aussi moins masochiste.

Cinq heures pour économiser cinq minutes

Il y a quelques mois, j'ai participé à une démonstration de tennis professionnels-amateurs. Juste avant que nous allions sur le court, j'ai surpris une conversation entre nos adversaires. Le professionnel, qui était l'un des meilleurs joueurs du monde, dit à son partenaire amateur, « Vous voulez gagner la partie ou juste jouer un peu au tennis ? »

L'amateur, qui était un peu intimidé, répondit d'un air penaud, « Je pense que j'aimerais bien que nous gagnions la partie. »

« Bon », dit le professionnel. « Alors, faites le service et puis tenez-vous à l'écart ! »

C'était peut-être le moyen, pour le professionnel, de gagner cette partie-là, mais ce n'était guère une bonne stratégie pour constituer une forte équipe de double contre une rude concurrence, à long terme.

Je ris tout seul, à l'époque, mais n'y a-t-il pas beaucoup de gens, dans les affaires, qui adoptent la même attitude ? Ils préfèrent accomplir les tâches eux-mêmes plutôt que de les enseigner à quelqu'un d'autre. Ils pensent qu'ils seraient plus efficaces si tout le monde leur laissait le champ libre.

J'ai récemment demandé à l'un de nos cadres comment se débrouillait un employé qu'il venait d'engager. « Il s'en tire bien », dit-il, « mais c'est plutôt frustrant. Je mets cinq heures à lui montrer quelque chose que je pourrais faire, moi-même, en cinq minutes ».

Ce témoignage souligne :

– La plus grosse pierre d'achoppement à la délégation
– Une cause importante de ressentiment contre les subordonnés
– L'importance de la formation
– Le besoin de *garder* l'employé que l'on a formé
– Une bonne explication de la raison pour laquelle certaines compagnies stagnent.

Heureusement, bien que cela le frustrât, ce cadre-là comprenait la mathématique de la délégation. Cinq heures maintenant pouvaient lui épargner cent heures dans l'avenir.

Tant de gens qui sont gestionnaires n'arrivent pas à apprécier cette arithmétique si simple. Soit ils sous-estiment l'importance de la formation, soit ils manquent de la patience nécessaire. Je crois que certains gestionnaires ne comprennent pas qu'en apprenant ce qu'ils font à quelqu'un d'autre, ils auront plus de temps à consacrer à des tâches vraiment importantes et à des responsabilités essentielles.

Ce sont habituellement des cadres qui stagnent au niveau moyen de l'entreprise. Ils sont trop occupés à accomplir des tâches qu'ils auraient dû enseigner à d'autres et trop « précieux » dans l'exercice de leurs fonctions, pour qu'on leur fasse tenir un rôle plus important dans leur société.

Les philosophies qui ne marchent pas et celle qui marche

La philosophie du management que vous avez lu dans un manuel ou appris à l'école n'a qu'une efficacité limitée. Une fois que vous y introduisez le facteur humain, même les théories les plus judicieuses ne tiennent plus debout. Les philosophies du management sont toujours dépassées par la Vie Réelle.

La seule philosophie du management qui fonctionne, c'est celle qui reconnaît ce que les autres ignorent : soyez souple et visez la cohérence.

La souplesse est probablement le mot qui définit le mieux ma façon d'aborder la gestion. J'ai découvert que dès que je commençais à prendre tout pour parole d'évangile, je me heurtais à des hérétiques – des gens et des renseignements qui faisaient fondre mes rassurantes convictions.

Si IMG avait adhéré à l'évangile tel que nous le connaissons, nous ne serions pas possesseurs d'agences de modèles et nous n'aurions pas notre département des sports d'équipe.

Mais la souplesse, ce n'est pas seulement repenser son entreprise. Cela doit s'étendre à tous les aspects du management : de la fréquence de la réévaluation de votre politique à la réceptivité à ce que vous disent vos employés.

En tant que société, nous sommes tellement décentralisés et éparpillés à travers le monde que, pendant un an ou deux, nous avons exigé de nos cadres qu'ils fassent un rapport d'activité hebdomadaire et qu'ils envoient des copies à tous nos services qui avaient besoin d'être au courant. Je trouvais que c'était une très bonne idée, et je le crois toujours, mais j'ai découvert que ces rapports soulevaient une résistance extraordinaire. Ils prenaient beaucoup de temps et comme quelques cadres commençaient à s'en servir comme d'une arme, d'autres se sont mis à éprouver le besoin de se protéger. Ce qui avait été une bonne idée au départ se révélait désastreux. Aussi, nous les avons transformés en rapports bi-mensuels. La souplesse, ce peut être bien plus qu'une « approche » du management. Si vous êtes attentif aux gens qui travaillent pour vous, elle peut devenir une obligation.

Visez la cohérence

Je suppose que la plupart des sociétés préfèreraient grandir régulièrement, à un taux raisonnable, plutôt que de doubler une année et de perdre de l'argent la suivante. Personne ne peut gérer d'une manière efficace cette espèce de schizophrénie en obtenant un succès à long terme, et personne n'essaierait de le faire. Tout de suite après la rentabilité, le but le plus important que doit se donner une entreprise, c'est la cohérence.

Si la souplesse est le moyen, alors la cohérence – d'exécution et de croissance – est la fin. Cela semble plutôt contradictoire.

Si l'on est souple, comment peut-on être cohérent ? Non seulement ces deux qualités sont compatibles, mais encore un management souple et sensible garantit pratiquement la cohérence. C'est la rigidité qui génère un comportement fantasque. Une société poursuit sa route pendant trop longtemps en adhérant à toutes les vieilles règles et les modes d'action désuets. Et puis, un matin, quelqu'un se réveille, réagit trop violemment et rejette *toute* règle. Cela peut rendre les gens fous.

Pour gérer d'une manière cohérente, il vous faudra vous comporter d'une manière cohérente. Même si les gens n'aiment pas ce que vous dites, ils voudront tout de même savoir où vous voulez en venir.

J'ai essayé d'être cohérent en mettant l'accent sur ce que je crois important et ce que je crois insignifiant. J'y puise un certain réconfort. L'incohérence, en gestion, produit toutes sortes d'angoisses inutiles chez les gens que l'on dirige. Il y a suffisamment d'anxiétés légitimes dans le monde des affaires sans en ajouter en ne laissant pas voir où vous voulez en venir.

Parmi ceux qui travaillent pour moi, il y en a un certain nombre qui n'aiment pas la manière dont je dirige mon entreprise, et je suis sûr qu'il en est de même dans toute société qui n'est pas gérée par des commissions et qui a toujours un patron à sa tête. Mais les choses qu'ils n'aiment pas maintenant ressemblent beaucoup à ce qu'ils n'aimaient pas, il y a dix ans.

Comment traiter votre personnel

Ce sujet m'amène à une autre contradiction apparente qui, en ce qui me concerne, incarne l'aspect « artistique » du management : qu'arrive-t-il lorsqu'une politique se heurte à des egos ?

On a beaucoup écrit, ces derniers temps, sur le succès des sociétés « orientées vers les gens ». Ces dernières ont toujours à la bouche des expressions comme : faire partie de « l'équipe » ou de « la famille », ou des slogans comme « Les gens d'abord, le profit après ». Bien sûr, elles gèrent par l'entremise de personnes, mais avec l'idée implicite que l'on obtient le maximum de quelqu'un grâce à une motivation positive.

Je n'y crois pas, et je suppose qu'un grand nombre de gens qui aimeraient y croire ne marchent pas non plus. Si nous étions tous semblables, si nous réagissions tous à la même carotte, cette approche serait peut-être valable. Mais ce n'est pas vrai parce que cela ne donne qu'une demi-solution.

Dans le monde réel, il n'y a pas deux personnes motivées exactement de la même façon ou par les mêmes choses, et aucun individu ne travaille totalement régulièrement. Même les plus stables ont des hauts et des bas.

J'ai quatre idées générales sur la manière de traiter les employés : (1) Payez-les à leur juste valeur ; (2) Faites-leur sentir qu'ils sont importants ; (3) Laissez-les penser par eux-mêmes ; (4) Ne mélangez pas la vie privée et la vie professionnelle.

Payez-les à leur juste valeur

Lorsqu'ils débutent, très peu de gens ont beaucoup de valeur, pour une société. Tout le monde a été surpayé, mais le trop perçu est un investissement dans la personne et dans l'avenir. Nous ne payons pas bien les gens qui débutent – nous voulons qu'ils fassent leurs preuves. Mais nous les payons très bien dès qu'ils l'ont fait. Comme j'ai eu la chance de gagner confortablement ma vie quand j'étais très jeune, cela ne me gêne pas que des gens très jeunes, qui travaillent pour moi, gagnent beaucoup d'argent. Cependant, je veux qu'ils s'acquittent bien de leurs tâches et méritent leurs revenus.

Il est important de séparer, au niveau salaire, le facteur personnel de la véritable valeur et de la contribution réelle. Il est également important de faire comprendre à l'employé que c'est ce que vous faites ; soulignez aussi la valeur de son job. Si, par exemple, une politique d'entreprise donne des bonus sur les voyages d'affaires par avion, et si l'employé est libre d'utiliser ces bonus pour lui-même et sa famille, alors assurez-vous qu'il sait que cela fait partie de ses rémunérations. Si un employé prend des vacances pendant un voyage d'affaires, assurez-vous qu'il en sait la valeur, et, inversement, ce que les vacances lui auraient coûté s'il ne les avait pas prises pendant un déplacement professionnel. Ressortez ces exemples à l'employé qui commence à dire : « Je ne tire que X dollars de ce job. »

Je fais tout pour garder une interaction dynamique entre moi-même et les gens qui travaillent pour moi. En tant qu'employeur, j'ai toujours essayé d'être généreux, en ce qui concerne les avantages de fonction, mais je veux qu'ils le sachent.

Faites-leur sentir qu'ils sont importants – mais motivez-les, à la fois, positivement et négativement

Former des employés, leur faire sentir qu'ils sont importants et leur laisser le mérite de ce qu'ils ont accompli, c'est essentiel. Il faut le reconnaître ouvertement, devant leurs pairs et devant les gens de l'extérieur. Tout en faisant cela, il faut aussi leur enseigner le « nous » de la situation. Donnez-leur le goût de vendre la compagnie tout en s'attribuant le mérite de leurs réussites particulières. Il n'y a rien de pire qu'un cadre qui essaie de s'attribuer personnellement le mérite de tout ce que ses subordonnés et ses assistants ont fait.

Tout en distribuant généreusement vos louanges, ne laissez jamais les gens se reposer sur leurs lauriers et croire qu'un bon projet réalisé leur permet de s'en tirer avec presque rien les semaines suivantes.

Parfois, vous pouvez pousser vos employés à se perfectionner en leur faisant remarquer leurs petits défauts et en les exhortant à donner le meilleur d'eux-mêmes. C'est ce que j'appelle la motivation négative.

Comme tout entraîneur de football pourrait vous le dire, il faut parfois soutenir la confiance d'une équipe et parfois la rabattre d'un cran ou deux.

Dans certains cas, on peut utiliser l'intimidation : « Vous vous croyez au niveau ? » « Es-tu assez bien pour jouer avec cette équipe ? »

Dans la plupart des compagnies, nos employés n'ont pas qu'une seule tâche, ni une seule responsabilité. Si l'un de nos cadres se sent vraiment efficace dans un domaine, j'ai parfois tendance à lui parler de celui où cela ne se passe pas aussi bien. S'il est abattu, il sera facile pour moi de trouver quelque chose où il excelle.

Les gens qui aiment vraiment ce qu'ils font – et je pense que la plupart de nos cadres sont dans ce cas – ont tendance à passer par des hauts et des bas émotionnels. Pour préserver la cohérence du management et de l'exécution, il faut, de temps à autre, remonter les gens ou les calmer.

Je pense qu'il est important de maintenir un peu d'insécurité, même au prix de quelques rares injustices. Il faut rendre les gens conscients de leurs erreurs, même si cela occasionne quelques remises en question.

Le grand ennemi de l'entreprise, c'est le contentement de soi. Lorsque les gens qui travaillent pour vous se sentent trop en sécurité ou trop satisfaits d'eux-mêmes, vous risquez de perdre le mordant de votre entreprise.

En tant qu'employeur, je veux que les gens sachent qu'ils doivent être à la hauteur, qu'il faut « mériter » de travailler pour nous. Si quelqu'un est particulièrement content d'une affaire qu'il a remportée, je l'en féliciterais, mais je pourrais aussi lui dire, « Qui a les droits étrangers ? » ou « Pourquoi n'avez-vous pas fait telle ou telle chose ? » ou une autre remarque qui l'obligera à se dire : « Pourquoi n'ai-je pas pensé à cela ? » et le laissera un petit peu moins satisfait de lui, un peu moins présomptueux.

Il est évident que, dans certains cas, vous devez faire tout le contraire : remonter le moral des gens, leur donner une tape amicale sur l'épaule et les aider à retrouver le sens des proportions.

J'ai parlé, il n'y a pas très longtemps, avec l'un de nos cadres qui avait traversé une vraie période de malchance. L'un de ses clients, un athlète de première force, menaçait de nous quitter depuis environ six mois. Mon cadre venait juste de rentrer du match de football de l'Orange Bowl où il était allé pour signer un contrat avec Mike Rozier, le gagnant du Trophée Heinsman du Nebraska. Nous avions déjà son engagement verbal et celui des membres de sa famille mais, bien qu'il l'ait nié ultérieurement, il avait apparemment accepté de l'argent d'un autre agent qui aurait révélé ce fait au grand jour si Rozier n'avait pas signé avec lui.

Inutile de dire que le cadre, qui avait passé des mois à suivre Rozier et tout fait dans les règles, était accablé. Je lui fis remarquer qu'il aurait dû être content de ses tentatives sans se soucier des résultats, que nous n'allions pas descendre dans le caniveau avec n'importe qui, et que la manière admirable dont il s'était conduit avait une bien plus grande valeur pour la société.

Laissez-les penser par eux-mêmes

L'école du « quelque chose dans ce genre-là ». Très souvent les gens disent que mon « style de management », si on veut l'appeler ainsi, consiste à encourager notre personnel, à quelque niveau que ce soit, à penser par eux-mêmes. J'y crois fermement ; cela va droit à l'essentiel.

Lorsqu'un de nos cadres vient me trouver avec une question ou un problème bien précis, je réponds souvent d'une manière imprécise : « Quand nous avons signé tel contrat avec un tel, nous avons dit que, s'il faisait ceci, nous pourrions faire cela. Ce n'est pas possible de faire quelque chose dans ce genre-là ? »

Déférence gardée envers Socrate et la Harvard Business School, cela marche tout de même.

Dernièrement, nous avons essayé de signer avec une personnalité de la télévision britannique, et le cadre chargé du projet avait du mal à négocier certains points spécifiques parce que notre client élevait de nombreuses objections au sujet de nos honoraires. Le cadre vint me demander conseil. Je lui suggérai trois ou quatre approches, y compris une attitude inflexible qui risquait de nous faire perdre le client ; puis je lui dis qu'il nous était arrivé, plusieurs fois, sachant que nous allions faire une bonne affaire, de dire au client, « Ne fixons pas tout de suite le chiffre des honoraires. Nous en reparlerons quand nous aurons travaillé pour vous et c'est vous-même qui proposerez le chiffre, selon la valeur que vous nous accorderez. »

D'après la manière dont je l'avais présenté, il était très clair que c'était ainsi que je sentais qu'il devait résoudre le problème, mais je lui laissais prendre la décision afin qu'il croie que c'était *sa* solution et pas la mienne.

Nous avons signé le contrat avec ce client.

Ne mélangez pas la vie privée et la vie professionnelle

Ma philosophie, sur ce point, c'est de réduire au minimum les relations, une fois sorti du bureau. Je n'oublierais jamais ce qui est arrivé à Arnold Palmer, qui était l'homme le plus gentil que l'on puisse rencontrer ; il avait un pilote, qui était un très bon pilote, mais pas le genre de type avec lequel on aurait envie de passer la soirée, encore moins d'emmener avec soi à une réunion d'affaires. Pourtant, Arnold ne pouvait se décider à lui dire « A demain » parce qu'il trouvait que ce n'était pas très chic et que le pilote pourrait se formaliser. Survint une réunion avec un organisateur de tournois de golf, de Kansas City, et le pilote était là... il commença à faire des remarques sur la nature du jeu et le type de contrat qui était en cause. Je n'oublierai jamais l'expression d'Arnold. Inutile de dire que ce fut la dernière fois que le pilote passa la soirée avec nous ou assista à une réunion.

Il est préférable de ne pas se faire d'amis au bureau. Dans les premiers temps de l'IMG, lorsque nous étions très peu nombreux, ce n'était tout simplement pas permis. Les temps changent et le travail change et il y a bien peu de choses que l'on puisse interdire, à quelque niveau que ce soit. Cependant, cela crée une bonne quantité de problèmes bien visibles.

Il est impossible d'avoir une conversation intime avec quelqu'un le soir et le lendemain, de le réprimander, de le renvoyer, de le réaffecter ou d'avoir n'importe quel type de relation professionnelle avec lui. L'employé ne peut pas, lui non plus, changer du tout au tout, du jour au lendemain.

Renvoyer les gens

Il y a plusieurs manières de renvoyer les gens. Henry Ford a dit à Bunkie Knudsen, « Ça ne marche pas », et deux ans plus tard, paraît-il, à Lee Iacocca, « Je ne veux plus vous voir ». Bill Paley, de CBS, aurait décidé, un jour, que Jim Aubrey, ce gosse programmeur de génie, n'était pas « le genre de type auquel je voudrais laisser ma compagnie lorsque je prendrai ma retraite. »

Ces renvois étaient soudains et inattendus, ce qui, toute question de légitimité mise à part, met le doute sur la manière dont ils ont été menés. Si j'entends dire que quelqu'un a été renvoyé brusquement, je soupçonne qu'il s'agit d'une réaction émotionnelle incontrôlée et que ce n'est pas le résultat d'un jugement professionnel mûrement réfléchi.

Vous ne devez congédier quelqu'un qu'au moment où cela vous fera le moins de tort, à tous deux, tant à l'extérieur qu'à l'intérieur de la société. Ce peut-être immédiatement – je me souviens d'une fois où c'est arrivé – ou deux ans après. En règle générale, dans notre spécialité où les relations avec les clients sont souvent personnelles et profondes, une certaine préparation est habituellement nécessaire.

On doit aussi être attentif aux sentiments de la personne qui est renvoyée – il faut l'aider à sauver la face. Je fais cela en fonction du degré de loyauté que cette personne a montré vis-à-vis de la société et des services qu'elle nous a rendus.

Avant de congédier des gens qui ont été loyaux envers vous, essayez d'abord d'épuiser toutes les autres possibilités – une mutation, la création d'un nouveau poste plus compatible avec leurs compétences, même une rétrogradation déguisée. Si aucune de ces solutions n'est possible, alors donnez-leur le temps de « s'habituer » à l'idée qu'ils sont mis à la porte et faites ce que vous pouvez pour les aider à trouver un autre job.

Plusieurs fois, j'ai renvoyé des gens sans même qu'ils le sachent. Je leur ai trouvé un travail et j'ai laissé l'autre société « me les prendre ».

A l'autre extrémité du spectre, si j'ai de bonnes raisons de croire qu'un employé a été déloyal, ou que l'on ne peut pas lui faire confiance, alors je le ferais partir de la compagnie aussi rapidement et aussi efficacement que possible.

Une fois, j'ai découvert qu'un de nos employés se préparait à partir en emmenant tout ce qu'il pouvait avec lui – des clients, des dossiers, et toutes les informations confidentielles sur lesquelles il pourrait mettre la main. J'avais aussi des raisons de croire qu'il serait vindicatif et qu'une fois renvoyé, il ferait tout ce qu'il pourrait, à l'extérieur, pour nous faire du tort. Il nous a fallu environ deux semaines pour nous préparer. Nous nous sommes débrouillés pour que cet employé parte un jour à Détroit. Pendant son absence, nous avons changé les serrures et enlevé ses dossiers et ses enregistrements, et lorsqu'il est revenu, nous l'avons mis à la porte.

Le facteur vengeance est suffisant pour justifier un renvoi prudent et mûrement réfléchi et les sociétés doivent alors être circonspectes avant de brûler leurs vaisseaux. Un employé blessé peut faire beaucoup de mal. Il est considéré comme une source crédible par le monde extérieur, même si ce qu'il dit manque totalement de crédibilité.

Mais lorsque les gens sentent qu'ils ont été renvoyés « équitablement » – traités avec dignité, respect et sensibilité, au cours d'une expérience qui est, par définition, humiliante – ils ne diraient qu'à contre-cœur du mal de leur ex-compagnie. Et ils peuvent même – comme cela nous est arrivé plusieurs fois – devenir, à l'avenir, des associés intéressants.

Les experts conseils

Si votre société a engagé un conseil (financier ou de gestion.

ou dans un autre domaine) et que vous ne suiviez pas ses avis – renvoyez-le.

Ce n'est pas un jugement de valeur sur les conseils. Ils peuvent vous donner le meilleur avis possible, mais si vous ne les suivez pas, cela vous fait perdre du temps et de l'argent.

Donnez l'exemple

Je pense que ce ne doit pas être facile de travailler avec moi. Je suis très exigeant avec nos cadres de la gestion. Mais je suis aussi exigeant vis-à-vis de moi-même.

Si vous demandez à un subordonné de venir à sept heures du matin ou de rester jusqu'à dix heures du soir, il rechignera d'autant moins qu'il saura que vous vous êtes levé à cinq heures du matin ou que vous êtes resté ce soir-là jusqu'à onze heures. Si vous appelez ce même employé d'un yacht sur la Riviera pour lui demander la même chose, cela lui laissera probablement une impression bien différente.

Que ce soit un cliché ne signifie pas que ce soit moins vrai : n'exigez pas de vos employés ce que vous n'exigez pas de vous-même.

N'écoutez pas les prophètes de malheur

Les sociétés peuvent se mêler de nouvelles affaires pour des raisons défensives – pour protéger leurs flancs ou par réaction excessive à la concurrence.

Chaque compagnie a ses prophètes de malheur qui essaieront de vous y pousser. Ils vous diront, « Si nous ne nous mêlons pas de telle et telle affaire, toutes sortes de choses terribles vont arriver. Tel que c'est, il est déjà probablement trop tard. » Il est évident que ces gens-là n'ont pas à cœur les intérêts de la compagnie. Ils ont seulement envie de créer des situations où il leur sera impossible de perdre. Ils s'attribuent déjà les mérites du succès qu'ils prévoient et se couvrent contre les échecs envisageables.

Quand vous faites quelque chose pour vous défendre, cela ne marche presque jamais. Vous savez, dès le début, que vos efforts seront bien plus grands que votre récompense, qui en elle-même, est déjà un échec.

Frank Bennack, le président directeur général de la Hearst, m'a dit qu'il y a quelques années, il avait dû résister à toutes sortes de pressions internes qui voulaient qu'il se mette aux jeux vidéos. C'est l'avenir, lui disait-on, et pour une société consacrée à la communication et aux spectacles, c'était désastreux de ne pas avoir le pied dans cette industrie.

Heureusement, il résista. S'il avait écouté ces prophètes de malheur, Hearst serait, aujourd'hui, en train de faire cadeau d'une version quelconque du jeu vidéo de « Donkey Kong » pour tout abonnement à *Good Housekeeping*.

Sachez vous glisser sous le filet

Il y a plusieurs années, Chris Lewinton, directeur général de la Wilkinson Sword, me donna un excellent conseil de gestion. « Apprenez à connaître les gens qui sont deux niveaux en-dessous de vous », me dit-il. « C'est là que se trouve votre avenir et cela vous procurera une meilleure vision du présent. »

Les PDG et les directeurs sont souvent isolés de ce qui se passe vraiment dans leur société. Ils parlent toujours aux mêmes personnes, habituellement les numéros un et deux de chaque département. Généralement, le directeur et ses assistants partagent le même point de vue. Ils prennent les décisions ensemble et vendent ces décisions, ensemble, à la direction générale.

Mais apprendre à connaître les gens qui sont un niveau en-dessous peut vous ouvrir les yeux ; ils ont souvent une autre opinion sur ce qui se passe et ce qu'on vous a dit. Ils ont peut-être autant de parti-pris et sont aussi égoïstes que les autres, mais ces entretiens peuvent vous fournir un éventail de points de vue sur la même vieille politique.

Visez le profit

Samuel Johnson a dit, « Il y a bien peu de choses auxquelles un homme peut être plus innocemment employé qu'à gagner de l'argent. »

Peut-être le plus gros problème des compagnies est-elle leur grandeur. Plus une société est importante, plus il est facile de s'en tirer par la tangente et d'oublier pourquoi on est dans les affaires : faire des bénéfices.

Je connais quelqu'un qui monta une affaire fabuleuse qui grandit d'une manière littéralement exponentielle – près de six mille pour cent – durant ses huit premières années. Presque du jour au lendemain, il fut assailli par tous les problèmes créés par cette croissance incontrôlée, et il commença à expérimenter toutes sortes de solutions qui allaient de l'introduction d'une nouvelle équipe de gestion à la restructuration complète de son entreprise, à l'élimination de certaines de ses activités, et même à la vente de son affaire. Comme vous vous en doutez, il passa ainsi deux ou trois années très pénibles.

Lorsque je le revis, une année après qu'il s'en soit tiré, je fus surpris d'apprendre qu'il avait complètement retourné la situation et prévoyait, pour cette année-là, des profits en augmentation de cent pour cent. Lorsque je lui demandai comment il en était arrivé là, il me parla des nouvelles personnes qu'il avait engagées et des changements de structure qu'il avait effectués. « Mais », dit-il, « je suppose que c'est surtout parce que nous avons doublé nos prix ».

Recouvrer sa rentabilité, ce n'est pas toujours aussi simple, mais c'est parfois moins complexe que tous les professionnels voudraient le faire croire.

Dernièrement, j'ai lu un article sur Schlumberger Ltd, l'une des sociétés les plus importantes, les mieux dirigées et les plus rentables du monde. Schlumberger prévient ses clients que le prix de ses services vont augmenter de cent pour cent. Si les frais de Schlumberger montent, ainsi doit-il en être de ce qu'ils coûtent à la clientèle ; pas dans les mêmes proportions, mais du double. Non seulement, ils n'oublient pas de faire des bénéfices, mais ils n'ont pas peur d'en faire.

Parfois, la réponse peut être aussi simple que cela : faites-vous payer plus. Ou, du moins, faites-vous payer suffisamment pour ne pas perdre d'argent.

Beaucoup de sociétés, trop occupées à acheter une nouvelle affaire et à introduire une nouvelle équipe de gestion, n'ont même pas testé les limites externes de leur rentabilité.

Cela arrive tout le temps chez nous. Je constate que nos cadres ont peur à l'idée de demander un prix qui correspond à notre véritable valeur, ou qu'ils ont du mal à imposer des frais, en plus de nos honoraires. Ils n'osent pas tester les limites de ce que quelqu'un est prêt à payer. (J'ai eu, à Londres, une secrétaire qui ne pouvait même pas *facturer* ce que le client était prêt à payer. Elle assistait aux réunions d'affaires et devint très amie avec deux jeunes golfeurs britanniques. Elle se mit vraiment en quatre pour eux et leur offrit beaucoup de petits extras, ce qui est habile en affaires. Mais deux ans plus tard, je m'aperçus que nous n'avions reçu d'eux aucuns honoraires. Lorsque je lui en parlai, elle rougit et dit qu'elle n'avait pas pu se résoudre à leur parler argent !)

Le danger du gros coup

C'est, pour une société établie, l'équivalent du danger que court une nouvelle compagnie en grandissant trop vite. La plupart des entreprises aimeraient bien doubler en un an leurs bénéfices. Pourtant, bien peu d'entre elles y arrivent et la plupart n'essaient même pas. On peut perdre tout profit en devenant la proie du syndrome du gros coup. Certaines grandes sociétés, accablées par trop de frais généraux, s'engagent dans des affaires qui, elles le savent bien, aboutiront, au mieux, à les faire rentrer dans leurs frais. Elles ont besoin d'apprendre à dire non.

C'est particulièrement vrai lorsqu'il s'agit d'entreprises qui tablent sur des contrats gouvernementaux. Dans leur effort pour battre leurs concurrents, elles s'embarquent dans un projet qui double leurs frais généraux et leur rapporte un profit quasiment insignifiant. Plusieurs années après, lorsque le projet est enfin réalisé, soit elles font faillite, soit elles s'engagent dans un autre aussi lourd qui se terminera sans gain ni perte.

Les grandes sociétés se servent souvent de la peur qu'elles ont de ces avatars pour justifier la diversification. Cependant, une diversification intelligente exige tant d'autres considérations que je ne trouve pas que ce soit un argument valable.

Qui essayez-vous d'impressionner ?

Je trouve que l'une des tendances actuelles les plus intéressantes du monde des affaires, c'est celle qu'ont des sociétés cotées en Bourse, comme MGM/UA, Avis ou Sotheby pour n'en citer que quelques-unes, à se retirer du marché boursier. Je suppose que beaucoup des principaux actionnaires se sont aperçus de quelque chose que j'ai découvert il y a de nombreuses années : il est très difficile de gérer une société et de contenter, en même temps, ses actionnaires. C'est pourquoi IMG ne mettra jamais ses actions sur le marché.

Dans les affaires américaines, les décisions sont souvent prises dans le but de se gagner une certaine popularité, d'impressionner certaines personnes. Et ceux que tout le monde essaie d'épater travaillent à Wall Street.

Impressionner Wall Street, c'est devenu le Grand Passe-Temps américain. On sacrifie des gains à long terme pour des bénéfices à court terme. On prend de mauvaises décisions parce qu'une société préfère avoir l'air bien plutôt que d'être réellement bien. On rejette le vrai profit afin de gonfler artificiellement le prochain trimestre.

Nous nous porterions tous mieux si les entreprises américaines essayaient de s'impressionner elles-mêmes plutôt que les gens qui travaillent dans la partie sud de Manhattan.

Etudiez vos concurrents

Il y a plusieurs années, je jouais en double à Genève, avec Victor Pecci contre Bjorn Borg et son partenaire, un amateur, le banquier suisse magnat du transport maritime, Bruce Rappaport. Bjorn et moi, nous étions au filet, à quelques pieds l'un de l'autre, lorsque Rappaport fit un lob mou qui, je le vis, m'était destiné. Borg n'était pas en position de défense et, durant une fraction de seconde, je me dis que ce ne serait pas bien de lui renvoyer directement la balle. Je le fis tout de même. Je smashai la balle droit dans sa partie médiane – et il l'envoya aussitôt siffler au-dessus de ma tête, marquant ainsi un point.

Ne sous-estimez jamais vos concurrents. Je pense qu'il est essentiel d'avoir l'esprit de compétition pour obtenir une réussite personnelle et des succès pour son entreprise. Et tout cela dépend de la manière dont vous réagissez à la concurrence.

Mais rivaliser en affaires, ce n'est pas la même chose que rivaliser dans le sport. Dans les deux cas, le but est de gagner, de battre quelqu'un d'autre. Mais en affaires, le jeu n'a pas de fin ; il n'y a pas de primauté insurmontable. La concurrence a toujours le temps de nous rattraper.

Les sociétés qui possèdent une grande part du marché ont souvent tendance à « se reposer sur leurs lauriers ». Elles se confortent dans leurs chiffres, sont contentes d'elles et perdent le goût de la compétition. En affaires, cette dernière est, je crois, un processus actif, constant et progressif de domination.

Mieux vous connaîtrez vos concurrents – leurs points forts, leurs faiblesses, leurs habitudes, leurs stratégies – plus vous aurez de chance de les dominer, ou même d'en tirer avantage.

Si vous représentez quelqu'un, ou simplement si vous êtes payé sur la base d'un pourcentage, vous courez le risque de représenter aussi bien les perdants que les champions. Il y a pas mal de temps, lorsque des sportifs d'un niveau discutable venaient nous trouver, nous les adressions à un concurrent dont nous connaissions les faiblesses. Si nous ne savions pas lesquels de ces joueurs deviendraient éventuellement des champions, nous étions sûrs, à cent pour cent, que cette firme ne les représenterait que médiocrement. Une fois que les gagnants avaient émergé du peloton, nous pouvions leur faire des avances, certains que nous finirions par signer un contrat avec eux.

N'essayez pas, seulement, de vous faire plaisir

Nous avons eu des clients qui, étant donné leurs succès exceptionnels dans un champ limité, croyaient automatiquement pouvoir conquérir, aussi bien, le monde dans un autre domaine : des joueurs de tennis veulent être organisateurs de tournoi, des joueurs de golf décident d'être promoteurs immobiliers, des champions des Jeux Olympiques désirent devenir rédacteurs en chef de revues. Beaucoup de sportifs, lorsqu'ils se retirent, veulent gérer des camps et des écoles, sans comprendre que cela exige des talents d'administrateur et une compétence très spéciale.

En général, nous essayons de les en empêcher s'ils n'ont pas acquis les connaissances nécessaires, mais les egos des vedettes du sport, comme les egos de beaucoup d'hommes d'affaires prospères, ne veulent pas entendre raison.

Lorsqu'elles éprouvent le besoin de s'agrandir et de s'étendre, beaucoup de sociétés stables commencent à acheter des entreprises avec lesquelles elles n'ont rien à faire. A un certain niveau, elles savent qu'elles manquent de compétence en ce domaine, qu'elles ne comprennent pas vraiment comment ces entreprises fonctionnent, mais leur ego les empêche de le reconnaître. Le paysage de l'entreprise américaine est jonché des cadavres de ces acquisitions *irrationnelles*.

Ne poursuivez pas ces salauds-là en justice

Quelqu'un m'a dit que, l'année dernière, IBM a versé douze millions de dollars à un seul cabinet d'avocats.

Je suis diplômé de la Yale Law School et j'ai travaillé chez Arter & Hadden, le plus ancien et l'un des plus prestigieux cabinets d'avocats de Cleveland, Ohio. Je suis toujours un associé de cette firme, pourtant je dois avouer que le système judiciaire des Etats-Unis me laisse froid.

Les bagarres entre avocats, au nom de leurs clients, ne sont souvent qu'un moyen, pour ces firmes, de facturer leur temps et de gagner de l'argent. Je suis sûr que si l'on pouvait amener les deux partis à se rencontrer dans une pièce et à discuter de leur affaire – même si le litige dure depuis deux ans – tout serait résolu, certainement à moindre frais, et probablement bien plus équitablement.

Nous avons beaucoup de chance dans ce domaine, parce que nous avons eu bien peu de procès. Comme beaucoup d'entre nous avaient fait des études de droit, je crois que nous savions tous à quelles embûches et à quelles dépenses on s'exposait en s'engageant dans des poursuites judiciaires.

Dans d'autres pays du monde, ceux qui perdent un procès paient les honoraires d'avocat de ceux qui l'ont gagné, en plus des frais de justice et de la sentence. Je pense que c'est un bien meilleur système. Cela décourage les procès injustifiés et la réaction, réflexe, de dire, « Je vais vous traîner devant les tribunaux ».

Les Japonais semblent régler les choses entre eux, mieux que n'importe qui. Beaucoup de gens s'étonnent qu'il n'y ait pas d'écoles de commerce au Japon mais personne ne semble avoir remarqué qu'il n'y a, là-bas, que très peu de cabinets d'avocats.

Nous avons été traînés en justice, avec notre client Bjorn Borg, par Lamar Hunt qui a toute une équipe d'avocats à son service. Je trouvais absurde que Lamar Hunt fasse un procès à Borg alors que cette firme essayait, en même temps, d'organiser les Championnats du Monde de Tennis et désirait, bien évidemment, que Borg vienne jouer à leur tournoi. Je me rendis donc à Dallas pour rencontrer personnellement Lamar. En une seule réunion, nous avons réglé notre différend. Si nous avions laissé l'affaire entre les mains des avocats, notre procès ne serait toujours pas terminé et nous aurions jeté par les fenêtres des centaines et des milliers de dollars.

13 Faire avancer les choses

Si l'on demandait aux cadres de l'entreprise de dresser la liste de leurs plus grandes frustrations, je suppose qu'en tête viendrait le manque de temps. Le flot constant des affaires apporte un flot aussi constant d'interruptions qui empêche les gens de faire ce qu'ils ont à faire. Quelque chose d'inattendu surgit toujours et ils se retrouvent plus en retard, à la fin de la journée, qu'ils ne l'étaient au début.

Les solutions sont plus simples que les gens ne veulent bien l'admettre. Ce qu'il faut, c'est dominer votre travail au lieu de vous laisser dominer par lui, faire entrer de force vos activités dans le temps dont vous disposez au lieu d'essayez d'étirer le temps afin de l'adapter à vos activités.

Mais ils ont peur, s'ils n'ont pas l'air débordés, qu'on les croit inoccupés ou pas assez importants. Ils n'ont pas vraiment envie de bien gérer leur temps.

Une fois que vous serez vraiment convaincus que dominer son temps est non seulement plus fructueux mais encore plus agréable, tout le reste deviendra facile.

Gérez votre temps

Les gens qui me connaissent bien pensent qu'une des choses que je fais le mieux, c'est de gérer efficacement mon temps.

Je commence par envisager qu'une semaine égale 168 heures et je programme le temps de la détente et du repos comme celui du travail. Je me force à prendre le temps de me détendre, que ce soit en jouant au tennis, en lisant un journal du matin, en faisant un petit somme au bureau ou simplement en ne faisant rien – libérer mon esprit de toutes les décisions et de toutes pensées orientées vers le travail. Pour être sûr d'avoir le temps nécessaire à ces activités, je les note sur mon emploi du temps. Si je sais, par exemple, que ma première tâche commence à 7 h du matin, je préfère me lever à 5 h et passer une heure à lire, à me détendre et à faire de la gymnastique, que de me lever à 6 h et d'être obligé de me précipiter à mon premier rendez-vous sans avoir eu un peu de temps à moi. Mon emploi du temps de ce jour commencera donc à 5 h du matin.

Je déteste laisser du travail inachevé ou sentir quelque chose suspendu au-dessus de ma tête, et je travaille avec beaucoup d'intensité pour obtenir quelques moments de liberté – une minute, une heure ou un week-end – pendant lesquels j'aurai le plaisir de ne rien faire. Ces moments-là sont la carotte au bout de mon bâton et en les introduisant dans mon emploi du temps, je me force à terminer les activités professionnelles qui les précèdent dans les délais qui leur sont spécifiquement alloués.

Cette conduite a aiguisé ma conscience du temps. Je perçois toujours toute tâche en fonction du temps que je lui ai attribué. Je mène ainsi une espèce de jeu avec moi-même. Si une réunion doit commencer dans une heure et que j'ai décidé de régler dix choses avant, je ferai tout ce qui est nécessaire pour faire entrer ces dix choses dans cette heure-là. Il faudra peut-être abréger un coup de téléphone, ou rédiger une note en vitesse au lieu d'une lettre, mais en me lançant à moi-même ce défi, en faisant entrer, de force, des activités dans des segments temporels de plus en plus petits, j'ai développé, au cours des années, une conscience aigüe du temps qui passe, presque minute par minute.

Je sais très bien combien de temps il me faut pour faire n'importe quoi et je sais très bien la manière la plus rapide de faire n'importe quoi ; à quelle vitesse on est servi dans certains restaurants, dans lesquels il vaut mieux commander immédiatement, et quels sont les ascenseurs les plus rapides de certains immeubles. Lorsque je débarque, par exemple, dans un aéroport, je demande souvent aux gens de m'attendre à la passerelle de départ qui n'est jamais aussi encombrée que celle de l'arrivée.

En bref, j'essaie d'être très précis avec quelque chose qui, par nature, est imprécis. Ma mémoire est un catalogue de « raccourcis » qui me permettent de réduire l'imprécision, dévoreuse de temps, de certaines activités, ou même de la supprimer tout à fait.

Lorsque je voyage à l'étranger, je sais quelles lignes, par exemple Quantas pour l'Australie et Cathay Pacific pour l'Asie, mettent des étiquettes de priorité sur les bagages de première classe. Je sais que l'enlèvement des bagages est rapide sur le Concorde ; qu'arriver le matin de bonne heure à Londres, c'est une catastrophe ; ainsi qu'à Honolulu lorsqu'on vient d'Asie ou d'Australie ; que les arrivées internationales à Los Angeles sont un désastre, à n'importe quelle heure. J'ai même découvert que je suis quelque chose comme un expert de la circulation automobile et des heures de pointe des grandes cités du monde.

Il me suffit simplement d'utiliser ces renseignements pour économiser du temps ou m'organiser à l'avance en fonction d'eux. Par exemple, je voyage habituellement avec le minimum de bagages. Mais cela suppose que j'ai une garde-robe complète dans mes cinq résidences principales et une moins garnie, dans les bureaux où je n'ai pas de résidence particulière. Et si je sais que je vais avoir besoin de quelque chose à Paris, je l'expédierai directement au lieu de l'emporter avec moi, à New York d'abord, puis à Londres.

J'ai présenté ici quelques exemples de voyages internationaux parce qu'ils sont, par nature, tellement « peu maniables ». Mais j'essaie d'utiliser la même méthode pour tous les autres aspects de mon travail. En sachant combien de temps il me faudra pour faire quelque chose et la manière la plus rapide de le faire, je peux exercer un certain contrôle sur des éléments qui passent pour incontrôlables.

En règle générale, pour gagner le plus de temps possible, *faites les choses que tout le monde fait au moment où personne ne les fait.* Je pars si tôt le matin que me rendre à mon travail ne me pose aucun problème. Mais j'entends les autres se plaindre de la circulation aux heures de pointe, puis admettre que s'ils partaient vingt minutes plus tôt, ils pourraient l'éviter. La solution paraît évidente et pourtant, beaucoup de gens ont du mal à modifier de vingt minutes leur horaire. Ils préfèrent être malheureux pendant une heure sur l'autoroute.

Je connais des salariés qui, recevant leur chèque le vendredi, essaient de l'encaisser entre quatorze et quinze heures puis *se plaignent* parce qu'ils ont fait longtemps la queue ! J'ai vu aussi certains de nos cadres qui, obligés de quitter New York par avion, choisissaient une heure de départ qui coïncidait avec celle où tout le monde essaie de rentrer chez soi. Quatre-vingt dix pour cent du temps perdu à faire la queue pourraient être éliminés avec un peu de bon sens et en s'organisant à l'avance.

Un système d'organisation

Pour maîtriser le temps, il suffit de faire les choses que *vous* avez à faire *au moment* que vous avez choisi, et que cela ne dure *pas plus longtemps* que prévu. Cela exige que vous élaboriez un système global d'organisation.

Je gère à la fois ma vie et mon temps à partir d'une série de bloc-notes jaunes dont chaque feuille, consacrée à un jour, est divisée en deux dans le sens de la longueur. Je mets les choses à faire du côté droit de la page et les gens à qui parler du côté gauche. Ce bloc-notes comprend cinquante pages d'une journée chacune et, à la fin, j'en garde plusieurs pour les activités et les appels téléphoniques qui ne vont pas rentrer dans ce cadre temporel mais sont reportés dans l'avenir.

Lorsque je demande à quelqu'un à quel moment il souhaite que je l'appelle et qu'il me répond mercredi à 10 h 30, j'écris son nom et son numéro de téléphone au premier tiers de la partie gauche de la page consacrée au mercredi suivant. Les activités et les appels téléphoniques de fin d'après-midi et de soirée occupent le tiers inférieur de la page, et ceux du matin, le tiers supérieur. Je consulte périodiquement mon bloc-note pendant la journée pour voir ce que j'ai à faire. Si je m'aperçois que je suis en retard, je supprime rarement quelque chose mais j'accélère le rythme.

J'ai aussi un autre bloc-notes dont les pages sont consacrées aux différentes parties du monde. Si quelqu'un me dit, « Contactez un tel lorsque vous serez à Melbourne », ou s'il arrive que je sois obligé de m'occuper personnellement de quelque chose à Tokyo, je le note sur la page appropriée.

En plus de mes bloc-notes jaunes, j'ai toujours, dans la poche de ma veste, un paquet de petites fiches (de 12,5 sur 7,5). Certaines portent le nom des salariés ou des associés avec lesquels je suis en contact régulier. Si quelque chose de relatif à l'un d'eux me vient à l'esprit, je le note sur la carte correspondante. La prochaine fois que je rencontrerai cette personne, j'aurai tout ce dont je veux lui parler à portée de main.

J'ai aussi toujours sur moi des fiches vierges que je remplis de notes diverses, tout au long du jour, et le soir, je recopie tout sur les pages adéquates du bloc-notes jaune approprié.

Bien sûr, la manière dont vous décidez d'organiser votre vie professionnelle est l'aspect le plus personnel de la gestion du temps. Je connais des gens qui se servent d'un calendrier de poche et d'un calepin, de la même manière dont j'utilise mes bloc notes et mes fiches. J'ai travaillé avec des gens qui ne prévoyaient jamais leur emploi du temps plus d'une semaine à l'avance. Et j'ai vu des gens fonctionner d'une façon tout à fait efficace avec une liste de « choses à faire » sans aucune indication de temps.

Cependant, je n'ai jamais rencontré d'homme d'affaires accompli qui n'ait un système quelconque d'organisation personnelle.

Celui que j'ai adopté présente deux caractéristiques qui ont une application presque universelle.

Tout d'abord, je note tout. Mettez les choses par écrit n'importe où, même sur vos manchettes de chemise si nécessaire, mais notez tout. Cela libère votre esprit pour d'autres activités. Mais le plus important, c'est qu'ainsi *vous ferez les choses*. Noter, c'est s'engager. En accomplissant cet acte matériel, vous donnez l'élan nécessaire à la réalisation de la tâche. Le supplice de reporter, d'une page à l'autre, une obligation, et la joie de la barrer d'une croix, vous fourniront une bonne raison pour continuer à le faire.

Deuxièmement, *organisez, le soir même, l'emploi du temps du lendemain.* C'est ce qui, le soir, m'apportera la paix de l'esprit, le sentiment que je domine la situation et une certaine exaltation à l'idée de reprendre le travail le lendemain. Le simple fait d'organiser le jour suivant – de définir, sur le papier, ce que je veux accomplir – me donne l'impression que j'ai une tête d'avance.

Je fais la même chose, périodiquement, sur des délais plus longs : chaque semaine, chaque quinzaine, chaque mois, chaque semestre, chaque année et tous les deux ans ; et jusqu'à des choses plus générales que je désire réaliser dans les cinq années à venir.

Respectez votre emploi du temps

Itinéraire ou planning ne vous serviront à rien si vous ne vous y tenez pas.

Ce qui vous y aidera, c'est qu'il est très rare que quelque chose soit si important, ou une crise si imminente que l'on soit obligé de s'en occuper immédiatement. Ne réagissez pas tout de suite mais prévoyez du temps pour régler ce type de situation dans votre emploi du temps – cette après-midi, demain ou la semaine prochaine – si vous avez un moment à leur consacrer ou si vous pouvez en dégager un.

L'autre aspect essentiel, c'est d'affecter la quantité de temps appropriée à chaque activité.

Il est probablement plus fâcheux d'allouer trop peu de temps que l'inverse. Cela vous obligerait à toujours courir pour combler votre retard et plus le jour s'écoulerait, plus ce dernier s'aggraverait.

Je pense que la plupart des gens peuvent prédire, avec une précision appréciable, combien de temps leur prendront leurs tâches habituelles, mais ils se font souvent des illusions à ce sujet.

Pour bien gérer votre temps, il faut *vous fier à votre propre expérience.* Si vous savez qu'une réunion hebdomadaire dure une demi-heure, ne vous persuadez pas qu'elle ne durera, aujourd'hui, qu'un quart d'heure, simplement parce que vous n'avez pas plus de temps à lui consacrer. Si vous devez être ailleurs dans dix minutes et qu'il vous faut dix minutes pour y aller, ne lancez pas un appel téléphonique de plus, simplement parce que vous voulez vous en débarrasser. Les gens qui gèrent mal leur temps sont peu réalistes et se donnent du mal pour créer des situations incontrôlables.

Tenez compte des autres

Puisque la plus grande partie d'une journée de travail se passe avec d'autres personnes, il faut tenir compte de leurs styles et de leurs personnalités lorsque vous préparez votre emploi du temps. Avec certaines personnes qui travaillent pour moi, je peux régler vingt-cinq sujets en une conversation téléphonique d'un quart d'heure. J'en ai d'autres avec lesquelles cela prendrait une semaine et qui ont besoin d'entamer un long dialogue pour énoncer la chose la plus simple qui soit. Elles sont ainsi et ce n'est pas moi qui peut les changer. Il est beaucoup plus sage de prévoir plus de temps à leur consacrer et de discuter de moins de sujets.

Vous pouvez avoir une idée très nette du nombre de sujets qui vont être abordés, et de leur complexité, avant d'entamer une réunion, mais le temps qu'il faudra dépend aussi de deux facteurs humains : la rapidité avec laquelle l'autre personne comprendra et son style personnel de travail.

Lorsque, par exemple, je traite avec Bob Anderson, président de Rockwell, je sais qu'il aura pigé avant même que j'ai fini ma phrase. Je sais aussi que la terminer pour le plaisir ne serait qu'une perte de temps.

Inversement, Roone Arledge, le directeur très compétent du département informations et sports de la chaîne ABC, a un style professionnel totalement différent du mien. Nous avons eu plusieurs déjeuners d'affaires qui se sont prolongés dans l'après-midi. Une fois, les clients du dîner sont arrivés alors que nous en étions encore au café et aux alcools.

C'est le style de Roone Arledge, qui est un homme d'affaires très efficace, et lorsque je travaille avec lui, je m'accommode très bien de sa méthode. Je prévois simplement, ces jours-là, le temps nécessaire pour déjeuner. Plutôt que de m'énerver parce que j'ai prévu toute une série d'autres activités, je préfère laisser libre le reste de la journée.

Sachez tout sur les gens auxquels vous avez à faire, y compris la manière dont ils aiment travailler et dont ils gèrent leur temps. Je connais des gens qui seront invariablement en retard de vingt à trente minutes à une réunion, et je le prévois. Je marque les rencontres avec eux une demi-heure plus tard qu'ils ne le font, et je passe ce temps différentiel à faire plusieurs choses. C'est beaucoup plus fructueux que de s'irriter et d'espérer que, pour changer, ils arriveront à l'heure.

Le téléphone

Les réunions et les conversations téléphoniques prennent la plus grande partie de ma journée de travail et je suppose qu'il en est de même pour la plupart des responsables. Si vous avez ces deux activités professionnelles bien en main, tout le reste se mettra en place tout seul.

Je ne prends, pour ainsi dire jamais, un appel téléphonique. Cela me dérange souvent et j'aime mieux m'en occuper à mon heure, lorsque je peux fixer mon attention sur ce sujet et non sur ce que je suis en train de faire. Prendre l'initiative de l'appel me donne plus de maîtrise et le temps de préparer ce que je désire dire.

Mais je rappelle toujours, sauf dans deux cas bien précis : si je ne veux pas parler à la personne qui m'a appelé ; ou si je pense que cette affaire sera mieux prise en charge par quelqu'un d'autre de la maison (dans ce cas-là, je vérifie si la personne que j'ai choisie a bien rappelé.)

Répondre à tous les appels téléphoniques, c'est plus une question de style personnel que de management du temps, mais si je le fais, c'est parce que je ne veux pas perdre du temps à chercher qui je n'ai pas rappelé ou à me sentir coupable de ne pas l'avoir fait.

Avant de répondre, prenez le temps de réfléchir

Je n'avais même pas conscience de le faire mais quelqu'un me l'a signalé. Si ma secrétaire appelle pour me dire que j'ai quelqu'un en ligne, je pose la main sur le combiné et je fais une pause avant de décrocher. J'utilise ces quelques secondes à réfléchir : à quoi je veux aboutir et quelle sera la manière la plus rapide d'y parvenir.

J'ai entendu cette phrase, un jour : « Si vous ne savez pas où vous aller, vous aboutirez autre part. » On ne peut probablement pas émettre un meilleur truisme sur les conversations téléphoniques. Si vous n'avez pas une idée claire de ce que vous voulez accomplir, vous finirez par ne rien faire du tout.

Entrez dans le vif du sujet

Même si je sais bien répartir mon temps, je me trouve souvent obligé, afin de respecter mon horaire, de mettre brusquement fin à un coup de fil.

Je suis convaincu qu'il n'est pas si difficile que cela d'entrer dans le vif du sujet ou de mettre rapidement fin à une conversation téléphonique, et pourtant je connais beaucoup de gens qui ont des difficultés à le faire. Ces personnes-là prennent, au téléphone, cinq fois plus de temps qu'il ne faut pour dire ce qu'elles ont à dire. Pour elles, mettre fin à une communication téléphonique, c'est se montrer impoli ou indifférent.

Si je veux conclure ma conversation et si je connais bien mon interlocuteur, je me contente de lui dire qu'il faut que je m'en aille ou que je le rappelerai plus tard. Si je ne le connais pas bien, je peux lui dire, par exemple, « Trois ou quatre personnes attendent, à la porte de mon bureau, pour une réunion qui aurait dû commencer depuis cinq minutes », ou « J'ai sur l'autre ligne un appel de Suisse avec quelqu'un que j'essaie de joindre depuis ce matin ».

J'aime aussi aller droit au but, d'abord, *et ensuite* m'accorder une petite causerie, s'il me reste du temps. La plupart des gens font l'inverse. Ils bavardent pendant cinq minutes avant d'entrer dans le vif du sujet. Parfois, c'est opportun, mais le plus souvent, non seulement vous perdez votre temps mais vous en faites perdre aussi à la personne qui a appelé. Au pire, elle peut être obligée de prendre un autre appel et vous raccrocherez sans avoir dit un seul mot de ce que vous aviez à dire.

Je peux faire une bonne estimation du temps que me prendront toutes mes communications téléphoniques d'un jour dit. Si j'ai promis de rappeler à une heure bien précise, je m'efforcerai de tenir parole. Pour tous les autres appels, je m'accorderai un laps de temps – habituellement d'une demi-heure à une heure et demie – et je m'y tiendrai.

J'établirai une liste des appels dans l'ordre où je veux les faire et je mettrai à la fin *ceux que je peux facilement abréger* si je suis pressé par le temps. Par la latitude que j'ai de les alléger, des listes de ce type me permettent toujours de maintenir le cadre temporel que je me suis alloué.

Cela signifie aussi que je garde pour la fin les communications avec mon staff et les appels à l'intérieur de l'entreprise, où je peux me permettre d'être plus brusque.

Comment abréger un « peut-être » qui n'en finit pas

Toute communication peut aboutir à quelque chose de positif. Si vous ne pouvez pas tirer de quelqu'un une réponse précise, obtenez un rendez-vous extérieur où il vous la donnera. Si vous ne pouvez tirer cela de lui, obtenez le rendez-vous extérieur où il vous en fixera un autre pour vous donner la réponse. Si vous n'y arrivez pas, alors laissez tomber. Toute tentative ultérieure se solderait par une perte de temps et, sachant cela, vous avez accompli quelque chose d'important.

Pour éviter de jouer à cache-cache au téléphone

Parfois, le maximum que vous puissiez faire, c'est d'apprendre à quel moment vous pourrez parler à l'autre personne. Beaucoup de gens perdent énormément de temps à s'appeler mutuellement avant d'arriver à se joindre.

Il vous faudra rarement plus de deux communications pour joindre quelqu'un, du moment que c'est vous qui prenez l'initiative d'appeler. Lorsque vous ne pouvez toucher votre interlocuteur du premier coup, ne demandez pas que l'on vous rappelle. Demandez à quelle heure cette personne sera disponible et portez-vous volontaire pour la rappeler à ce moment-là.

J'ai souvent demandé, à la secrétaire de la personne que j'essayais de joindre, à quel moment elle serait capable de me répondre. Une fois que je lui ai soutiré une date et une heure précises, je dis alors que je rappellerai à ce moment-là. Si vous ne pouvez obtenir ce genre de renseignement, donnez une tranche horaire très étroite durant laquelle vous rappellerez. « Je vous prie de dire à M. Untel que j'essaierai de le joindre cet après-midi, entre 14 h 45 et 15 h. « La secrétaire fixera les rendez-vous avant et après votre heure afin que son patron soit libre à ce moment-là.

S'il vous faut plus de deux appels pour joindre quelqu'un, ce n'est probablement plus un problème logistique. C'est que l'autre personne n'a peut-être pas envie de vous parler.

Ce qu'il faut faire pour qu'on prenne votre appel

Dites-leur quelque chose qu'ils ont envie, ou qu'ils n'ont pas peur, d'entendre.

J'ai, une fois, reçu un appel de quelqu'un que je ne connaissais pas ; le message disait, « J'ai de grandes nouvelles à vous apprendre. » Il s'avéra que c'était l'un de ces placiers qui raccolent au téléphone, mais j'avais répondu.

Récemment, j'ai appelé le directeur d'une grande ligne aérienne que je ne connaissais pas très bien, au sujet d'une promotion sportive que nous organisions. Puisque je savais que les compagnies d'aviation n'étaient pas très en fonds en ce moment et que nous avions toujours besoin de voyages gratuits par avion, j'ai dit à sa secrétaire, « Je vous prie de dire à M. Untel que j'aimerais discuter avec lui d'une idée que je viens d'avoir ; et si cela lui plaît, il n'aura pas un sou à débourser. » Il a pris la communication.

Si vous avez, en commun avec votre interlocuteur, une personne de connaissance, et *si vous savez que leurs rapports sont bons,* l'utilisation de son nom vous obtiendra plus facilement la communication. Si l'appel est vraiment important, vous pouvez faire appel à quelqu'un, juste pour l'occasion. J'ai connu des gens qui, voulant joindre un membre spécifique d'une autre société, ont appelé d'abord le président de celle-ci et se sont fait confirmer par sa secrétaire que cette personne était bien celle à laquelle ils devaient parler. Lorsqu'ils ont lancé leur appel, ils ont commencé par dire que c'était le bureau de M. Untel qui leur avait suggéré de contacter cette personne-là.

Qui ne dit mot consent

Un appel téléphonique n'est pas nécessairement une conversation. Si vous transmettez seulement une information, sans en discuter, laissez un message détaillé et ne rappelez pas. Si votre interlocuteur a des questions à poser, il rappellera.

Si vous appelez pour répondre à une question, ou pour confirmer quelque chose, ou pour obtenir le soutien ou l'accord de votre interlocuteur, exprimez-vous de manière que le silence signifie le consentement. « Je vous prie de dire à M. Untel qu'il me rappelle s'il n'est pas d'accord. »

J'ai connu des vendeurs très efficaces qui utilisaient ce moyen-là pour obtenir des rendez-vous et qui rencontraient ainsi des gens qu'ils ne connaissaient pas et n'auraient pu voir autrement : « Notez sur l'agenda de M. Untel que je passerai mercredi prochain à 10 h 30. S'il n'est pas libre à cette heure-là, dites-lui de me rappeler, je vous prie. »

Les réunions internes

Les comités de direction et les réunions internes sont le fléau de la vie d'entreprise. Elles sont essentielles à la communication et aux prises de décisions, pourtant la plupart n'aboutissent nulle part, n'accomplissent rien et font perdre leur temps à tout le monde. Puisqu'on ne peut les supprimer, minimisez leur nombre, leur fréquence et leur durée.

Qui sont ces gens et que font-ils là ?

Règle générale : l'efficacité d'une réunion est inversement proportionnelle au nombre de personnes qui y participent. Premier corollaire : s'il y a plus de quatre ou cinq participants, l'efficacité décroît d'une façon exponentielle. Second corollaire : plus une réunion existe depuis longtemps, plus son assistance est nombreuse.

Dans la plupart des réunions internes, il y a plus de participants qu'il n'est nécessaire. On peut attribuer cela à deux réalités de la vie en entreprise.

D'abord, chaque société a son quota de cadres qui mesurent la valeur de ce qu'ils ont à dire au nombre de gens qui sont forcés de les écouter. Pour ces cadres-là, une réunion importante, c'est celle où il n'y a pas assez de sièges pour s'asseoir en cercle.

Deuxièmement, il y a le « facteur exclusion ». Les réunions font partie du système de gratifications de l'entreprise, et les gens mesurent leur importance pour la société au nombre et à la nature des réunions auxquelles on leur demande de participer. Attribuer un créneau temporel régulier à une réunion ou lui donner un nom vous garantira la multiplication du facteur exclusion.

Nous avons un petit comité informel qui, autrefois, se réunissait peu souvent et irrégulièrement et où l'on prenait des décisions dans un domaine bien limité. Mais, au cours des ans, il s'agrandit et son but dévia ; il se mit à servir strictement de moyen d'information. Tout le monde voulait tout de même y participer. Pour finir, je décidai que ce comité se réunirait une fois par an, que tous ceux qui le voudraient pourraient y assister et que son but ne serait, ni de prendre des décisions ni d'échanger des informations mais seulement l'occasion, pour nous tous, de se sentir bien ensemble. Cela lui conféra un autre aspect et nous avons pu, de nouveau, nous réunir en petit groupe.

Les réunions, comme les politiques de l'entreprise, doivent être régulièrement révisées (leur fréquence, leur nécessité et le nombre de leurs participants). Des gens qui, autrement souhaiteraient y assister, peuvent alors se contenter de recevoir les compte-rendus. D'autres peuvent être vraiment satisfaits de *ne pas* y participer et ne rien souhaiter de plus que de récupérer leur temps pour des activités plus fructueuses.

J'ai parfois établi des lignes directrices arbitraires pour déterminer qui devait assister aux réunions les plus « populaires » – lignes directrices grâce auxquelles je poussais certains à désirer leur participation, et d'autres pas. C'est un peu partial mais cela évite des controverses inutiles.

La fusion des réunions

La fréquence et la raison d'être de la plupart des réunions régulières peuvent être considérablement modifiées sans qu'elles perdent rien de leur efficacité.

Le temps de mise en route des réunions – le temps qu'il faut pour que tout le monde arrive et s'installe – pratique une lourde saignée sur les heures de travail des participants. Très souvent une réunion mensuelle d'une heure est plus fructueuse que deux bi-hebdomadaires de quarante cinq minutes. On devrait analyser sévèrement toute réunion qui se tient plus d'une fois par mois.

Beaucoup de réunions qui ont des fonctions parallèles ou qui se recoupent pourraient facilement fusionner.

Il est à noter que les réunions suivent une loi inverse de celle de Parkinson : le nombre de sujets à discuter se réduit pour s'adapter au temps disponible. Des réunions qui ont fusionné, en mêlant leurs buts et leur fréquence, sont bien plus fructueuses.

Si les réunions sont nécessaires au processus de prise de décision, elles ne constituent pas un bon forum pour prendre une décision, et s'il y a plus de quatre ou cinq participants, il sera presque impossible d'en prendre une.

La prise de décision d'un comité n'est ni efficace ni opérante et ses résultats sont, en général, médiocres. Il est aussi, très difficile de céder ses responsabilités à un comité. De plus, si vous voulez rendre à coup sûr une réunion impossible, annoncez qu'il faudra prendre une décision avant qu'elle se termine.

Les réunions qui ne sont pas de simples échanges d'informations devraient permettre aux gens d'exprimer leurs points de vue – *d'aider* le décideur à prendre sa décision. Mais il vaut mieux qu'il ne la prenne que plus tard. Cela évite une nouvelle discussion, minimise les confrontations, décourage le trafic d'influences et rend la décision plus précise.

Comment diriger une réunion

L'heure à laquelle une réunion commence, et *celle à laquelle elle se termine* doivent être décidées le plus vite possible, couchées par écrit (afin d'encourager la ponctualité) et distribuées nominalement à chaque personne présente. On assiste généralement avec une plus grande ponctualité à des réunions qui commencent à des heures moins habituelles : 10 h 15 plutôt que 10 h 30.

Si l'on doit discuter de plusieurs sujets, il faudra donner un ordre du jour à chaque participant, dès son arrivée. Ceci moins pour informer que pour faire avancer la réunion. Si chacun sait à quelle heure la réunion va se terminer et peut voir le nombre de sujets qui sont encore à traiter, il sera plus facile d'abréger une discussion sur un sujet et de passer au suivant.

Si je suis président de séance, je place généralement les sujets d'informations, plus brefs, au début de la réunion et garde pour la fin les plus complexes et les points à discuter.

Pour ces sujets plus longs et qui éveilleront des controverses, je résume d'abord l'idée générale et toutes les questions secondaires afin d'élimer pas mal de questions inutiles.

Les réunions de couloirs

J'aimerais rencontrer le type qui, un jour, a dit, « Les questions idiotes, ça n'existe pas » et l'obliger à assister au cycle de réunions mensuelles de n'importe quelle grande entreprise. Une « question idiote », c'est celle qu'on pose aussi bien avant qu'après la réunion et qui n'éclaire personne, sauf celui qui l'a posée.

Je me hasarderais bien à dire qu'on pourrait supprimer la moitié des réunions d'une société américaine d'importance moyenne et qu'elles ne manqueraient à personne. Convoquer une réunion, c'est souvent une réaction automatique devant des sujets qui sont un peu trop complexes pour être traités par téléphone, à l'intérieur de l'entreprise. Les « réunions de couloirs » – c'est-à-dire tout rassemblement informel de trois ou quatre personnes en vue d'échanger des informations et d'arriver rapidement à un consensus – sont une alternative plus efficace.

Les gens ne seront pas trop froissés si on ne les a pas « invités » à y participer.

Les réunions externes

On possède, évidemment, une plus grande maîtrise sur la durée d'une réunion interne que sur celle d'une réunion externe. Cependant, même lorsque je rencontre quelqu'un de l'extérieur – à son bureau ou au mien – je suis devenu expert à faire coïncider la durée de la réunion avec le temps que j'ai décidé de lui allouer.

Pour y réussir, il faut établir immédiatement, et comme le premier point de l'affaire – soit en arrêtant l'ordre du jour, soit en le disant dès les premières secondes – pendant combien de temps vous êtes libre. La plupart des gens l'apprécieront. Cela leur donne une meilleure idée du temps qu'ils peuvent consacrer aux différents sujets.

De nouveau, je soutiens que les premiers instants de la réunion – de l'échange des salutations à la mise en route du travail – sont plus décisifs pour son contenu, et critiques pour ses résultats, que tout ce qui va suivre. J'utilise ce temps-là pour rappeler l'ordre du jour, donner le style et l'atmosphère et produire certains effets que je désire. Pour cette raison, j'élimine toutes les activités accessoires dès le début de la réunion. Je ne laisse introduire personne dans mon bureau jusqu'à ce que j'ai terminé une communication téléphonique ou fini de parcourir des dossiers et que je puisse consacrer toute mon attention à la personne avec qui je vais avoir un entretien. Je tolère rarement qu'un appel téléphonique ou toute autre activité professionnelle vienne interrompre le flot de ces moments initiaux. Je donne l'ordre d'apporter du café ou toute autre boisson, et je les fais *servir,* avant que commence le dialogue d'affaires. Si je peux contrôler ces premières minutes, je règlerai non seulement la durée de la rencontre mais encore presque tout le reste.

S'il est temps de mettre fin à une rencontre et que l'autre personne ne semble pas en éprouver le désir, il y a toutes sortes de choses à dire ou à exprimer par le langage du corps. (Une fois, j'ai même décroché le combiné du téléphone et je l'ai gardé à la main). Il vous suffit de le vouloir vraiment.

Fréquemment, une rencontre entre deux personnes qui ne se connaissent pas très bien s'éternise parce que chacun attend que l'autre prenne l'initiative d'y mettre fin. La moindre allusion suffit pour la conclure.

Parfois il est préférable de ne pas en faire trop

Bien sûr, il faut aussi tenir compte des gens qui se braqueront si vous montrez, en quoi que ce soit, que vous avez conscience du temps qui passe. La plupart de nos cadres préfèrent aller vite, sauter d'une affaire à l'autre, plonger dans un problème, le résoudre et passer au suivant. Il est absolument essentiel de savoir lesquels, parmi les gens auxquels vous avez à faire, seront pris à rebrousse-poils par une approche hyper-active.

En général, les Japonais considèrent le désir de mettre rapidement fin à une rencontre comme un manquement à l'étiquette et un faux pas par rapport à leurs coutumes et leur culture. Si vous essayez d'aller trop vite de A à B, vous n'y arriverez peut-être pas du tout.

Dans notre spécialité, il se passe la même chose lorsque nous avons à faire aux fédérations sportives. Il s'agit de postes non rétribués et les gens s'en chargent, non parce qu'il le faut, mais parce qu'ils en ont envie. C'est leur « dada ». Lorsque vous essayez d'abréger une rencontre avec eux, ou que vous les forcez à entrer dans le vif du sujet au lieu de les laisser parler à bâtons rompus, vous adoptez une conduite suicidaire.

J'ai eu affaire à un responsable des sports en Grande-Bretagne, qui était extrêmement lent en tout. Nous avons déjeuné ensemble et il m'a fallu exactement trois heures pour l'amener à aborder le premier point.

Il n'avait pas envie, non plus, de mettre fin à notre rencontre et j'en vins finalement, pour lui indiquer que je devais partir, à détacher ma montre et à la mettre sur la table, entre nous deux. Cependant, il semblait si inconscient du souci que je pouvais avoir du passage du temps, que je me dis qu'il n'avait pas remarqué mon geste. Mais si. Un jour, il mentionna, à notre associé commun, l'étrange habitude que j'avais d'ôter ma montre pendant les repas et lui demanda si cela ne m'en avait pas fait perdre plusieurs.

Les repas d'affaires

Les petits déjeuners, les déjeuners et les dîners d'affaires tiennent une place importante dans ma journée de travail car, comme je l'ai déjà dit, je les préfère aux réunions de bureau. C'est forcément plus intime, plus amical et moins protocolaire ; ces rencontres en révèlent plus long sur l'autre personne, qui est plus vulnérable et plus réceptive.

Je prends grand soin de m'assurer que l'atmosphère de ces repas sera non seulement détendue mais encore propice aux affaires. Tout d'abord, et pour toutes les raisons mentionnées plus haut, je vais rarement au restaurant avec plus d'une personne. (Avec deux invités et plus, la dynamique psychologique devient plus variable et donc plus difficile à interpréter et à dominer).

Deuxièmement, surtout à New York, Paris ou Londres, où l'on est souvent assis plus près du client de la table voisine que de la personne avec laquelle on est, je réserve toujours au moins trois places. Comme cela, je n'ai pas l'impression d'être une sardine en boîte.

Troisièmement, je ne commence à parler affaire qu'après avoir commandé et rendu le menu. Cela me distrait d'avoir un serveur qui rôde autour de la table pendant que j'essaie de mettre l'affaire en route.

Pour finir, comme je n'ai jamais éprouvé l'envie de dîner dans les endroits « à la mode », je préfère fréquenter ceux où l'on sait ce qu'est une atmosphère de repas d'affaires : les restaurants qui se donnent autant de peine pour vous procurer le silence, le calme et la paix que pour préparer leurs spécialités.

Tenez compte de vos habitudes de travail

J'ai appris, au cours des ans, à organiser mon emploi du temps selon mes habitudes de travail. C'est le matin de bonne heure que je réfléchis avec le plus d'acuité et que je lance des appels téléphoniques dans les différentes parties du monde où la journée de travail a déjà commencé. Je me lève généralement deux ou trois heures avant ma première obligation professionnelle, pour faire des tas de choses, des pompes ou lire des revues professionnelles ou lancer des appels téléphoniques au-delà des mers. J'ai tendance aussi à rassembler mes gens tôt le matin. La plupart des réunions du staff commencent à 7 h ou 7 h 30, et très souvent, j'ai deux petits déjeuners d'affaires avant d'arriver au bureau. Ma première activité consiste toujours à dicter mon courrier.

A midi, j'ai déjà abattu la plus grande partie de mes tâches journalières et mes après-midi sont un peu moins frénétiques. Je leur réserve les rendez-vous et les activités qui ne peuvent pas être aussi bien limités dans le temps et où je serai plus détendu. La moitié environ de mes soirées sont consacrées à une activité plus ou moins professionnelle. Je considère les autres comme des récompenses. Je me réserve aussi le temps passé en voyage pour me reposer et me détendre tout autant que pour aller d'un endroit à un autre.

J'ai découvert que la plupart des gens sont plus efficaces le matin et semblent traîner un peu après le déjeuner. Mais je suis certain qu'il y en a d'autres qui sont tout l'inverse, qui gagnent leur élan et prennent de la vitesse au fur et à mesure que je jour s'écoule. Ce qui est important, c'est de connaître votre propre horloge biologique et d'en tenir compte pour établir le programme de votre journée.

Une fois que vous avez organisé au mieux, pour vous, votre journée de travail, *n'y changez rien.* Par exemple, je dicte parfois, mais rarement, mon courrier dans une limousine, en me rendant à l'aéroport, mais autrement, je le fais le matin, systématiquement. Sur vingt ans, je peux compter sur les doigts de la main les fois où une lettre ou un rapport ont été si importants que je n'ai pu attendre au lendemain matin.

En ce qui me concerne, tirer le maximum de mes capacités est directement proportionnel au fait de tirer le maximum de mon temps. J'ai une attitude agressive vis-à-vis du temps et je cherche à le maîtriser pour qu'il ne me domine pas.

Néanmoins, l'une des réalités les plus simples de la gestion personnelle et efficace du temps, c'est peut-être que *la semaine de quarante heures, c'est bon pour les syndicats.* Je n'ai jamais rencontré un homme d'affaires prospère qui ne travaille beaucoup plus que quarante heures par semaine. En réalité, les gens qui travaillent le plus sont aussi ceux qui travaillent le mieux. Les deux sont intimement liés.

En m'organisant d'une manière qui colle à mes habitudes de travail, en prévoyant aussi bien des moments de loisirs que mes tâches obligatoires, et en notant tout par écrit, je peux me libérer totalement l'esprit de tout souci professionnel lorsque je ne travaille pas, aussi bien que me concentrer totalement sur mon travail lorsque c'est le moment de le faire. Ceci me permet de ne pas emmener mes problèmes avec moi au lit, le soir. Je dors comme une souche.

Apprenez à dire non, même lorsque c'est difficile

Pour ne pas perdre de temps, il faut savoir dire non. C'est quelque chose que les gens ont du mal à faire, même si c'est la seule réponse possible. Ils ont peur de blesser leur interlocteur, ou peut-être veulent-ils se couvrir, ou simplement ne pas prendre de décision à ce moment-là.

C'est très facile de dire non sans être impoli. Un non, exprimé à contre-cœur et à regret, ou avec une excuse vraisemblable (« Si je n'étais pas si pressé par le temps... » « Si j'avais su cela il y a six mois... ») peut être aussi définitif et sans appel que « Cela ne m'intéresse pas ».

Le plus gros problème, c'est la répugnance à prendre une décision définitive, l'impression qu'il existe une chance, même très vague, qu'on puisse être en train de laisser passer une bonne occasion. Je me suis trouvé moi-même dc nombreuses fois dans cette situation et je me suis forcé à dire non, même si cela m'était difficile.

Tout récemment, on nous a contactés pour un grand événement sportif qui était déjà financé. Bien que je sache que nous étions en mesure de répondre à la demande, j'ai pensé que le coût, en main d'œuvre et en temps, était trop élevé et j'ai refusé. Toute opportunité doit être examinée dans le contexte des autres engagements, et parfois vous en louperez une. Mais si vous essayez de renifler toutes les occasions jusqu'à ce que vous soyez sûr à cent pour cent, dans un sens ou dans l'autre, vous risquez de mettre toute une entreprise à genoux.

Si les gens ont tant de mal à dire non, c'est surtout parce qu'ils croient qu'en ne répondant pas tout de suite, ils gagnent du temps. Si vous vous sentez submergé ou harcelé, il est plus facile pour vous de dire, « Laissez-moi réfléchir », ou « Je vous rappellerai » que de régler l'affaire tout de suite et ne plus y penser. C'est particulièrement tentant d'agir ainsi lorsque vous savez déjà que la réponse sera négative.

Il est évident que ces situations ne vont pas se résoudre toutes seules et en refusant d'y consacrer cinq minutes, vous finirez probablement par y passer beaucoup plus de temps à l'avenir.

On m'a souvent dit non et je préfère réellement une réponse négative immédiate à un peut-être qui n'en finit pas. Habituellement, cela finit par me faire perdre plus de temps et aboutit, n'importe comment, à la même conclusion.

Un non, c'est souvent mieux pour tout le monde. Cela économise du temps aux deux parties et vous apportera un sentiment de satisfaction. L'idée de ne pas avoir à en parler de nouveau peut vous donner l'impression d'avoir vraiment accompli quelque chose.

La prise de décision

Quelqu'un m'a dit, un jour, que lorsque les services du personnel de la Ford Motor Company avaient une entrevue avec un candidat à un poste de gestion, ils notaient si l'employé potentiel mettait du sel et du poivre sur ses aliments avant d'y avoir goûté, leur théorie étant qu'une personne comme cela aura tendance à prendre une décision avant de connaître tous les faits.

J'espère que ce n'est pas vrai, d'abord parce que je ne pense pas que ce geste ait quelque chose à voir avec la prise de décision – je connais d'excellents décideurs qui aiment manger très épicé – et deuxièmement, parce que l'un des plus gros problèmes qu'ont les gens, au moment de prendre une décision, c'est le désir d'apprendre *beaucoup trop* de faits, leur théorie étant que si vous savez suffisamment de faits, votre décision se profilera d'elle-même.

Les gens que je respecte le plus en affaires prennent des décisions sur le champ. Ils n'ont pas besoin de savoir « tous les faits » connaissables d'abord. Ils acceptent l'idée qu'ils peuvent prendre de mauvaises décisions et ont assez confiance en eux pour savoir que, la plupart du temps, ils en prennent de bonnes.

Une réputation de bon décideur est basée autant sur la rapidité et la solidité de la prise de décision que sur ses résultats.

Le facteur « pifomètre »

Quelques sociétés, lorsqu'on leur pose la moindre question, répondent invariablement, « Je crois que nous avons des données là-dessus ».

La prise de décision est un processus plus intuitif qu'analytique, et l'accumulation des études de marché, des groupes-témoins et des rapports de recherche n'y changera rien. Le danger, c'est que plus on fournira d'éléments aux gens des données, plus ils auront tendance à sous-estimer l'importance de l'intuition – le facteur « pifomètre ».

Pour trouver le bon timing d'une vente, comme je l'ai noté plus haut, il faut convertir des perceptions sensorielles en action consciente. Pour le processus de prise de décision, c'est exactement la même chose, mais à l'inverse. C'est prendre des données analytiques, des faits et des chiffres, et les convertir en perceptions sensorielles. Si vous éliminez le besoin de « sentir » la décision, vous n'en prendrez pas d'excellentes ou vous n'en prendrez pas du tout.

On m'a raconté l'histoire d'un chercheur de l'Université de Columbia qui avait reçu une subvention pour chercher si les sons pouvaient servir à exterminer les insectes. Pour l'une de ces expériences, il avait dressé un cafard à sauter par-dessus un crayon lorsqu'il lui disait, « Saute ! ». Mais une fois, le cafard tomba dans un tiroir et, dans ses efforts pour en sortir, il perdit quelques-unes de ses pattes.

Le savant remarqua qu'après l'accident, il avait beau crier « Saute ! », le cafard ne bougeait pas. Dans son rapport, il conclut, « Le cafard fut si traumatisé par la perte de ses pattes qu'il devint sourd. »

Les faits sont les outils du décideur, mais
(1 ils ne peuvent remplacer l'intuition,
(2 ils ne prendront pas la décision à votre place,
(3 ils ne vous seront utiles que dans la mesure où vous saurez les interpréter.

Certaines personnes se contentent d'ignorer les faits (« Ne venez pas m'encombrer l'esprit avec un tas de détails inutiles ») mais un bien plus grand nombre les utilisent pour justifier les positions qu'ils ont déjà adoptées et qui leurs conviennent, plutôt que celles que ces mêmes faits suscitent vraiment. Il est difficile de prendre de bonnes décisions en s'appuyant sur de mauvaises conclusions qui vous rassurent, qui vous justifient ou qui vous rendent service.

Allez au-delà des faits

La meilleure manière d'utiliser les faits – les données de marketing, les enquêtes, les rapports, ce que les gens vous disent – ce n'est pas de les interpréter littéralement mais de découvrir ce qu'ils indiquent. Un feu rouge vous ordonne de vous arrêter, mais il indique l'existence de réseaux de circulation incompatibles et les conséquences qu'ils peuvent avoir pour vous.

Sondez les marges. Qu'est-ce que les faits vous révèlent sur les tendances, les partis pris, les conflits, les opportunités ?

Certains décideurs diront, « Il ne faut pas faire cela parce que trois autres personnes ont essayé et ont échoué », mais un bon décideur cherchera à découvrir ce que ces trois-là ont fait, et n'ont pas fait, de similaire avant d'arriver à la même conclusion.

L'information la plus utile à votre prise de décision peut se trouver au-delà des faits. N'en restez pas à ce que vous savez déjà.

Malgré nos efforts efficaces pour maintenir un revenu de base à nos clients sportifs qui se sont retirés de la compétition, ils subissent une inévitable baisse de revenus. Reconnaissons, pour être réalistes, que cela nous fait plus de tort, en tant qu'entreprise, qu'à l'athlète lui-même. Un Bjorn Borg, par exemple, s'il décide de se retirer, peut encore vivre aussi agréablement avec un million de dollars, plus les droits, qu'il ne le fait sur les cinq millions de dollars qu'il gagne par an en tant que professionnel actif. Mais pour notre société qui a des frais généraux constants, la perte de quatre-vingt pour cent sur notre commission peut être importante. Cela nous oblige à chercher fièvreusement le « futur Borg », même s'il n'y en a pas.

En me coltinant avec ce problème, il y a déjà plusieurs années, j'en suis venu à conclure que si cela tient à la nature particulière de nos affaires, ce facteur doit être intégré au reste. Mais en arrivant à cette conclusion, mon esprit qui n'était plus borné par les faits évidents, découvrit une solution totalement différente, extérieure aux faits : une représentation mixte composée de personnalités et d'entités sportives. Ceci nous amena à la création et à la gestion des licences d'un logo de Wimbledon, l'un de nos programmes les plus réussis et certainement l'un des plus stables. Wimbledon n'a pas besoin de gagner des tournois pour garder sa renommée et là, pas question de retraite. Cela nous vaut une source régulière et prévisible de revenus qui compense le domaine plus versatile de la représentation des vedettes du sport.

Une prise de décision saine est un processus constant qui suppose que l'on soit au courant de l'actualité, que l'on perçoive comment de nouvelles informations peuvent modifier d'anciennes décisions et que l'on anticipe l'avenir.

Ne faites pas comme l'éléphant

Un cirque empêche un éléphanteau de décamper en l'enchaînant à un piquet. Lorsque l'animal tire sur la chaîne, il se fait mal à la patte et il en conclut que, pour éviter la douleur, le mieux est de rester tranquille.

Mais lorsqu'il grandit, le cirque continue à l'attacher avec le même petit piquet. L'éléphant adulte pourrait maintenant l'arracher facilement du sol mais il se souvient de la douleur et il n'est pas assez intelligent pour intégrer la nouvelle série de données – comprendre que les circonstances ont changé. Le minuscule piquet tient en échec un éléphant de deux tonnes aussi efficacement qu'un éléphanteau.

Beaucoup de cadres sont trop tributaires des anciens faits, des conventions désuètes ou basent toujours leurs décisions sur ce qui marchait il y a vingt ans, ils font comme l'éléphant.

Fiez-vous à votre première impression, mais...

Je me fie toujours à ma première impression mais je m'accorde toujours un certain temps de réflexion. Les décisions font – et doivent faire – en partie appel aux émotions, mais il est sage de laisser vos options en suspens et de permettre à la froide et impitoyable lumière de la raison de les éclairer : Ai-je bien tout pris en considération ? Si rien ne me vient à l'esprit au cours des premières vingt-quatre heures, c'est que ce que j'aurais pu oublier m'a échappé pour toujours – ou qu'il sera trop tard lorsque cela me reviendra en mémoire.

Une bonne décision, c'est une décision qui marche

Si vous remettez tout de suite votre décision en question, cela prouve qu'elle est mauvaise, non parce que vous avez eu tort de la prendre mais parce que vous minez ses chances de succès.

Beaucoup de décisions douteuses ont bien tourné parce que les gens qui les avaient prises étaient convaincus qu'elles marcheraient, et beaucoup de bonnes ont échoué parce que les gens qui les avaient prises n'ont jamais pu surmonter les doutes qu'ils avaient à leur sujet.

Lorsque j'ai décidé que nous allions créer et commercialiser un logo de Wimbledon, j'ai rencontré beaucoup de résistance auprès des gens de notre société qui seraient impliqués dans notre effort de vente. Tout d'abord, Wimbledon existait depuis près d'un siècle et si mon idée avait été si bonne que cela, pourquoi personne ne l'avait-il eue ? Deuxièmement, il était évident que les gens pouvaient s'identifier avec un Borg ou un Palmer ou un dessinateur de mode, mais qu'ils n'allaient pas porter le nom d'un tournoi de tennis sur leur tee-shirt. De plus, nous allions nous fourrer dans le pétrin et cela nous coûterait cher. Vingt-cinq sociétés mondiales utilisaient déjà le nom de Wimbledon, génériquement, sur leurs produits. Notre département juridique doutait que nous puissions rafler le marché existant, et croyait encore moins que nous puissions en créer un.

Mais j'étais certain qu'un logo de Wimbledon marcherait et que c'était à nous de le faire. Si j'avais été moins convaincu de cela, ou si j'avais simplement cherché les signes qui m'indiqueraient que j'avais tort, Wimbledon serait sûrement resté un nom générique que tout le monde peut utiliser à son gré.

Pile ou face

De nombreuses fois, vous avez pris une décision avant même d'en être conscient – même si vous vous débattez toujours avec elle.

Au lieu de continuer à peser péniblement le pour et le contre, essayez ceci : lancez une pièce de monnaie. Face : vous dites oui. Pile : vous dites non. Maintenant, quel *sentiment* éprouvez-vous en face du résultat ? Vous aurez la surprise de découvrir que votre réaction émotionnelle règlera le problème pour vous et confirmera ce que vous saviez déjà inconsciemment.

La communication dans votre entreprise

Je crois que la rapidité d'exécution, dans un bureau, et la rapidité d'échange de l'information tiennent plus au style qu'au système.

Comme je l'ai déjà dit, je préfère les échanges d'information informels à l'atmosphère plus protocolaire et consommatrice de temps des réunions. J'aime mieux aller dans les bureaux des autres plutôt que de faire venir les gens dans le mien (il m'est plus facile de m'en aller du bureau de quelqu'un d'autre que de faire sortir quelqu'un du mien). Je préfère arrêter quelqu'un dans le couloir ou lui demander quelque chose par téléphone que de fixer des rendez-vous où il faut au moins cinq minutes pour obtenir un renseignement énoncé en vingt secondes. En général, je recueille quatre-vingt-dix pour cent de l'information dont j'ai besoin au cours de rencontres brèves et dénuées de formalisme.

J'ai plutôt tendance à demander à nos cadres une note brève sur un sujet particulier qu'un rapport officiel. Lorsque je suis sur le point de partir, après avoir rendu visite à l'un de nos bureaux, je me réserve souvent la dizaine de minutes qui restent pour faire cela. Je passe voir quelques personnes et, soit je leur donne une note brève, soit je leur en demande une. Je trouve que cela me tient plus au courant d'une grande variété de situations, partout dans le monde, que n'importe quel autre procédé.

Ces brefs échanges dénués de formalisme ont tendance à s'établir de plus en plus dans toute notre organisation, comme un style de communication. Les employés adoptent souvent les habitudes et les manies de leurs directeurs et l'une des plus faciles à adopter, c'est la manière d'échanger l'information. Si un directeur a une méthode qui lui permet de l'échanger rapidement, la plupart des gens qui travaillent pour lui le feront aussi efficacement. Si son style est pesant et s'il a tendance à répéter ce qui est évident ou à prendre plus de temps que nécessaire pour transmettre ce qui doit l'être, tout son département fera de même.

Le style personnel d'un directeur – la manière dont il, ou elle, échange l'information – contribue plus à l'efficacité du service que les résultats d'une organisation ou d'une structure géniales.

Ecrire ou ne pas écrire

S'il y a une raison quelconque de mettre quelque chose sur le papier – consigner quelque chose pour un futur rapport, confirmer un accord, noter une série complexe de faits ou de chiffres – alors écrivez. Même le désir de vous protéger ou de notifier votre position, si vous supposez qu'elle peut être mise en question, sont des raisons valables. Mais si vous n'en avez pas, demandez-vous si une communication verbale ne serait pas plus simple et plus efficace.

Bob Anderson, directeur de Rockwell International, m'a dit, un jour, que si un directeur de l'extérieur avait quelque chose à lui transmettre, il préférait l'entendre plutôt que le lire. Une communication écrite soulève toutes sortes de problèmes délicats. Comment y répondre ? Qu'est-ce que le correspondant a vraiment voulu dire ? Y a-t-il des implications juridiques ou l'affaire relève-t-elle de la S.E.C.* ? Est-ce un conseil ou une menace ?

Il en est de même pour la plupart des communications écrites entre services et entre cadres d'une même entreprise. Des informations confiées au papier impliquent certaines possibilités. On peut être obligé d'en envisager certaines auxquelles il aurait mieux valu ne pas attacher d'importance.

Une bonne règle empirique, c'est de n'écrire que dans les circonstances mentionnées au début de ce paragraphe.

En voici quelques autres, simples et évidentes, qu'il faut suivre lorsqu'on rédige des mémos à usage interne :

– Mentionnez toujours l'expéditeur, le destinataire, la date et le sujet.

– Soyez bref. Ne tournez pas autour du sujet et ne dramatisez pas avant d'y arriver. S'il s'agit d'une question compliquée, une communication véritablement réciproque – une discussion face à face ou une conversation téléphonique – sera préférable. Les mémos de position ou d'opinion mènent souvent à une guerre de mémos.

– Retenez-vous, pendant vingt-quatre heures, d'envoyer toute espèce de mémo polémique. Les « mémos-réponses » (la première salve d'une guerre de mémos) entrent souvent dans cette catégorie. Il pourra revenir vous hanter plusieurs années après que vous l'ayez envoyé.

– Un fichier de mémos pourra vous être utile. Il garde des détails que vous pourriez oublier. On accorde plus de crédibilité aux faits d'un fichier de mémos qu'à ces mêmes faits rappelés des semaines, des mois ou des années plus tard. Et les mémos d'un fichier n'exigent pas de réponse.

Je veux souligner un dernier point, au sujet de la paperasserie en général et des mémos en particulier. J'essaie de rédiger des mémos qui puissent être lus une fois et jetés après. Mais c'est ce que je fais avec la plupart du courrier que je reçois, qu'il soit écrit dans cette idée ou pas.

Sauf barrer des choses sur mes bloc-notes jaunes, je n'aime rien tant que remplir ma corbeille à papier, et j'estime que c'est

* S.E.C. : Securities and Exchange Commission. L'équivalent de la C.O.B.

le destin de quatre-vingt-quinze pour cent de la paperasserie qui m'arrive. Au cours des années, il m'est arrivé plusieurs fois de jeter quelque chose et de le regretter ensuite. Mais c'est, je crois, payer peu cher le plaisir de ne jamais revoir le reste.

Cela me rappelle l'histoire de Lew Wasserman et ses fameux raids de minuit sur les corbeilles à papiers de la MCA. Peut-être est-elle apocryphe, mais je l'ai entendue répéter assez souvent pour supposer que, si elle n'est pas vraie, elle pourrait l'être.

Wasserman visitait, tard dans la soirée, tous les bureaux de la MCA et jetait à la corbeille tous les papiers qu'il trouvait sur les bureaux. Le lendemain, il disait aux cadres outragés, « Si vous n'avez pas pu vous en occuper avant de partir, c'est que cela n'avait pas de valeur. »

Wasserman voulait, par ce geste, leur faire prendre conscience de la manière dont ils géraient leur temps et ce qu'il disait n'était pas à prendre au pied de la lettre. Pourtant, un certain nombre de gens qui m'ont rencontré tard, le soir, m'ont dit, en plaisantant, « Mark, vous n'êtes pas si occupé que cela. Il n'y a pas un seul papier sur votre bureau. »

Que votre bureau soit fonctionnel

Je crois que l'aspect d'un bureau – s'il est propre et bien rangé, s'il est installé d'une manière fonctionnelle – peut avoir beaucoup d'influence sur la rapidité d'exécution du travail.

Lorsque vous entrez dans un bureau désordonné, vous vous sentez « désorganisé ». Plusieurs fois, nous avons été obligé de demander à notre personnel de garder leurs bureaux propres – de mettre les papiers en pile, par exemple – et de ne prendre leurs repas que dans l'endroit prévu à cet effet.

Ils ont fréquemment réagi en disant que c'était une tracasserie et que nous coupions les cheveux en quatre. Il est évident que si je n'avais pas pensé que c'était très important, je n'aurais pas tant insisté. Mais pour moi, le bon rendement d'un bureau est directement proportionnel à son aspect fonctionnel.

Je suis entré dans des bureaux qui avaient l'air d'avoir été installés par les Keystone cops* – la photocopie à plusieurs

* Agents de police farfelus, héros d'un film muet comique du début du siècle. NDT.

étages des services qui en avaient le plus besoin ; le pool des dactylos comme un service indépendant, souvent au même niveau que la facturation, la comptabilité et d'autres services indirects ; les systèmes de classement à part et enlevés des bureaux auxquels ils appartenaient.

Ce sont des choses relativement simples à corriger. Peut-être que si les experts passaient un peu plus de temps à déplacer le mobilier et moins à analyser les systèmes, beaucoup de sociétés foctionneraient mieux.

14 Réservé aux entrepreneurs

L'une des mutations culturelles les plus spectaculaires de ces trente dernières années a été la redéfinition du Grand Rêve Américain. Les gens ne se contentent plus de travailler pour posséder une maison dans un quartier où il y a de bonnes écoles, et deux voitures dans leur garage. Aujourd'hui, le plaisir que l'on éprouve à travailler compte plus que celui que l'on tire de ses rétributions tangibles.

Beaucoup de personnes pensent qu'elles n'obtiendront jamais une satisfaction professionnelle totale en travaillant pour quelqu'un d'autre. Donnez-leur le choix entre un poste de directeur dans la société pour laquelle ils travaillent et monter leur propre entreprise, et elles opteront pour cette dernière alternative. Etre un entrepreneur est devenu le nouveau Grand Rêve Américain.

J'en suis un et je peux témoigner que c'est exactement tel que je l'avais rêvé. Cependant, comme me dit un jour John Mack-Carter, rédacteur en chef du magazine *Good Housekeeping*, « Quatre-vingt-dix neuf pour cent des gens devraient travailler pour quelqu'un d'autre. » Je suis plutôt d'accord avec lui et c'est pourquoi ce chapitre est à la fin, et non au début de ce livre.

Si tous ceux qui parlent de monter une affaire le faisaient vraiment, il n'y aurait plus de salariés dans notre pays. Mais la plupart des gens préfèrent fantasmer que d'essayer vraiment de réaliser leurs rêves.

Mon premier conseil c'est, analyser vos motifs, et ce faisant, décidez si vous êtes un rêveur ou si vous faites vraiment partie de ce un pour cent.

Si vous voulez monter votre propre affaire parce que « vous en avez marre qu'on vous dise ce qu'il faut faire », parce que vous voulez plus de « liberté », ou parce qu'on ne vous apprécie pas à votre juste valeur, abstenez-vous. Ce ne sont pas des raisons valables de devenir un entrepreneur ; ce sont de bonnes raisons pour que vous quittiez votre job actuel. Si vous voulez « faire beaucoup d'argent », c'est tout à fait licite mais pas, non plus, une très bonne raison. Si c'est votre motivation principale, elle n'est pas suffisante pour vous faire tenir pendant les années de vaches maigres.

Avant que je fonde notre société, j'étais avocat dans un prestigieux cabinet de Cleveland, mais je savais que je ne voulais pas passer le reste de ma vie à pratiquer le droit commercial. J'aimais négocier des contrats mais pas les rédiger et la sécurité de mes revenus n'allait pas suffire à me retenir. J'étais prudent, et même craintif, mais j'avais encore plus peur de perdre mon temps et mon énergie dans une carrière à laquelle je ne prenais aucun plaisir. Je ne pouvais pas faire autrement que de donner sa chance à cette nouvelle entreprise.

Ceci est, je crois, l'une des motivations de la plupart de ceux qui se lancent avec succès dans une affaire : le sentiment que s'ils ne le tentaient pas, ils le regretteraient toute leur vie. c'est ce qui vous donne l'impulsion nécessaire pour quitter votre emploi, pour couper le cordon ombilical de l'entreprise, et ce qui vous permet de tenir même lorsque tout vous dit de renoncer. Monter une affaire, c'est bien sûr s'engager financièrement et professionnellement, mais aussi émotionnellement.

J'ai un ami qui, il y a cinq ans, a mis en route une industrie du vêtement devenue très prospère. Il m'a dit, récemment, que s'il avait pu prévoir ce que seraient les deux premières années, il n'aurait jamais tenté l'aventure.

Nous n'avons pas eu autant de difficultés mais je vois très bien ce qu'il veut dire. Il y a des moments, et ils sont nombreux, où les éléments négatifs l'emportent tellement sur les positifs que les sentiments de satisfaction que l'on éprouve sont une bien piètre compensation. Seul l'engagement émotionnel nous permet de tenir.

Posez-vous les questions essentielles

Lorsqu'on monte une nouvelle affaire, ce n'est pas le moment de se faire des illusions, et pourtant il est tentant de se perde dans ses notes, ses plans prévisionels, de se prendre au charme de ses chiffres et de ses propres mots.

Il faut « formuler » clairement et succinctement votre projet. Est-ce une idée « forte » (un nouveau produit ou un service qui comble un vide bien précis) ou une idée facile (une société de conseil, une industrie déjà encombrée ou une idée qui n'est pas si indifférenciable que cela ?) Le danger, au début, c'est que tout est encore fiction, et cette fiction peut entraver votre capacité de poser les bonnes questions ou de trouver les réponses irréductibles qu'il vous faut.

A quoi cela se rattache-t-il ?

Comment votre idée s'intègre-t-elle dans le marché et quels liens a-t-elle avec les gens qui devront l'acheter ? Quel avantage a-t-elle sur la concurrence déjà existante ?

J'ai vu beaucoup d'affaires de consultation échouer parce que l'idée n'était pas très bonne. Je m'étonne toujours de voir des gens s'imaginer que quelqu'un paiera pour leur compétence alors qu'elle n'a rien d'original et qu'ils n'ont aucun succès personnel prestigieux à présenter pour convaincre le client éventuel.

Si je fondais l'IMG aujourd'hui de la même manière que je l'ai fait il y a vingt ans, je ne suis pas du tout sûr que cela marcherait, et en tout cas je n'obtiendrais pas autant de succès. Arnold Palmer était le sportif qu'il fallait représenter à une époque où le golf prenait chaque jour plus d'importance. Dix ans après, en représentant Laver puis Newcombe et enfin Borg, nous avons pu obtenir le même succès avec le tennis ; et maintenant, dix ans plus tard, nous nous préparons à faire la même chose avec la course à pied, bien qu'aucun champion extraordinaire n'ait émergé de ce sport.

Dans les deux premiers cas, le golf et le tennis représentent encore un marché central assez considérable, mais il y a un aplanissement de la courbe de croissance.

Si j'étais obligé de reproduire, aujourd'hui, le succès initial de l'IMG, il me faudrait attendre que se présente la même combinaison de facteurs favorables : l'émergence d'un nouveau sport de participation, qui semble capable d'une croissance éclair ; et une vedette qui incarne l'essence de ce sport.

Pourquoi cela ne marcherait pas ?

Quels sont les problèmes auxquels je vais me heurter tout de suite ? Sont-ils insurmontables ? Sinon, comment vais-je les résoudre ?

Qu'est-ce qui me fait croire que je vais réussir ?

Les nouvelles entreprises qui ont le plus de chances de réussir, ce sont celles qui se rapportent à ce que vous faites déjà pour quelqu'un d'autre. Dans mon cas, l'IMG n'était point tant une nouvelle affaire qu'une extension de ce que je faisais déjà pour le cabinet d'avocats.

Il y a plusieurs années, un ami à moi fonda une entreprise de reproduction de photos très prospère, dont il commença, plus tard, à partager les droits de distribution. L'un de ses distributeurs, qui venait de la lithographie et du dessin, avait des ennuis. Après la rencontre qu'il eut avec lui, en vue de l'aider à se redresser, mon ami me dit, « Comme notre produit est deux fois meilleur, à un prix deux fois moindre, que celui de nos concurrents, il croyait qu'il n'était pas nécessaire de faire un effort de *vente.* Lorsque je le lui ai fait remarquer, il m'a dit, « Oh, mais je ne suis pas un *vendeur !* »

Le rêve d'ouvrir un restaurant est un fantasme très répandu et c'est dans cette branche que le taux d'échecs est le plus élévé ; en l'analysant, on voit que les affaires nouvelles échouent à cause du manque d'aptitude de leurs fondateurs.

La restauration est une entreprise marginale qui exige que l'on sache particulièrement bien acheter et que l'on soit un très bon comptable. On doit aussi être d'un naturel grégaire, sympathiser avec les gens et être prêt à travailler un nombre incroyable d'heures.

Cependant, je connais beaucoup de gens qui parlent d'ouvrir un restaurant parce qu'ils veulent « faire quelque chose de neuf » et que leur seule qualification c'est d'être bon cuisinier ou d'aimer manger.

Quel est son coefficient de « faisabilité ? »

On nous a, un jour, présenté une proposition de course aérienne mondiale qui devait coïncider avec les Jeux Olympiques de 1984. L'investissement initial était d'environ trois millions de dollars et le projet était déjà en partie financé. L'idée était détaillée et bien présentée. Le seul problème, c'était que son exécution exigeait la coopération de la moitié des forces aéronautiques du monde et un nombre égal de permissions d'utiliser l'espace aérien.

Inutile de dire que son coefficient de « praticabilité » était ridiculement bas. Une bonne idée exigeant une mise de fonds raisonnable peut tout de même être mauvaise parce qu'il est presque impossible de la réaliser ; ou qu'il faudrait trop de temps pour la réaliser. Des projets de ce type peuvent vous amener à travailler pour cinquante centimes de l'heure.

Commencez petit et restez modeste

Beaucoup de ceux qui tentent l'aventure pensent surtout à l'argent qu'ils vont en tirer au lieu de se préoccuper de ce qu'ils devront faire pour le gagner. Fixez-vous des buts réalistes en établissant des étapes réalistes – des actions discrètes, faisables, dont chacune est reliée à la suivante en une progression logique.

A un moment donné, vous devrez franchir un seuil et passer de l'autre côté. Mais ne le faites que si vous avez une idée claire de l'étape suivante. Si vous ne pouvez pas aller d'« ici » à « là » en un certain nombre de pas bien spécifiques, vous feriez mieux de ne rien faire du tout.

Je suis convaincu que plus une nouvelle affaire exige de fonds pour commencer moins elle aura de chances de prendre son essor.

Je suis partial en la matière, bien sûr, ayant monté ma propre entreprise avec un capital de moins de cinq cents dollars. Je sais ausi qu'il y a des aventuriers du capitalisme dont la seule activité consiste à créer de nouvelles affaires. C'est l'existence même de cette industrie qui a créé une sorte de mythe de l'entrepreneur, l'idée qu'il y a plein de gens qui attendent la chance de pouvoir vous donner leur argent, et que vous n'avez simplement pas eu celle de les rencontrer.

Mais si vous passez à l'acte, vous découvririez probablement qu'ils ne sont pas si pressés que vous le croyez de partager leur capital ; ou s'ils le sont, ils voudront vous arracher un gros morceau de l'affaire, en contrepartie de leur confiance.

Beaucoup de nouvelles affaires ne prendront jamais leur essor, non parce qu'elles étaient fondées sur de mauvaises idées, non parce que les gens se sont trompés, mais parce que les recherches de fonds ont échoué. Pourtant, je suis convaincu que beaucoup de ces nouvelles entreprises n'avaient pas vraiment besoin de tous les capitaux que leurs promoteurs croyaient indispensables. S'ils avaient commencé petit et su rebrousser chemin et repartir de nouveau, ils auraient eu une chance de gagner.

Je ne saurais trop insister sur l'importance de commencer petit et de rester modeste. Lorsque j'ai créé l'IMG, on aurait pu très facilement me convaincre que je ne pouvais rien faire sans un minimum d'un million de dollars. Comment pouvais-je représenter les trois super-vedettes d'un sport en plein essor sans un staff de sept ou huit personnes et, au moins, une présence symbolique en Angleterre et au Japon ? Un million de dollars m'aurait certainement été utile ; mais il n'était pas nécessaire.

Beaucoup de grandes réussites américaines ont eu d'humbles débuts. Si vous vendez un service, une compétence, un talent, avez-vous vraiment besoin d'autre chose que d'un bureau et un téléphone ?

Soyez ouvert

Je vous ai dit, plus haut, qu'il était essentiel que vous sachiez exactement en quoi consistait votre travail ; il est tout aussi important que vous soyez conscient du genre d'entreprise dans laquelle vous *pourriez* vous embarquer... les nouvelles directions et les autres opportunités qui se présentent au cours de vos activités professionnelles.

Si vous êtes attentif et suffisamment souple, vous vous apercevrez peut-être que votre tâche actuelle n'exploite que partiellement vos talents et les potentialités du marché. Je connais quelqu'un qui faisait des conférences, dans les entreprises, sur les techniques de l'expression écrite. Il s'aperçut que beaucoup de sociétés étaient tellement impressionnées par ses cours qu'elles étaient prêtes à payer ce qu'il voudrait pour qu'il rédige leurs brochures à leur place. Cela devint une affaire bien plus lucrative que les conférences.

Comme je l'ai déjà dit, si nous avons créé de nouveaux départements, c'est parce que notre structure était souple. L'exemple le plus évident est notre département conseil en marketing. Nous nous sommes aperçus, en vendant les services de nos clients à différentes sociétés, que nos idées concernant leur utilisation (comment positionner tel athlète, quelle sorte de campagne prévoir, etc.) avaient autant de valeur marchande que ces services eux-mêmes.

Partagez votre réussite

En affaire, l'essentiel c'est de faire rentrer plus que l'on ne dépense, mais c'est plus douloureusement évident lorsqu'on dirige une petite unité de production nouvelle.

Payez aussi peu que possible ceux qui travaillent pour vous et faites qu'ils s'emballent sur vous-même et vos idées et croient qu'à l'avenir, lorsque votre affaire fera des bénéfices, ils gagneront bien plus qu'ils n'auraient pu avoir ailleurs. Je ne pense pas qu'il y ait là quoi que ce soit de malhonnête, du moment que vous tenez parole.

Si quelqu'un, en travaillant pour vous, contribue largement à la réussite de votre entreprise, il, ou elle, mérite bien plus que la satisfaction du travail bien fait. En affaires, les revenus agissent comme une feuille de marque.

Il est évident que la rentabilité totale de l'entreprise entre en ligne de compte, mais elle importera moins aux yeux de ce cadre qu'aux vôtres. Que cette preuve financière tangible se traduise sous forme d'une augmentation, d'un bonus ou de petits avantages supplémentaires, ce qui est important c'est que les gens sentent que, par leur contribution, ils prennent directement part à la vie de la société.

Multipliez vos frais généraux par deux

Il y a plusieurs années, j'ai demandé à un ami qui allait fonder une nouvelle entreprise, à combien il estimait ses frais généraux pour la première année. Il commençait petit et se finançait lui-même ; il me répondit que cela monterait à peu près à 75.000 dollars. Je lui dis alors qu'il serait judicieux de multiplier ce chiffre par deux.

Lorsqu'ils lancent une nouvelle affaire, les gens oublient de prendre en compte les coûts cachés. Cela vient probablement de leur désir subconscient de voir les chiffres leur donner raison (ou au moins, de les rendre acceptables). En tout cas, on oublie facilement les retenues à la source et les taxes de sécurité sociale lorsqu'on a pris l'habitude de les voir automatiquement déduits de son salaire. Les crayons et les stylos ne coûtent pas cher mais les fournitures d'un bureau, même modeste, s'accumulent sur une année. La plupart des affaires exigent des voyages et d'autres frais de représentation. Et on sous-estime facilement le coût des services publics. L'année dernière, notre note de téléphone a dépassé un million de dollars. Au cours des ans, je me suis aperçu que si vous doublez les frais d'exploitation que vous aviez calculés au départ, vous vous retrouverez avec un chiffre prévisionnel à peu près juste.

Récemment, j'ai rencontré, par hasard, l'ami auquel j'avais donné ce conseil. Il m'a dit qu'à l'époque, comme je savais très peu de choses sur son opération initiale – ce que son loyer et son personnel allaient lui coûter, etc. – il avait trouvé très arrogant que je me permette de prévoir son chiffre de frais. « Mais, lorsque j'ai arrêté les comptes, à la fin de la première année, » me dit-il, « le total était exactement de 149.000 dollars. »

Multipliez-les par deux mais pas par trois

Beaucoup de gens qui ont envie de fonder une nouvelle entreprise n'arrivent pas à se décider à quitter leur job car ils sont convaincus qu'il leur faut attendre d'avoir économisé assez d'argent. Dix millions de dollars leur paraissent tout juste suffisants.

Aucune somme d'argent déposée à la banque ne saurait compenser l'insécurité réelle qui accompagne la perte d'un salaire.

En mettant au point votre projet, si vous vous surprenez en train de poser le chiffre maximum dans toutes les colonnes de dépenses, dites-vous que ce ne sera jamais autre chose qu'un exercice intellectuel.

Les bénéfices d'abord, l'organisation après

Toute opération a besoin d'une bonne organisation pour réussir. Mais il y a quelque chose d'absurde à voir une entreprise flambant neuve exhiber un plan quinquennal impressionnant avant d'avoir encaissé son premier dollar. C'est une chose de savoir où vous allez (et où vous aimeriez aller) ; c'en est une autre de mettre la charrue avant les bœufs.

Plan prévisionnel opposé à Vie Réelle

Je serais très heureux de ne plus jamais voir un plan prévisionnel de ma vie. Les seuls qui croient en eux sont les gens qui les rédigent.

La grande majorité de ceux que l'on m'a montrés ou que l'on m'a demandé de financer, révélaient une perspective temporelle faussée. Le nombre de gens qui oublient de tenir compte de l'importance du flux de liquidité lorsqu'ils dressent les plans de leur première année, est vraiment stupéfiant. Si la première vente s'effectue dès la première semaine, on ne pourra en percevoir les rentrées que quatre-vingt dix jours après, et il en sera de même pour la deuxième et la troisième vente. Il en résulte donc que la masse des effets en circulation nécessaire à l'entreprise est en réalité un multiple de ce qui a été émis sur le papier.

Je m'étonne aussi de voir les gens gonfler leurs chiffres d'une manière aussi effrontée. Prévoir une marge raisonnable d'erreur dans les chiffres, c'est une chose ; supposer que la personne qui les lit est aussi stupide, c'en est une autre. J'ai vu des propositions de nouvelle entreprise que je trouvais intéressantes mais qui m'ont dégoûté à cause des chiffres de bénéfices et de dépenses prévus et j'ai perdu toute confiance dans les personnes qui me les présentaient. Je suppose que ces gens-là ne croyaient pas dans l'affaire elle-même et essayaient simplement d'escroquer quelqu'un en lui faisant financer un gros budget de frais généraux.

J'ai vu aussi des plans prévisionnels d'émission dans lesquels le directeur s'était alloué un salaire plus élevé que celui qu'il recevait, actuellement, en tant que cadre. Je ne pense pas que demander à quelqu'un de financer un projet de deux millions, soit une bonne manière d'obtenir une augmentation de 50.000 dollars. Je sais, en tout cas, que ce n'est pas moi qui le lui donnerai.

Du rêve à la réalité

Etre travailleur indépendant, c'est la forme la plus pure du capitalisme et c'est le meilleur moyen que je connaisse d'être rétribué à sa juste valeur. Cela demande aussi une mentalité différente ; il faut prendre conscience que le nombre d'heures que vous passez au travail n'a de sens que par rapport à ce que vous réalisez.

Les entrepreneurs les plus prospères passent vingt-quatre heures par jour à travailler ou à penser à leurs affaires. Mais c'est la manière dont ils passent ces heures qui fait toute la différence entre la réussite et l'échec. On dit, « Ce n'est pas travailler beaucoup qui compte, c'est de travailler intelligemment ». La vérité, c'est « Travaillez beaucoup, travaillez longtemps et... travaillez intelligemment. »

Au début, en plus des heures consacrées aux réunions, aux mémos et aux autres tâches dévoreuses de temps de l'entreprise, vous pouvez ajouter quatre ou cinq heures par jour. Mais si vous ne les utilisez pas d'une manière fructueuse, non seulement la différence sera « déduite de votre paie » mais encore, vous pourrez aussi bien les passer à vous écrire des mémos.

Ne prenez pas d'associé

Beaucoup de gens n'étudient pas assez soigneusement les motifs pour lesquels ils prennent un associé. Souvent, c'est une manière de se rassurer. Bien sûr, il est réconfortant de savoir que la responsabilité ne repose pas seulement sur vos épaules. Cependant les problèmes posés par le fait de s'associer dépassent infiniment le degré de sécurité que l'association est censée vous fournir.

Il y a des cas où les points forts et les points faibles de chacun des partenaires s'équilibrent bien et l'entreprise en bénéficie. Mais il y a beaucoup plus de chances pour que l'association elle-même devienne le pire ennemi de l'entreprise, rien qu'en réduisant sa souplesse. C'est peut-être ce qui explique pourquoi les plus grandes réussites d'entrepreneur ont été des solos.

Ne prenez pas d'actions

Détenir une part minoritaire du capital d'une nouvelle entreprise qui est gérée par une seule personne, cela ne présente, à mon avis, aucun intérêt. Posséder un « morceau » de l'entreprise de quelqu'un d'autre, c'est se faire plaisir.

J'aimerais bien savoir exactement ce que les gens croient détenir. Avec une petite partie des actions d'une affaire qui n'est possédée que par une seule personne, vous ne pouvez pas lire le *Wall Street Journal* pour voir ce que vous valez ; vous ne pouvez pas aller à la banque et la mettre en gage pour emprunter l'argent de votre nouvelle maison. Vous ne pouvez même pas vendre facilement votre part parce que l'actionnaire principal a son mot à dire sur la transaction, ou bien vous vous apercevez que personne n'est prêt à vous payer la valeur que vous lui aviez attribuée.

Nous avons, très souvent, profité des idées fausses que l'on se fait là-dessus. Chaque fois que l'on a proposé à nos clients une part du capital d'une nouvelle entreprise, j'ai toujours insisté pour que l'on ajoute des honoraires, ou au moins la garantie que notre client pouvait faire racheter ses actions n'importe quand.

La peur de l'échec

La peur de l'échec est au moins aussi répandue que le désir de la réussite. Si l'on sait l'utiliser, elle peut fournir l'énergie qui fait tourner la machine. Mais pour beaucoup de personnes, elle devient débilitante.

Apprendre à utiliser sa peur au lieu de se laisser dominer par elle, cela ne concerne pas seulement les entrepreneurs. C'est pourquoi cela me paraît être une bonne conclusion à ce livre.

Guy Drut, champion olympique français de la course de haies, s'est retrouvé dans une situation peu enviable, au début de l'été 1976. Il représentait le seul espoir qu'avait la France d'obtenir une médaille en athlétisme, et porter à bout de bras l'honneur d'une nation le déprimait profondément. Drut m'a dit, plus tard, qu'il avait parlé plusieurs fois, avant les Jeux, avec notre vieux client Jean-Claude Killy, et que c'était à lui qu'il devait sa médaille d'or. Voici comment il m'expliqua la chose.

« Jean-Claude m'a dit que j'étais le seul à savoir tirer le maximum de mon corps et de mon esprit, pour les Jeux Olympiques. Et qu'après cela, je pourrais me dire, « J'ai fait tout ce que j'ai pu pour me préparer à cette course et si je gagne, ce sera merveilleux ; mais si je perds, mes amis seront toujours mes amis, mes ennemis seront toujours mes ennemis et le monde ne se sera pas écroulé ». Je me suis répété cette phrase avant les éliminatoires et pendant les pauses, entre les demi-finales et les finales. Je l'ai répétée et répétée, et elle a exorcisé tout le reste. Je me la répétais encore lorsque je suis monté sur le podium pour recevoir ma médaille d'or. »

Epilogue

Le petit jeu « intérieur » des affaires

Lorsque j'eus terminé la rédaction de ce livre, je montrai le manuscrit à un grand nombre de collègues. La réaction de certains d'entre eux a éveillé en moi une lancinante inquiétude.

Plusieurs m'ont dit, en ne plaisantant qu'à demi, qu'ils s'étaient réjouis en le lisant car, disaient-ils, « J'ai déjà pratiqué la plupart de ce que vous nous conseillez là ». Ils voulaient me flatter en disant cela mais je pense qu'ils minimisaient l'importance des chapitres qui peuvent améliorer le plus leurs pratiques professionnelles particulières.

Le pire effet que peut produire ce livre, c'est d'engendrer la fatuité ou la complaisance chez ceux qui le lisent. Ce sont les forces les plus sinistres du monde des affaires et elles sont capables, à elles seules, d'inhiber les progrès ou la réussite d'une carrière.

Les affaires, c'est une compétition, et toute compétition complexe qui se déroule à un très haut niveau est presque exclusivement un jeu intellectuel. Le petit jeu intérieur des Affaires, comme on pourrait l'appeler, consiste à comprendre ce Paradoxe des Affaires : plus vous vous fécilitez de ce que vous faites, plus vous devriez avoir des raisons de vous inquiéter ; plus vous êtes satisfait de vos réalisations, passées et présentes, de vos « beaux coups », moins vous devriez l'être.

J'ai longtemps été fasciné, à la fois professionnellement et psychologiquement, par ce qui fait d'un sportif un champion. Je parle ici des vrais champions, des êtres de légende, de ceux qui écrasent constamment leurs adversaires, de ceux qui fonctionnent au niveau le plus élevé aux moments les plus cruciaux, et qui, à long terme, se distinguent des autres champions.

Il est certain que leur compétence et la confiance qu'ils ont en elle y prennent une large part, mais ce ne sont pas les facteurs déterminants. La plupart des champions ont déjà en abondance compétence et confiance, bien avant d'atteindre le niveau professionnel.

Le véritable atout du champion, c'est quelque chose qui se passe dans sa tête et, au long des années, j'ai pu observer trois attitudes mentales caractéristiques qu'ont en commun tous les super-champions que j'aie jamais connus. Elles s'appliquent aussi bien au monde des affaires qu'à la compétition sportive. Je les ai adaptées à ma propre carrière et elles sont la source dont j'ai tiré mon dynamisme et ma détermination.

La première de ces attitudes, c'est l'insatisfaction profonde que le champion éprouve vis-à-vis de ses propres performances. Tout succès, toute victoire est un aiguillon qui le pousse à plus d'ambition. Tout objectif atteint devient aussitôt un tremplin vers un autre, encore plus « inaccessible ».

La seconde, c'est la capacité de toujours pousser plus loin leurs performances, de se présenter au meilleur de leur forme lors des événements sportifs importants. Personne ne peut fonctionner immanquablement à son niveau le plus élevé, et pourtant les figures légendaires de n'importe quel sport le font toujours au moment où les enjeux sont le plus hauts. C'est particulièrement vrai en tennis et en golf, sports qui exigent, peut-être, le plus d'efforts intellectuels ; et c'est pourquoi les grands championnats de l'un et de l'autre sont toujours entre les mains d'une poignée de joueurs.

Troisièmement, c'est leur aptitude à abattre les concurrents. On dit parfois qu'ils ont un « instinct de tueur » mais cela vous en dit plus sur les résultats que sur ce qui se passe dans leur tête.

Le champion ne se voit jamais en tête. Il déforme la réalité pour la mettre au service de son but : gagner une compétition. Même lorsque le score indique qu'il est en train de battre ses concurrents, il se croit en danger d'être surpassé. Il ne se voit jamais aussi fort qu'il l'est.

J'ai pris conscience de cela il y a pas mal d'années, à Osaka, en regardant jouer Arnold Palmer et Gary Player. Je m'étais risqué à sortir du pavillon et à les rejoindre au neuvième green. Arnold était en train d'aligner un putt de quatre mètres pour faire un coup de moins et Gary, qui avait mis la balle dans le trou était venu se mettre à côté de moi, les bras croisés. Ce n'était pas un championnat, mais ils jouaient seuls l'un contre l'autre et je sentais combien ils étaient tendus.

Arnold fit entrer la balle dans le trou et Gary se tourna vers moi et me dit, en secouant la tête, « Il n'a fait que ça depuis ce matin. Je n'arrive pas à faire un putt et une fois qu'il est sur le green, la balle est dans le trou. »

Je trouvai cette remarque plutôt bizarre car, en réalité, le dernier coup d'Arnold les avait simplement amenés à égalité.

Lorsque Arnold vint à moi, en route vers son dixième tee, je vis que lui aussi était contrarié. « Vous avez vu, » me dit-il, « j'ai fini par faire un putt. » Puis, avec un mouvement de tête en direction de Gary, il ajouta, « ... ce petit salaud n'en a pas raté un seul. »

Alors, si en lisant ce livre, vous vous êtes dit que vous aviez un sens aigu des affaires... vous avez peut-être une sérieuse remise à jour à faire.

Cet ouvrage a été réalisé sur
Système Cameron
par la SOCIÉTÉ NOUVELLE FIRMIN-DIDOT
Mesnil-sur-l'Estrée
pour le compte des Éditions Rivages/les Echos
le 26 juin 1985

Imprimé en France
Dépôt légal : juin 1985
N° d'impression : 2780